U0554448

BLUE BOOK

智 库 成 果 出 版 与 传 播 平 台

温州蓝皮书
BLUE BOOK OF WENZHOU

编委会主任／吕伯军
执 行 主 任／洪文滨

2023年温州经济社会形势分析与预测

ANALYSIS AND FORECAST ON ECONOMY AND SOCIETY OF WENZHOU (2023)

主 编／王 健 王春光 金 浩
副主编／朱康对 任 晓 陈中权 陈 勋

社会科学文献出版社
SOCIAL SCIENCES ACADEMIC PRESS (CHINA)

图书在版编目（CIP）数据

2023 年温州经济社会形势分析与预测 / 王健，王春光，金浩主编 . --北京：社会科学文献出版社，2023.6
（温州蓝皮书）
ISBN 978-7-5228-2010-1

Ⅰ.①2… Ⅱ.①王… ②王… ③金… Ⅲ.①区域经济-经济分析-温州-2022②社会分析-温州-2022③区域经济-经济预测-温州-2023④社会预测-温州-2023 Ⅳ.①F127.553

中国国家版本馆 CIP 数据核字（2023）第 112998 号

温州蓝皮书
2023 年温州经济社会形势分析与预测

主 编 / 王 健 王春光 金 浩
副 主 编 / 朱康对 任 晓 陈中权 陈 勋

出 版 人 / 王利民
组稿编辑 / 邓泳红
责任编辑 / 吴云苓
责任印制 / 王京美

出 版 / 社会科学文献出版社·皮书出版分社 （010）59367127
地址：北京市北三环中路甲 29 号院华龙大厦 邮编：100029
网址：www.ssap.com.cn
发 行 / 社会科学文献出版社 （010）59367028
印 装 / 天津千鹤文化传播有限公司

规 格 / 开 本：787mm×1092mm 1/16
印 张：23.75 字 数：355 千字
版 次 / 2023 年 6 月第 1 版 2023 年 6 月第 1 次印刷
书 号 / ISBN 978-7-5228-2010-1
定 价 / 158.00 元

读者服务电话：4008918866

温州蓝皮书编委会

主编简介

王　健　中共温州市委党校（温州市行政学院）副校（院）长、中国农村社会学专业委员会委员、温州市社科联兼职副主席、浙江省哲学社会科学重点研究基地"文化发展创新与文化浙江建设研究中心"研究员、温州市公共政策研究团队"社会治理创新"负责人。主要从事区域社会发展、人口结构变迁等研究，发表文章40余篇，获得地厅级成果奖10余项，主编《乡村振兴看浙江》《市域治理看温州》《共同富裕看温州》等图书。2007年以来，一直主持温州蓝皮书日常编撰工作，2017年获评"皮书专业化二十年·致敬人物"。

王春光　中国社会科学院社会学研究所副所长，中国社会学会副会长，社会政策研究中心主任，中国社会科学院社会学研究所研究员，博士，博士生导师，享受国务院政府特殊津贴专家。长期从事农村社会学、农村流动人口、社会阶层和社会流动、海外移民等方面的研究。曾主持和参与国家社会科学基金课题、中国社会科学院重点课题的研究，先后出版《社会流动和社会重构》《中国农村社会变迁》《中国城市化之路》《巴黎的温州人》《中国农村社会分化和农民负担研究》《移民空间的建构——巴黎温州人跟踪研究》等专著，并先后在《中国社会科学》《社会学研究》《社会》《中国人口科学》等杂志上发表多篇文章。

金　浩　曾任中共温州市委讲师团团长、中共温州市委党校副校长、温州市乡镇企业局局长、温州市科学技术委员会主任，从事资本市场相关领域研究。

摘　要

本书是由中共温州市委党校和中国社会科学院社会学研究所合作研创的第 16 本关于温州年度经济社会形势分析与预测的报告（温州蓝皮书），由党校、高校、政府研究机构人员撰写。

全书主要由总报告、经济篇、社会篇、文化篇、生态篇、专题篇六个部分 27 篇研究报告组成。本书的数据来源于省市统计部门、温州市有关部门、调查问卷和 Wind 数据库。

2022 年是新中国发展历程中具有里程碑意义的一年，中国共产党召开了第二十次全国代表大会，标志着国家发展进入了以中国式现代化推进中华民族伟大复兴的新征程。

本书全方位多视角地分析了 2022 年温州经济社会发展形势，认为：2022 年，温州市认真贯彻落实党的二十大精神，坚决执行中央、省委决策部署，坚持稳中求进的工作总方针，面对疫情的持续影响以及预期减弱、供给冲击、需求收缩三重压力，积极贯彻落实疫情要防住、经济要稳住、发展要安全的总体要求，持续迭代升级疫情防控措施，推出经济稳进提质攻坚行动等组合拳，较好完成了疫情防控和稳经济的目标任务，实现了区域经济社会大局的稳定，一些重点任务取得了新的成就和突破，发展的质量和动能进一步提升和加强。全市地区生产总值达到 8029.8 亿元，同比增长 3.7%，增速分别高于全国和全省 0.7 个和 0.6 个百分点，稳居全国城市 30 强。全年经济运行呈高开低走回升企稳态势，三次产业中农业发展态势良好，增速达到 4.6%，位居三次产业之首，第二、第三产业受到

不同程度的冲击,第三产业受到的冲击相对较大。社会运行总体稳定,就业形势总体稳定,全市城镇调查失业率为4.7%,低于全国平均水平0.8个百分点,基本实现了稳就业的政策目标。弱势群体的医疗保障更加健全,公共服务优质均衡发展继续推进,城乡差距进一步缩小。城乡居民人均可支配收入稳步增长,农村居民人均可支配收入增幅达7.4%,高于城镇居民2.2个百分点。城镇居民人均可支配收入达73326元,位居全国城市前列,全市居民人均可支配收入63033元,物价涨幅处于较低水平,CPI同比增长1.8%。居民消费支出增长与收入相比基本保持平稳,全市居民消费支出达42809元,同比增长7.3%,城乡居民恩格尔系数28.7%,比上年降低0.03个百分点,人民生活安定富足。社会治理仍存在诸多薄弱领域,青年就业形势依然严峻,区域协调发展难度加大,环境质量基础还不够牢固。

报告认为,2023年随着疫情的结束,经济将会迎来复苏反弹,国内经济基本面趋好,需求不足的问题将会在相关政策落地后逐步缓和,如果不发生其他不利的外生事件,温州的经济社会运行将会出现新的起色,课题组预测2023年温州经济增速将会处于6.5%~7.5%区间。

报告建议,推进2023年经济社会高质量发展,要认真贯彻落实中央经济工作精神和省委的决策部署。继续优化营商环境,打造最优的民营经济发展示范区;坚定支持传统产业发展;深化实施数字经济"一号工程";优化商业网点布局和业态;推动山区五县加快发展,进一步缩小"三大差距";积极推进稳岗就业;推进社会治理能力现代化。

本书经济篇由九篇报告构成,对经济运行进行了全方位回顾分析与预测,对面临的形势给出了合理的判断,提出了可操作的政策建议。社会篇的四篇报告,深入分析了城乡居民的收入和消费状况、就业、社会治安和残疾人事业发展。文化篇由关于文化发展、乡村文化振兴、民办博物馆的三篇报告构成,既有全局性的分析又有特定领域的研究。生态篇由五篇报告构成,对温州水生态环境形势与保护修复、实现碳达峰碳中和、市区城镇排水设施、生态文明示范区创建、工业领域减污降碳等进行了基于大量数据的分析研究。专题篇关注温州基于对领导干部与企业家问卷调查的经济发展评价、中国眼谷发展、规上工业企业生产经营形势、跨境电商发展、商贸流通业发展等。许多社会各界关心的重要问题,本书都作出了回答。

关键词: 区域发展 经济运行 社会发展 温州

Abstract

This book is the 16th annual report on the analysis and forecast of Wenzhou's socio-economic situation (Blue Book of Wenzhou), jointly researched, compiled, and published by the Party School of the Wenzhou Municipal Committee of the Communist Party of China and the Institute of Sociology of the Chinese Academy of Social Sciences. The contributors to this book include staff from Party School, colleges and universities, and government research institutions.

The book mainly consists of six sections with 27 research reports: General Report, Economic Reports, Social Reports, Cultural Reports, Ecological Reports, Special Topics. The data used in this book comes from provincial and municipal statistical departments, relevant municipal departments in Wenzhou, survey questionnaires, and the Wind database.

The year 2022 was a milestone significance in the development of the People's Republic of China. The 20th National Congress of the Communist Party of China (CPC) marks the country's new journey of pursuing a new and uniquely Chinese path to modernization for the great rejuvenation of the Chinese nation.

This book analyzes the socio-economic development of Wenzhou in 2022 from comprehensive and multi-dimensional perspectives. In 2022, Wenzhou City implemented the guiding principles of the 20th CPC National Congress of the CPC, put the major decisions and plans of the Party Central Committee and the provincial committee into action, and adhered to the general principle of making progress while maintaining stability. Confronting the continued impact of the pandemic, weakened expectations, supply shocks, and contraction in demand, Wenzhou vigorously implemented the requirements of responding effectively to Covid-19, maintaining economic stability, and ensuring security in development, iteratively upgraded pandemic prevention measures, and taking actions to promote the steady progress and quality improvement of the economy. The objectives of epidemic prevention and maintaining economic stability were successfully accomplished, regional economic and social stability were ensured, and new achievements and breakthroughs in key tasks were realized, which further strengthened the momentum for quality development.

The city's regional GDP reached 802. 98 billion RMB, an increase of 3. 7% year on year, outpacing the national and provincial growth rates by 0. 7% and 0. 6%, respectively, ranking 30th in China's urban economy. Economic performance throughout the year showed a trend of starting high, dropping low, and finally stabilizing. Agriculture developed well among the three economic sectors, with a growth rate of 4. 6%, ranking first. In contrast, the secondary and tertiary sectors were impacted to varying degrees, with the tertiary sector being affected the most. The social operation was generally stable, with the urban unemployment rate at 4. 7%, 0. 8% lower than the national average, essentially achieving the policy goal of maintaining employment stability. Medical insurance to vulnerable groups has been strengthened, high-quality and balanced public services have been continuously improved, and the urban-rural gap has further narrowed. The disposable income of urban and rural residents per capita increased steadily, with rural residents' income growth rate reaching 7. 4%, 2. 2% higher than that of urban residents. The disposable income of urban residents per capita reached 73326 RMB, ranking among the top cities nationwide. The per capita disposable income of all residents in the city was RMB 63033. The prices rose at a low level, with CPI increasing by 1. 8% year on year. Residents' consumer spending grew in line with income, reaching RMB 42809, an increase of 7. 3% year on year. The Engel coefficient for urban and rural residents was 28. 7%, a decrease of 0. 03% from the previous year, indicating that people's lives were stable and affluent. There were still many weak areas in social governance, the employment situation for young people was still severe, the difficulty of regional coordinated development increased, and the foundation for environmental quality was not solid enough.

The report indicates that with the end of the pandemic in 2023, the

economy will recover and rebound. The macro environment of the domestic economy tends to improve, and the insufficient demand will gradually recover with the implementation of relevant policies. If no other adverse exogenous events occur, Wenzhou's economic and social operations take a new turn for the better. The research team forecasts that Wenzhou's economic growth in 2023 will be 6.5% –7.5%.

The report suggests that to promote high-quality economic and social development in 2023, it is necessary to conscientiously put the guiding principles of the Central Economic Work Conference and major decisions and plans of the provincial committee into action. We should continue to optimize the business environment and build outstanding private economy development demonstration zone; firmly support the development of traditional industries; deepen the implementation of the Number One Project of the digital economy; optimize the commercial outlets' layout and forms; accelerate the development of five counties in the mountainous area, and further narrow the "three major gaps"; actively extend pro-employment policies and maintain jobs; promote the modernization of social governance.

The report suggests that to promote high-quality economic and social development in 2023, it is necessary to conscientiously put the guiding principles of the Central Economic Work Conference and major decisions and plans of the provincial committee into action. We should continue to optimize the business environment and build outstanding private economy development demonstration zone; firmly support the development of traditional industries; deepen the implementation of the Number One Project of the digital economy; optimize the commercial outlets' layout and forms; accelerate the development of five counties in the mountainous area, and further narrow the "three major gaps"; actively extend pro-employment policies and maintain jobs; promote the modernization of social governance.

Keywords: Regional Development; Economic Operation; Social Development; Wenzhou

目 录 ↖↘

Ⅰ 总报告

Ⅱ 经济篇

Ⅲ　社会篇

Ⅳ　文化篇

Ⅴ　生态篇

VI 专题篇

皮书数据库阅读**使用指南**

CONTENTS ⟲

I General Report

II Economic Reports

Ⅲ Social Reports

温州蓝皮书

Ⅳ Cultural Reports

Ⅴ Ecological Reports

Ⅵ Special Topics

总 报 告
General Report

B.1

2022～2023年温州经济社会
形势分析与预测[*]

课题组[**]

摘　要： 2022年是党的十八大召开以来极具挑战的一年，面临疫情以及预期减弱、供给冲击、需求收缩多重压力，温州打赢了疫情防控和稳经济两场战役，地区生产总值站上8000亿元台阶，稳居全国城市30强。共同富裕扎实推进，"三大差距"进一步缩小。就业基本稳定，新能源产业取得突破。经济发展、大学生就业、社会治理、协调发展领域面临不少挑战。2023年，宏观经济将呈恢复性增长，综合经济基本面面临多种有利因素，本报告预计2023年温州经济增长将处于6.5%～7.5%区间，并提出打造民营经济最优示范区，坚定支持传统产业发展，深化实施数字经济"一号工程"，优化商业网点业态和布局，积极推进稳岗就业，

---

[*] 本文数据如无特别说明，均来自温州市统计局和温州市政府相关部门。
[**] 课题组成员：王健（执笔）、王春光、金浩、朱康对、任晓、陈中权、陈勋。

推动山区五县加快发展、进一步缩小"三大差距",推进社会治理能力现代化七方面建议。

关键词: 区域发展 经济运行 社会发展 温州

2022年是新中国发展历程中具有里程碑意义的一年,党的二十大顺利召开,国家发展进入了以中国式现代化推进中华民族伟大复兴的新征程。就温州区域而言,2022年是党的十八大以来极具挑战和令人难忘的一年,在预期减弱、供给冲击、需求收缩的三重压力下,疫情的多点多发对区域经济社会发展的冲击超出预期。面对严峻的形势,温州市委、市政府不折不扣贯彻中央和省委关于疫情要防住、经济要稳住、发展要安全的总体要求,持续迭代升级疫情防控措施,推出经济稳进提质攻坚行动等组合拳,较好完成了疫情防控和稳经济的目标任务,实现了区域经济社会大局稳定,一些重点任务取得了新的成就和突破,发展的质量和动能进一步提升和加强。全市地区生产总值达到8029.8亿元,同比增长3.7%,增速分别高于全国和全省0.7个和0.6个百分点,经济总量继续保持全国城市30强。2022年常住人口比上年增加3.4万人,城镇化率达到73.7%,比2021年上升0.9个百分点。

一 2022年温州经济社会运行形势分析

(一)经济开局良好,全年经济运行呈高开低走回升企稳态势,三次产业发展总体平稳,产业内部高质量发展势头较好

2022年第一季度,温州全市在固定资产投资增长、外贸增长和消费回暖的带动下,三次产业恢复向好,一季度经济增长率达到6.1%,实现良好开局。进入二季度,疫情多发带来的超预期冲击,使供应链产业链大受影响,对经济发展和人民生活造成较大冲击,房地产销售降幅明显,二季度经

济增速回落至 3.3%。进入三季度，随着减税降负等各项稳经济措施的逐步
到位，经济出现企稳回升，三季度经济同比增长 3.8%，规上工业增加值同
比增长 5.5%，投资同比增长 9.3%，进出口同比增长 28.1%，消费增长相
对缓慢，已出现复苏回升态势。四季度经济运行总体延续恢复态势，主要经
济指标保持平稳，房地产销售有所收窄，全年生产总值同比增长 3.7%。全
市 12 个县域经济体中 8 个增长水平高于全市平均值。乐清市经济总量跃上
1500 亿元，继续领跑全市。平阳以 6.4% 的增长率排在全市首位。鹿城、瓯
海两区增长处于最后两位，增长率均为 2%。

　　全市三次产业结构比例为 2.2：42.1：55.7，与上年相同。坚持农业农
村优先发展，农业现代化稳步推进，成效明显。扩大农业有效投资，聚焦预
制菜、数字农业、都市农业，签约农业项目 36 个，总投资 211 亿元。出台
《乡村人才振兴"553"行动的实施意见》，同步推进农播电商人才、高素质
农民、农创客的培育，极大推进了农业全产业链的发展，农村电商直播不仅
有效应用互联网拓展了销售渠道，也促进温州地方农特产品走出温州、走向
全国，全市农产品网络销售额达到 65.7 亿元。粮食、油菜、生猪等重要农
产品的产量均完成目标值，实现了稳产保供稳价，水产品总产量比上年增长
7.9%，农林牧渔业增加值达到 177.48 亿元，同比增长 4.6%，增幅居三产
首位。第二产业走势类似倒"N"形，一季度增幅以 6.7% 开局，四季度以
增幅 3.5% 收官，低于地区生产总值增长 0.2 个百分点，工业用电量同比增
速为 -2.3%。受益于优化营商环境、减税降负、为企服务等多种稳经济政
策，工业经济表现出较强的韧性，规上 33 个工业大类中 19 个大类实现了正
增长，规上工业增加值达到 1467.79 亿元，同比增长 4.7%，比全省平均水
平高 0.5 个百分点，其中重工业增加值达到 988.58 亿元，增长 5.8%。规上
工业销售产值为 7241.35 亿元，增长 8.3%。泵阀、汽摩配、低压电器产业
恢复态势良好，数字经济、智能装备、新能源等新兴产业增势明显。当前全
球能源格局正发生剧烈改变，清洁能源将成为全球能源发展趋势，新能源在
"双碳"目标下正迎来广阔的市场机遇。2022 年，温州落地金凤科技海上风
电、比亚迪动力电池、瑞浦新能源制造、伟明盛青锂电池新材料、运达风

电、远景风电等新能源产业项目，成为"核风光水蓄氢储"最全的新能源产业集聚区，全年新能源产业增加值同比增长9.3%，未来新能源产业有望居于全国领先地位。数字经济核心产业增加值同比增长18.5%，位居全省第三。智能装备产业增加值同比增长20.4%。第三产业受疫情冲击的程度较深，恢复程度不及预期，增长势头较弱，三季度的增加值增速仅为3.5%，低于同期区域经济增速0.3个百分点，四季度实现增加值4471.47亿元，同比增长3.8%，乐清市、鹿城区、瑞安市第三产业增加值均超过千亿元，但三地的增长势头均比较低迷。信息技术、金融等高端服务业增长态势优于传统服务业，信息传输及信息技术服务业、金融业分别增长18.7%、7.9%，住宿餐饮、交通运输仓储和邮政业、房地产业分别增长3%、−3.2%、−2%。

（二）三大需求呈"两强一弱"特征

一是投资拉动强。作为稳经济的主要着力点，温州实施扩大有效投资"3121"行动，2022年全市基础设施投资保持较快增长，带动整体投资稳中有进，全年投资同比增长7.8%，比同期区域经济高出4.1个百分点，成为年度经济实现正增长的压舱石。分领域看，基础设施投资增长22.4%，其中交通投资达到16%，生态环保城市更新和水利投资增长28.8%；同时，需求萎缩造成制造业和房地产投资疲软，制造业投资同比增长4.1%，房地产投资增长6.9%，均明显低于投资平均增速。

二是出口拉动强。出口延续上年的高增长态势，全年出口总额达到2502亿元，增长22.9%，增速排名上升为全省第四。出口产品中机电类、鞋服等、高新技术产品增速分别达到51.5%、26.7%、12.7%。

三是消费增长偏弱。消费领域受疫情影响明显，社会消费品零售总额达3944.1亿元，仅比上年增加138.4亿元，同比增长3.6%。同期消费领域呈现明显的分化特征，餐饮、住宿、娱乐、在线教育营业收入均不同程度下降，前10类限额以上主要商品中，家用电器和音像器材、通信器材类、烟酒类消费分别下降了20.1%、16.3%、1.7%，汽车消费受惠于政策利好依然保持较快增长，汽车销售总额达469.3亿元，占限上总额的42%，增速达到11%，其中新能源汽车销售持续高增长，零售额达127.7亿元，同比增长94.4%，汽车类销售拉动限上消费总额增长4.2个百分点。

（三）财政收支缺口有所加大，金融供给与经济增长总体匹配，稳经济作用突出

财政总收入扣除留抵退税因素后（以下称"同口径"）下降2.7%，收入总额为918.8亿元，一般公共预算收入573.9亿元，同口径下降2.6%，税收收入449亿元，同口径下降5.9%。非税收入中政府性基金收入1156.6亿元，国有资本经营预算收入3.7亿元。争取上级资金1205亿元，其中转移支付资金491亿元，地方债券714.1亿元，其中专项债473.4亿元，有力带动了有效投资。一般公共预算支出1137.74亿元，同比增长6.6%，用于民生支出853.5亿元，同比增长11%，其中一般公共服务、教育、社会保障和就业、卫生健康四项支出占比达到59%，有力保障了疫情防控和民生需求。

金融业积极贯彻稳经济要求，信贷供给充足。全年社会融资增量为3559.1亿元，比上年多增128.2亿元，其中人民币贷款和政府专项债发行两项增量之和为2728亿元，占社会融资增量的76.65%。信贷供给较为充足，金融机构本外币贷款余额18116.8亿元，同比增长14.5%，人民币贷款余额18030.1亿元，同比增长14.4%。居民信贷需求不足，房地产下行风险导致居民购房意愿降低，拖累中长期贷款增长，全年居民中长期贷款增速为6.7%，比上年（21.7%）下降了15个百分点。备受关注的信用风险有所上升，出险企业数量和金额均出现上升，金融机构不良贷款率0.63%，比年初上升0.02个百分点。

（四）就业形势总体平稳，弱势群体的民生保障得到加强

2022年高校毕业生人数创新高，持续的疫情和外部不确定性造成的经济下行使就业形势更加严峻。据国家统计局数据，2022年全国城镇调查失业率波动区间为5.3%～6.1%，1月和8月为全年最低点，1～8月波动较大，

4月失业率达到6.1%，为全年最高也处于近年来的较高水平。5~8月逐月下降，第四季度又有所回升，11月升至5.7%后回落，全年调查失业率为5.5%。在各种就业人群中，16~24岁城镇青年就业压力最大，2022年6月，城镇青年调查失业率达到19.3%。面对严峻的就业形势，温州全力实施就业优先战略，及时出台"稳岗就业16条"、升级"重点人群快速就业援助机制"等一系列稳岗就业政策，全市城镇新增就业10.2万人，全年解决困难群体再就业7848人，全市城镇调查失业率为4.7%，低于全国平均0.8个百分点，基本实现稳就业的政策目标，总体就业形势平稳，但青年群体的就业问题依然严峻。

努力提升城乡居民的幸福感获得感，财政对民生的投入同比增长11%，比一般公共预算支出增长高4.4个百分点，有力保障了民生所需。健全多层次医保体系，全市基本医疗参保人数近800万人，参保率达到99.5%，城镇职工和城乡居民基本医疗保险基金收支状况较好，分别结余61.12亿元和1.49亿元。实现全市基本医保市级统筹，促进了医保的公平。新增长护险参保人数163万，全市参保人数达到243.7万，有效缓解失能老人家庭的护理负担，目前已帮助7500户重度失能家庭减少护理负担1.5亿元。鼓励居民参与惠民保，2022年新增参保人数162万，参保总数达到287万，参保率比2021年提高16个百分点。设立规模超5000万元的"慈善医疗救助共富基金"，为困难群众因病返贫构筑了隔离桩和防火墙。实施"医保纾困、携手共富"行动，最低生活保障年标准提高到12420元/人。

医保数字化改革成效显著，创新医保信用数字监管、医保纾困、温州长护在线、医保户户通等数字化改革场景运用，将医保服务全面纳入市县乡村政务服务中心，明确下沉清单，医保服务的线上线下融合推进有效提升了医保服务质量，温州做法也得到上级肯定和市民好评。社会保障根据社会发展的新需求持续扩面提质，1~10月企业职工养老保险参保人数新增7.67万。近年来，基于互联网的新业态新模式已经广泛融入城乡居民的日常生活，从业人员的数量也不断增多，但这部分劳动者缺乏职业保障，这是社会保障的空白领域，温州在全省率先推出了纯公益性的"新业态就业群体·共富安新保"，涵盖新冠肺炎、交通意外伤害、意外伤害救护、意外伤害住院、肢体意外伤害 5 种保险，保额为人均 71 万元，为全省新业态等灵活就业人员参与社会保障探索了新路子。

（五）高质量推进公共服务建设，城乡差距不断缩小

城乡教育优质均衡水平继续提升。全年一般公共预算投入教育经费257.23 亿元，同比增长 10.7%，全市生均公共教育经费比上年增加 150 元。新增公办学位 1.45 万个，停办 36 所不达标民办随迁子女学校，11 所民办随迁子女学校转为公办或由公办学校接管，民办义务教育在校生比例已降至4.65%（包含购买学位）。乡村学校办学硬件不足、师资不足的局面得到有效缓解，公办义务"教工体"覆盖面达到 99.6%，集团化办学比例为 92%。2022 年 3 月出台《高层次教育人才引进奖励办法（试行）》，新招录教师分三类享受 20 万至 60 万元不等的奖励经费，同时还享受人才住房、子女入学、配偶就业、绿色就医通道等其他人才待遇，全市教育系统招录高校毕业生 4000 余人，吸引了一批清华、北大顶尖高校优秀毕业生来温从事教育事业，引进数量和层次均超过以往，有效缓解了师资队伍薄弱问题。特殊教育进展较好，6 所特殊教育学校被认定为省特殊教育标准化学校，残疾学生学前、义务教育、高中段入学率分别达到 98.3%、99.9%、93.6%，已经提前3 年达到《浙江省"十四五"特殊教育发展提升行动计划》的要求。产教融合发展推进职业教育高地建设，专业布局更加优化，中高职一体化招生1.03 万人，增幅达到 7.41%。高等教育发展稳中有进，高水平学科建设成效显著，国家一流本科专业建设点达到 40 个，ESI 全球排名前 1% 学科达 13个，比 2021 年增加 1 个。

卫生健康事业高质量推进，城乡居民获得感明显提升。坚持市域一体，市县乡镇三级卫生医疗机构发展重点突出，各有侧重。医疗资源不断充实，省域医疗中心、市中医院国家中医特色重点医院建设工作稳步推进。112 个卫生医疗项目完成投资 49.92 亿元。做强县级医疗机构，医疗资源重点向山区海岛倾斜下沉，山区海岛医疗水平明显提升，230 名副主任以上医师下沉帮扶，

7个山区海岛县均已建成标准化胸痛、卒中、创伤救治中心和检验、影像、病理共享中心，新技术新项目不断得到应用，部分诊疗技术不用离开县域就可以实施。继续夯实基层医疗基础，乡镇卫生院（社区卫生服务中心）标准化率达到92.5%，全市乡镇卫生院（社区卫生服务中心）均能提供6类以上中医非药物疗法。80%建制乡镇配有巡回医疗车，流动医院达到150个。数字赋能"健康温州"高质量推进，"健康大脑+"迭代升级，通过上下贯通、部门联动汇集相关健康数据3.9亿份，接入市县乡三级307家卫生医疗机构，日均诊疗调阅信息10万条。医学检查检验结果互认平台接入医疗机构243家，实现二级以上公立医院和乡镇卫生院（社区卫生服务中心）全覆盖，减少重复检查检验69万次/年，据卫健部门数据仅减少重复检查检验就节约医疗支出1700万元，不仅节约了医保支出，也减轻了患者负担。

文化事业发展良好。温州公共文化服务创新成果——城市书房、文化驿站国家标准获得立项，温州经验将上升为国家标准，将更广泛地惠及全国各地群众，丰富群众文化生活。文化创新不断，涌现了"鱼文化艺术普及"、永嘉楠溪书院等一批文化高质量发展和公共文化交流基地和项目。文艺作品创作成绩斐然，红色故事现代越剧《霞光》、舞蹈《擂鼓声声迎归帆》获得专业领域和观众的高度肯定。承办央视2023年戏剧春晚，打响了"百戏之祖是南戏，南戏故里在温州"的城市文化品牌。文博工作方面有重大发现。温州朔门古港遗址入选"考古中国"2022年重大发现，考古专家表示，朔门古港遗址真实再现了1000年前"海上丝绸之路"重要节点的景象，填补了"海上丝绸之路"港口考古的空白。近年来，群众文化生活需求不断提升，温州出现了一股民办博物馆的热潮，全市民办博物馆发展迅速。温州提出建设"中国民办博物馆之城"，并先后出台支持民办博物馆建设的若干政策，到2022年底，建成48家省级、60家市级乡村博物馆，形成覆盖城乡，国有、民办共同发展的博物馆格局。温瑞塘河沿岸的博物馆群已经成为城市新文化景观，成为群众文化生活的重要空间。诞生了青灯石刻博物馆这样的全国知名的民办博物馆，其每年承办的以生活美学为主题的青灯市集在国内的影响力越来越大，吸引游客的数量达数十万人次。

体育事业实现跨越式发展。借承办亚运赛事之机，2022年，龙湾奥体、瓯海奥体相继建成并通过各方面验收，使温州具备大型国际体育赛事承办能力，在温州体育发展史上具有里程碑意义。公共体育设施供给水平大幅提升，社会体育服务更具人性化。瞄准"一老一少"锻炼需求建设相应的体育设施，完成城区10大城市公园室外运动器材的提档升级；累计建成"百姓健身房"358家，新增体育公园8个、足球场（含笼式）15个，一批社区多功能运动场和乡村健身广场落成，"10分钟健身圈"覆盖面不断扩大。市级84家社会体育组织上线"浙里办"，市民可以线上申请加入协会，获得科学健身和专业技能提升方面的指导服务。

（六）城乡居民收入持续增长，居民生活安定富足

城乡居民收入实现稳步增长，全市居民收入增长率达5.8%，高于地区生产总值增幅2.1个百分点。农村居民收入达38482元，增长7.4%，增速高于城镇居民2.2个百分点，位列全省第三。城镇居民收入达73326元（按国家外汇管理局公布的2022年美元兑人民币的平均汇率6.726计算，人均可支配收入已达到10901美元），位列杭州、宁波、绍兴之后，居全省第四，城乡居民收入差距缩小为1.905∶1。全市城乡居民人均可支配收入63033元，超过嘉兴，位居全省第五。共同富裕示范区建设加快推进，市域内欠发达山区五县城乡居民人均可支配收入增长均高于全市平均，县域收入差距有所缩小。收入增长和消费环境改善，推动居民消费支出平稳增长，农村居民生活消费支出同比增长9.6%，达到27623元，城镇居民生活消费支出为49176元，同比增长6.6%，全体居民消费支出42809元，同比增长7.3%。在各项消费中，其他用品和服务、交通通信、生活用品和服务同比提高40%、39%、14.9%，教育文化和娱乐、衣着同比负增长，居住支出占比达到24.7%，增幅达3.7%。从消费价格上看，全年物价水平稳定，CPI同比增长1.8%，食品烟酒类支出同比增长6.4%，全市居民恩格尔系数为28.7%，较上年降低0.3个百分点，处于较富裕生活的区间。收入水平提高促进了居民生活方式改变，人们更加注重精神享受和生活品质改善，文化旅

游消费成为家庭消费的重要支出，自驾游、研学以及其他户外活动等新生活方式正为越来越多的居民所接受。养老服务供给能力大幅提升，从设施看，新增认知障碍照护床位936张，新增养老机构床位5500张，新建12个智慧养老院，115家居家养老服务照料中心和60个农村老人活动中心成为示范型中心，新改建老年食堂200家，已建成632家老年食堂；养老护理员队伍有了长足发展，新增持证护理员1187人，每万名老年人拥有持证养老护理员达到32人，位居全省第一。

（七）社会治理还存在诸多薄弱领域，亟待推进治理能力现代化

2022年，社会运行总体和谐有序，持续的疫情给经济运行和人民生活带来了诸多困扰。环境卫生、交通秩序、公共设施维护、消费等领域的违法违规现象依然易发多发，常常"治理一阵好一阵，松一下就反弹"，严重影响社会和谐稳定，成为社会治理的顽瘴痼疾。基层社区邻里之间、物业与业主之间、物业与业委会之间、业主与商户之间的矛盾也较为普遍，2022年全市调处的矛盾纠纷有98093件。社会治理的现状与治理能力现代化的要求还有很大差距，党建引领、政府负责、社会参与的社会治理格局还需要不断加强和健全，社会治理创新依然任重道远。

（八）生态环境持续改善，环境质量基础尚不稳固

健全生态环境治理制度，印发27项法治环保制度文件，涉及污染防治、监督管理、争议化解等重点领域、重点环节和空白点。落实污染问题的整改措施，实行重点污染问题市领导挂钩联系督导。开展金属压铸、塑料注塑、橡胶压铸三类行业的集中整治，关停淘汰企业642家。修订《温州市小微危废收运体系建设试点规范化管理导则》，处置全市1.7万家小微产危废11391吨，出台《温州市重大疫情医疗废物应急处置方案》，处置涉疫垃圾9105吨。全市主要生态环境指标良好，PM2.5均值为24微克/米^3，同比下降4.0%，AQI优良率为95.1%。断面水质稳定，国控断面Ⅰ~Ⅲ类水质比例、交接断面优良率、县级水源地水质达标率均为100%，省控及以上断面

水质Ⅰ~Ⅲ类水质比例达 90.6%。近岸海域海水优良率为 63.4%，夏季优良率达到 99.4%，为监测以来的最好水平。对变更用地进行土壤污染状况调查，全市建设用地安全利用率 100% 达标。与此同时，环境违法和环境投诉量依然处于高位，全年受理环境信访举报 7949 件，环境质量基础尚未稳固。

二　2023年温州经济社会运行面临的问题与挑战

2023 年是认真贯彻落实党的二十大精神的第一年，也是打造中国式现代化温州篇章的起步之年，中央、省委要求各地工作重点从疫情防控转向全力拼经济，弥补三年疫情造成的损失。从世界发展形势看，俄乌冲突仍在继续，不论结果如何，对世界和我国的影响将会非常巨大。中美关系短期内还会继续恶化，产业转移的规模和速度会加大，妨碍经济增长和就业，经济社会运行面临的形势依旧严峻。对照市"十四五"的规划目标和"两个先行"要求，经济和社会运行要关注以下问题。

（一）经济增长速度和质量不高

1. 经济增速不高

从"十四五"经济发展目标看，温州在剩余的三年内经济总量要实现"十四五"末期达到或超过 10000 亿元的目标，坐稳全省第三极，在经济增长的速度上至少要达到年均 7.6% 的水平，如何加快经济增长应引起决策部门关注。

2. 经济增长质量不高

财政收入与 GDP 不匹配，2022 年财政收入占 GDP 的比重仅为 7.15%，处于全省各地市最末位，比杭州、宁波、嘉兴、湖州分别低 5.85 个、3.55 个、1.65 个、2.85 个百分点。

3. 企业经营困难加大，效益不高

2022 年工业企业主要财务指标显示，企业营业收入增长低于营业成本增长 1.3 个百分点，企业盈利空间被进一步压缩，全市规上工业企业亏损面

达 11.5%，利润总额同比下降 3.4%，亏损企业亏损额同比上升 24.9%。

4. 数字经济发展质量不高

数字经济代表了未来经济发展方向，其技术、应用已经与一、二、三产业广泛融合，谁在数字经济的竞争中占据优势，就赢得了发展先机。温州数字经济发展质量不高，特别是数字经济核心产业发展缓慢，数字经济的龙头企业偏少，数字经济核心产业投资不足，人才队伍不强等问题并存。

5. 旅游经济发展不足

温州旅游资源丰富，山江海林湖湿地资源类型多样，生物资源多样，地方文化遗存内容丰富，新的考古发现还证明温州是"海上丝绸之路"的重要节点城市。目前的旅游经济开发利用水平与温州旅游资源的文化与经济价值相差甚远，旅游经济还有很大的发展空间，需要从全域层面规划资源的开发利用，促进旅游经济成为温州区域发展的重要支柱产业。

（二）山区五县发展仍滞后，平衡发展难度较大

2022 年，全省加大对 26 个欠发达县的支持力度，促进欠发达地区快速发展，逐步落实以共同富裕为目标的"一县一策"发展战略，取得了初步的成果。温州市欠发达的山区五县经济平均增速高于全市，但由于各方面发展基础薄弱，诸多指标均居于全省靠后位置。以 GDP 总量、人均 GDP、人均可支配收入三项指标为例，从 GDP 总量上看，山区五县的 GDP 总量仅为全市的 23%，全省 90 个县市区中，平阳、永嘉、苍南、泰顺、文成分别排在第 52 位、58 位、63 位、82 位、87 位，泰顺、文成均不足 150 亿元，缺乏产业支撑；从人均 GDP 看，山区五县分别排在全省的第 73 位、85 位、89位、88 位、90 位，全省人均 GDP 最低的 10 个县里面有 4 个在温州，文成、苍南、泰顺是全省人均 GDP 最低的 3 个县；从人均可支配收入看，山区五县全体居民人均可支配收入均处于全市平均水平以下，最高的平阳县仅为全市平均水平的 78%，最低的泰顺则为全市平均水平的 56%，山区五县城乡居民人均可支配收入差距较大，文成、泰顺的城乡居民收入差距都在 2 以上，远远大于浙北、浙东、浙中县市。平阳、苍南、文成、泰顺四县在地理

上相连，是全省县域发展最弱的连片区块。缩小发展差距，实现协调平衡发展，推进共同富裕，依然面临较大的困难。

（三）大学生就业形势依然严峻

就业是最大的民生。进入2023年，经济已经出现逐月的复苏，但恢复的力度不及预期，且恢复的基础不牢固。从劳动力供给看，2023年新增大学毕业生人数将达到有史以来最多的1158万，加上上年未就业的部分，毕业生就业压力大。从需求看，消费动能释放不足，消费市场总体上呈现不温不火的态势，2023年一季度全社会消费品零售总额同比仅增长4.8%，限上消费品零售额同比增长1.5%，消费不足将传导到生产领域，导致对劳动力的需求减少。本地产业层次不高，大部分企业处于产业的中低端，能提供给大学生的就业岗位少。此外，区域发展不平衡，也会导致更多的大学生到沿海省份求职，更加剧沿海省份本地大学生就业竞争。

（四）社会治理存在诸多薄弱领域

温州经济开放度高，人口流动性大，小微企业众多，属于"眼球城市"。互联网环境下信息真真假假、难以分辨，一些社会信息很容易被一些不负责任的自媒体利用而引发舆情事件，社情民意相对复杂敏感。近年来，温州不断推进平安温州建设，探索基层社会治理经验，社会总体保持和谐有序，但仍存在较多薄弱领域和治理问题。这些问题体现在社会治理成本高、社会治理能力弱，难以适应新情况、新问题、新要求，社会矛盾和冲突高发，社会治理主体意识不强，社会治理体系效率不高。

三 2023年温州经济社会形势预测和政策建议

2023年中央经济工作会议提出，2023年将坚持稳字当头，稳中求进，继续实施积极的财政政策和稳健的货币政策，加大宏观调控的力度。国内宏观经济将保持复苏上行，被疫情压制的行业都将逐步复苏，外贸出口保持韧

性，如果没有发生其他不利的外生事件，经济基本面加上温州新能源产业集中发力，协办亚运会，推进共同富裕示范区建设等有利因素，课题组对2023年区域经济增长持乐观态度，预计2023年温州经济增速将处于6.5%～7.5%区间。社会大局将保持和谐稳定，借亚运会举办契机城市品质将显著提高。但大学生就业形势严峻，求职难度加大。2023年推进经济社会高质量发展的政策建议如下。

（一）继续优化营商环境，打造全国最优的民营经济发展示范区

第一，深化温州民营经济"两个健康"先行区创建行动，打造民营经济发展最友善的舆论环境。近年来，出现了一些打压甚至否定民营经济的言论，一定程度上挫伤了民营企业家的积极性。针对这些错误言论，温州作为民营经济的发祥地，又是全国唯一的民营经济"两个健康"先行区，要坚定坚持"两个毫不动摇"，让温州民营企业家在经济上得实惠，政治上有尊严，社会上有地位，用最优的发展环境吸引更多的民营企业投资温州，让温州成为民营企业家投资兴业的最佳城市，进一步擦亮"民营经济看温州"的金字招牌。第二，继续优化提升营商环境。近年来，温州党委、政府全力打造一流营商环境，社会和企业家的满意度不断提高，第三方评价显示温州营商环境在全国的排名逐年前移。营商环境变好但某些方面也出现下滑。温州市委党校的一项调查显示，受调查的民营企业家对2022年温州营商环境好感度评价出现下滑，反映了政府在统筹疫情防控和稳经济方面能力不足，简单粗暴的处置方式使企业家认为营商环境趋于恶化。建议对现有营商环境的系列政策开展效用评价，迭代升级营商环境政策体系，与时俱进，推进温州营商环境迈入全国一流水平。第三，办好温州民营企业家节。把温州民营企业家节办成国内最具影响力的年度经济盛会，使之成为推荐温州年度经济人物、最佳企业，产学研交流的高端平台。

（二）坚定支持传统产业发展

传统产业是温州制造业的基础，发展基础好。在温州市委党校的一项调

查中，领导干部和企业家都认为"传统产业支持发展"是政府做得最不足的经济工作。进入21世纪以来，温州坚持产业转型升级，有些产业的转型升级成效显著，过去的劳动密集型企业已经脱胎换骨，曾经的污染企业、高耗能企业已经蜕变成科技型、绿色型企业，但由于生产的产品品类没有变，其在与新兴产业共同发展中处于明显的弱势地位。课题组在年初赴平阳萧江对塑料包装行业进行了实地调查，发现30年来塑料包装行业的生产已经从以人工为主变成全自动的生产线，一些危险岗位的工作都被机器所取代，设备维护员工比例越来越高，设备占企业固定资产的比重非常高，事实上已经是资金密集型行业了。塑料包装行业本地产业链完整度高，产品在国际国内市场的占有率高，竞争优势突出，一些企业专注新赛道，已经成为细分领域的冠军企业，但由于行业被认定为传统产业，生产要素保障很难满足企业的需求。建议决策部门实事求是看待传统产业，加强调查研究，切忌僵化地制定产业政策，在增强传统优势产业的产业链韧性、要素资源保障、科技和人才配套等方面给予支持，让传统产业焕发新优势。

（三）深化实施数字经济"一号工程"

第一，促进数字经济、人工智能与制造业融合。温州制造业量大面广，正处于由低端制造向中高端制造突破的时期，数字技术的应用为制造业转型升级提供了新的引擎。事实表明，制造业因为得到数字技术的赋能，不断创新，生产出智能化的新产品（温州的智能锁业是行业示范），带动了消费升级，扩大了消费市场。可以相信，加快推进数字经济与制造业的融合，将给温州制造业转型升级提供技术支持，将更容易开发出新产品。人工智能的出现，大大提升了从制造向智造迈进的可能性，广大的制造业主要积极拥抱人工智能，在数字化设计、智能制造、智能仓储与物流、质量监测与追溯、智能制造服务方面实现对传统制造业的变革。传统制造业的人工智能化将改变企业的文化生态，提供更多需要专业知识的岗位，实现高质量的就业。第二，引进和培育数字经济龙头企业。积极引进在数字和人工智能领域里具有行业领导力的链主企业，推动链主企业招商，加快数字经济产业集聚。培育

本地数字经济企业，分类列出骨干企业名单，在金融支持、人才引进、研发、企业上市等方面推出奖补政策。第三，优化数字基础设施，提升数据质量。加快推进光纤、5G 网络、IPv6 规模部署应用、空间信息基础设施等的高效布局，构建泛在的天地一体、云网融合、绿色低碳、智能、安全可控的数字信息基础设施。加快构建合法合规的高质量的数据采集、处理政策体系，制定数据要素流通规则，促进数据要素的市场流通。市场主体可根据需求定制特定数据要素，培育数据服务产业。

（四）优化商业网点布局和业态

近几年，为促进消费，打造区域消费中心城市，市区商业网点、商圈和特色街建设加快，对促进消费、带动经济增长发挥了重要作用。但在快速发展的同时，不少商业网点出现人气不旺、市场偏冷的现象。综合消费的因素分析，建议如下。第一，要合理规划布局商业网点。最近几年，商业网点审批建设过多，有些网点附近人口、交通条件不足以支撑一个商圈或者网点的正常运行，往往开业热闹几天，很快就变得冷冷清清。没有足够的流量支撑，不少商家就关门大吉了。第二，要差异化发展商业业态。越来越多的商业网点在客观上起到分流消费者的作用，由于商业网点业态大多以复制为主，千篇一律，没有特点。建议以不同主题凸显商业特色，可以考虑以酒吧、音乐、体育为主题，通过不同的设计展现差异化，以满足消费者的多样化需求。比如，伦敦的酒吧 Nightjar 以 1920 年代的美国爵士乐为主题，装修风格独特，吸引了众多音乐爱好者和酒吧文化追求者。第三，吸引外地消费者。加强宣传营销，设计特色消费产品和项目，制定优惠的消费政策，吸引外地消费者（比如山东淄博），增强商业网点活力。

（五）推进山区五县快速发展，进一步缩小"三大差距"

第一，积极争取省对欠发达县的专项扶持，落地一些基础设施和民生项目。第二，升级"山海协作"工程。谋划建设一批政策性飞地，落实发达县对欠发达县的人才扶持、对接农产品销售等帮扶行动。第三，实施山区县城市品质提升行动。有利于科学规划，节约土地，拉动有效投资，促进城市品质提升，提高城镇化水平，改善居民居住环境，为高质量发展打好基础。第四，促进乡村振兴。继续完善农村基础设施，推广山区农业微耕技术，解决农村劳动力不足、田地抛荒、农产品外运难等问题，增加农民收入。

（六）积极推进稳岗就业

实现充分就业的根本出路在于经济的不断发展，随着2023年毕业季到来，第三季度将迎来青年求职高峰，稳就业面临较大挑战。第一，促进经济的复苏。坚持就业优先的原则，对就业带动性强的行业进行优先扶持，释放更多的就业机会。第二，畅通就业的供需渠道。人社部门要充分发挥促进就业的作用，完善就业信息服务平台，做好政策宣传和监管，完善就业服务。在温高校要积极贯彻稳就业的要求，加强就业的组织领导，主动对接行业需求，邀请用人单位来校举办人才招聘活动，充分利用校友资源推进毕业生就业。第三，国有企业按照中央精神实行扩岗，吸纳大学生就业。全市公共服务部门可以借势进行岗位扩招，吸纳一批高素质人才以弥补公共服务领域人才不足、质量不高的短板。第四，做好稳岗工作，减轻就业压力。保证财政有专项经费继续用于稳岗补贴，进一步扩大稳岗补贴的范围，切实减轻企业压力，实现稳岗位、扩就业。第五，做好失业保障工作，兜住民生底线。

（七）推进社会治理能力现代化

围绕社会治理的重点领域和薄弱领域精准施策，避免力量分散导致治理无效。第一，加强资源下沉监管。社会治理的重点难点在基层，这就决定了资源的配置也要相应落实在基层。一些部门领导对社会治理的重要性认识不足，在资源下沉的执行上打折扣的现象比较普遍，人为导致了一些治理难题。有关部门要加强下沉监管，切实纠正存在的资源下沉不到位问题，提高社会治理绩效。第二，创新社会参与的途径。党委领导、政府负责、社会参与的社会治理格局未能形成合力，特别是社会参与仍处在治理体系之外。在社会治理格局中，社会参与是金字塔的底边，社会治理是众人之事，没有众

人参与，社会治理的难度和效果可想而知，基层存在"干部在干、百姓在看"治理现象就很说明问题。让群众成为治理主体，必须完善社会治理格局，创新群众参与的途径，党委、政府在社会治理具体工作中让出空间，激发群众的参与热情，让群众成为社会治理主体，从而在社会治理实践中形成合力。第三，切实提高人民群众的综合素质。社会治理，根本在人。大量的社会矛盾冲突无一不涉及人，这些矛盾冲突也许就是一个不文明的动作、一句脏话导致的。因此，只要人民群众文明守法、相互谦让、包容友爱，就会大大减少社会冲突的发生，利于创造安定和谐的社会环境。

参考文献

王健、王春光、金浩主编《2022 年温州经济社会形势分析与预测》，社会科学文献出版社，2022。

李培林、陈光金、王春光主编《2023 年中国社会形势分析与预测》，社会科学文献出版社，2022。

谢伏瞻主编《2023 年中国经济形势分析与预测》，社会科学文献出版社，2022。

经 济 篇
Economic Reports

B.2
温州经济运行分析与预测
（2022~2023年）

高顺岳*

摘　要： 2022年温州积极克服需求收缩、供给冲击、预期转弱"三重压力"叠加新冠疫情、俄乌冲突"两大变量"等的影响，供给端的产能基本保持稳定，外贸出口拉动比较明显，投资、消费持续发力，民生、就业得到保障。但是，2022年经济增速与年初目标仍有差距，市场需求有待继续提振，尤其是房地产市场信心不足，经济运行效益改善难度较大。全年实现地区生产总值（GDP）8029.8亿元，越过8000亿元大关，继续保持全国30强城市位次。按可比价计算，比上年增长3.7%，高于全国、全省的平均水平。展望2023年，外部环境依然严峻复杂，国际权威机构调低世界经济预期。在国家加快疫后经济恢复，

---

* 高顺岳，温州市统计局二级调研员，经济学博士，高级统计师，高级会计师，主要研究领域为区域经济。

加大对实体经济扶持力度的大背景下，温州市抢抓发展机遇，稳步推进共同富裕示范区建设，经济将加速恢复，将实现合理增长。

关键词： 经济运行　复苏　合理增长　温州

2022 年，温州市认真贯彻落实党的二十大精神，坚决执行中央、省委、省政府决策部署，坚持稳中求进工作总基调，积极应对严峻复杂的外部经济形势和多重超预期因素冲击，坚决贯彻落实党中央"疫情要防住、经济要稳住、发展要安全"的重要要求，统筹经济社会发展和疫情防控，全面推进"四大振兴"，增创民营经济发展新优势，全力稳住经济基本盘，做强做大"全省第三极"。据温州市统计局初步核算，2022 年全市生产总值（GDP）为 8029.8 亿元，首次突破 8000 亿元大关，经济总量居杭州、宁波之后，位列全省第 3 位，继续保持全国 30 强城市位次。按可比价计算，比上年增长 3.7%。第一、二、三产业增加值比上年分别增长 4.6%、3.5% 和 3.8%，三次产业结构为 2.2∶42.1∶55.7。全市经济增速高于全国、全省平均水平，生产基本稳定，需求持续发力，通过招商引资、重大项目投入、产业培育、创新驱动等多种举措，扎实推进经济发展。

一　2022年温州经济运行主要特点

2022 年，温州全市经济运行呈现"开局良好、承压筑底、企稳运行"的特征。一季度，全市经济开局良好，各项主要经济指标回稳向好，GDP 同比增长 6.1%，接近年初确定的预期目标；二季度，在疫情反复和乌克兰危机两大超预期因素带来的叠加冲击下，当季经济增速明显承压，上半年 GDP 增长 3.3%，比一季度回落 2.8 个百分点，季度之间波动十分明显；三季度，中央和地方一系列稳经济政策成效逐步显现，经济重回升势，前三季度 GDP 增长 3.8%，比上半年提高 0.5 个百分点；进入四季度，经济基本面继续巩固，全年增长 3.7%，与前三季度比较，经济总体保持稳定（见图1）。

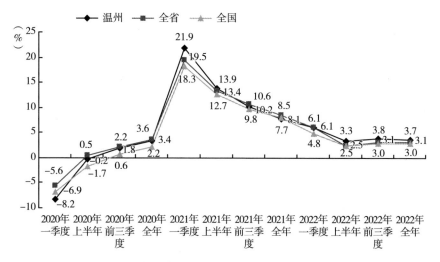

图1 2020 年以来温州市与全国、全省 GDP 增速对比

资料来源：温州市统计局，《2022 年温州统计月报》。

（一）制造业占国民经济比重提升，优势制造业带动作用明显；服务业增势平稳，新兴服务业明显好于传统服务业；农业生产形势稳定，生猪和水产品供应改善

新冠疫情发生以来，全市工业经济受到的冲击总体要小于服务业。2022年全市持续打好"政策+服务"组合拳，全力保主体、稳生产，工业经济保持稳定恢复的良好态势，在国民经济中的占比提升。制造业增加值占 GDP 比重为 32.0%，比上年提高 0.2 个百分点。2022 年全市工业增加值比上年增长 3.4%，对经济增长的贡献率为 31.6%，拉动 GDP 增长 1.2 个百分点。其中规模以上工业增加值 1467.8 亿元，比上年增长 4.7%，增速高于全省平均水平。近六成行业增产达产，全市 33 个行业大类中，19 个行业增加值实现增长，增长面达 57.6%，其中 14 个行业增速快于全市平均增速，13 个行业实现两位数增长。从"5+5"产业来看，五大传统产业、五大战略性新兴

产业规上工业增加值分别增长 5.1%、5.9%，增速均高于规上工业平均水平，主导行业的地位突出。新兴产业增势强劲，数字经济产业、智能装备产业、新能源及节能产业规上工业增加值分别增长 18.5%、20.4%、9.3%，增速分别高于规上工业平均水平 13.8 个、15.7 个、4.6 个百分点。传统产业支撑有力，泵阀、汽车零部件等优势制造业恢复较好，规上工业增加值分别增长 11.8%、12.1%，增速分别高于规上工业平均水平 7.1 个、7.4 个百分点（见表 1）。

表 1　2022 年温州市"5+5"产业规上工业增加值情况

单位：亿元，%

指标名称	增加值	占比	比上年增长	指标名称	增加值	占比	比上年增长
五大传统产业	662.3	100.0	5.1	五大战略性新兴产业	741	100.0	5.9
服装	64.7	9.8	-3.9	数字经济产业	266.7	36.0	18.5
鞋业	96.5	14.6	2.2	新能源及节能产业	283	38.2	9.3
泵阀	80.2	12.1	11.8	新材料产业	111.5	15.0	-0.3
汽车零部件	117.6	17.8	12.1	智能装备产业	270	36.4	20.4
电气	303.2	45.8	4.1	生命健康产业	108.1	14.6	3.6

注：五大战略性新兴产业数据存在交叉。

资料来源：温州市统计局，《2022 年温州统计月报》。

受疫情影响，全市大多数服务业经营难度加大。温州市出台减负稳岗、减税降费等组合政策措施，促进企业恢复活力，服务业发展总体平稳。2022年全市服务业实现增加值 4471.5 亿元，比上年增长 3.8%，对经济增长的贡献率达 57.1%。分行业看，服务业发展分化比较明显。代表新兴产业的信息传输、信息技术、商业租赁等营利性服务业发展态势较好，增长 8.1%。其中信息传输软件和信息技术服务业增加值增长 18.7%，对服务业增长贡献显著，拉动服务业增长 0.9 个百分点。得益于国家货币政策的持续发力，银行存贷款余额再创新高，金融业增长 7.9%。批发零售业在汽车、石油等消费的带动下有所改善，增速为 4.7%。传统服务业，如住宿餐饮业、非营利性服务业、交通运输仓储和邮政业、房地产业增长相对缓慢，甚至负增长，增加值比上年分别增长 3.0%、2.0%、−3.2% 和 −2.0%，增速分别低于服务业整体 0.8 个、1.8 个、7.0 个和 5.8 个百分点。

2022 年，全市农业生产总量平稳增长，农林牧渔业产值比上年增长 4.9%，增速高于全省平均 1.5 个百分点。其中，农业（种植业）、林业、畜牧业、渔业产值分别增长 2.3%、8.4%、3.5% 和 8.1%。夏秋季持续高温干旱，温州市多措并举，克服困难，粮食生产再获丰收，粮食作物播种面积达 169.9 万亩，比上年增长 1.6%；粮食总产量达 69.0 万吨，比上年增长 0.8%。农产品稳产保供，油料、茶叶、蔬菜、园林水果产量分别增长 5.9%、8.7%、2.4% 和 1.9%。全力抓好生猪、水产品生产，累计生猪出栏 89.7 万头，增长 6.2%；水产品产量 71.5 万吨，增长 8.0%。

（二）三大需求拉动差距较大：投资保持平稳增长，对经济恢复起到撬动作用；消费复苏缓慢，主要依靠汽车、石油等消费带动；外贸出口持续较快增长，在全国份额提升

经济恢复期间，政府基建投资发挥关键性作用。全市各级政府认真谋划项目投资，加大项目要素保障力度，积极发挥重大项目牵引和政府投资撬动作用。同时，重视新兴产业投资，优化投资结构，促进产业升级。2022 年全市固定资产投资比上年增长 7.8%，居三大需求增速第二位。从主要投资领域看，基建领域投资持续向好，成为投资的最大亮点，基础设施投资比上年增长 22.4%。其中，交通投资，生态环保、城市更新和水利设施投资分别增长 16.0%、28.8%，分别高于全省平均 19.7 个、1.5 个百分点。新兴领域投资稳步增长，高新技术产业投资、工业技改投资比上年分别增长 9.6%、8.8%，增速分别高于固定资产投资 1.8 个、1.0 个百分点。

疫情对温州消费的抑制作用比较明显，居民消费经历了"平稳运行—二次探底—波动恢复"的过程。随着疫情防控形势向好，温州市加快区域消费中心城市建设，促消费政策集中发力，居民消费需求有所释放，全市消费品市场逐步复苏。2022 年全市实现社会消费品零售总额 3944.1 亿元，比上年增长 3.6%（见图 2），分别低于投资、外贸出口增速 4.2 个和 19.3 个百分点。从限上单位消费类别看，交通出行类消费增势良好，占限上比重近60%的石油及制品类、汽车类商品零售额分别增长10.4%、11.1%，起到主要的带动作用。升级类商品消费增长较快，化妆品类、体育娱乐用品类、可穿戴智能设备商品零售额分别增长19.4%、20.6%、88.7%。基本生活类商品消费平稳增长，粮油食品类、中西药品类、服装鞋帽类商品零售额分别增长5.9%、11.0%、18.9%。另外，餐饮消费复苏回暖，限上餐饮业营业额增长8.3%，增速高于全省平均3.7个百分点。

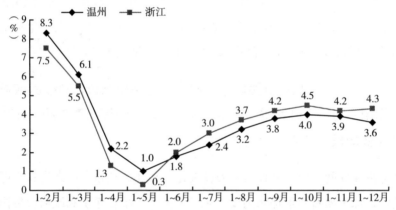

图2　2022年温州市社会消费品零售总额累计增速与全省对比

资料来源：温州市统计局，《2022年温州统计月报》。

"一带一路"等国家和地区市场需求增长较快，加之鞋服等重点商品出口复苏，全市对外出口保持快速增长。2022年，全市实现进出口总额2949.6亿元，比上年增长22.4%，其中出口总额2502.0亿元，增长22.9%（见图3），进口总额447.5亿元，增长19.3%；三项指标增速分别高于全省平均9.3个、8.9个、8.6个百分点。出口占全国份额持续提升，占比达10.4‰，比上年提高1.0个千分点。同时，实际使用外资平稳增长，2022年全市实际使用外资6.12亿美元，比上年增长12.5%，增速高于全省平均7.3个百分点；高技术使用外资3.39亿美元，比上年增长94.5%。

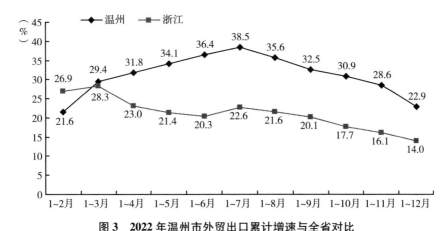

图3　2022年温州市外贸出口累计增速与全省对比

资料来源：温州市统计局，《2022年温州统计月报》。

（三）财政减税降费力度空前，金融支撑持续发力；稳就业取得成效，物价总体稳定；居民收入持续稳增，低收入家庭收入状况逐步改善

稳定经济基本盘，保护市场主体，财政、金融同步发力。温州市全面落实助企纾困政策"组合拳"，开展经济稳进提质八大攻坚行动，实施纾困解难"30条举措"等一揽子政策，深化融资畅通工程，通过减税降费等快兑直达惠企资金453亿元。2022年金融支持实体经济力度不断加大，12月末全市金融机构本外币存款余额19140亿元，已接近2万亿元，增长15.8%，同比多增1340亿。在存款多增，居民投资、消费活跃度下降的情况下，金融部门积极推动金融贷款，年末贷款余额18117亿元，比上年增长14.5%，同比多增106亿元。尤其是年末制造业贷款余额2490.1亿元，普惠小微贷款余额5043.9亿元，比上年分别增长16.6%、20.9%，比上年末分别增加353.7亿元、871.7亿元。另外，交通物流运转畅通，2022年全市公路水路运输总周转量比上年增长5.1%，增速高于全省平均0.5个百分点；港口货物吞吐量比上年增长6.3%，其中集装箱吞吐量增长13.8%。

就业优先，保障民生，全年就业形势总体保持稳定。截至12月底，全市城镇新增就业10.2万人，完成年度目标任务的113.8%；城镇失业人员实

现再就业4.1万人，比上年增加1.1万人，同比增长35.5%。登记失业人数4.0万人，比上年减少0.2万人，同比下降4.6%。在输入性通胀、疫情散发、猪肉价格上涨、极端天气等影响下，温州市物价水平保持稳定。2022年，全市居民消费价格指数（CPI）比上年上涨1.8%，涨幅比上年扩大0.4个百分点，分别低于全国、全省平均0.2个、0.4个百分点。其中食品价格上涨2.4%，粮食价格上涨1.8%，水产品价格上涨1.8%，猪肉价格下降5.3%。工业品价格持续下行，2022年以来，全市工业品出厂价格高位回落，由1~2月的同比上涨6.3%回落至1~12月的3.2%，年内涨幅呈现逐月回落态势，其中12月工业品出厂价格同比仅增长1.7%。

2022年，全市居民人均可支配收入63033元，比上年名义增长5.8%，扣除价格因素，实际增长3.9%。其中，城镇、农村居民人均可支配收入分别为73326元、38482元，比上年分别名义增长5.2%、7.4%，扣除价格因素实际增长3.3%、5.5%。城乡收入差距逐步缩小，城乡收入比为1.91∶1，比上年缩小0.03。低收入群体增收势头良好，全市低收入农户人均可支配收入16930元，比上年增长15.6%，增速高于全省平均1.0个百分点，居全省第2位。

（四）经济运行中新动能逐步形成，有利于优化经济结构，增强经济综合竞争力；市场主体稳中有增，规模企业增多，保市场主体初见成效

工业领域加快培育创新动能，先进制造业快速发展。如表2所示，2022年，规上工业中，数字经济核心产业制造业、战略性新兴产业、装备制造业增加值比上年分别增长18.5%、7.7%和8.6%，增速分别高于规上工业平均13.8个、3.0个和3.9个百分点。规上工业新产品产值增长18.1%，新产品产值率40.6%，比上年提升3.2个百分点。2022年，规上工业企业研发费用增长14.5%，研发费用占营业收入比重达3.32%。现代服务业快速发展，2022年全市规上互联网、软件和信息技术服务业营业收入增长19.2%，高于规上服务业16.0个百分点；规上商务服务业营业收入增长9.8%，高于规上服务业6.6个百分点。新兴消费实现较快增长，2022年新能源汽车购置

税延续免征等政策红利持续释放，全市限上新能源汽车零售额增长94.4%，拉动限上消费品零售额增长6.1个百分点。全市限上批零业网络零售额增长25.4%，增速高于限上批零业整体16.0个百分点；占限上批零业比重为20.3%，比上年提高2.6个百分点。

表2 2022年温州市创新动能发展情况

单位：%

指标名称	增速	指标名称	增速	指标名称	增速
数字经济核心产业制造业增加值	18.5	规上工业新产品产值	18.1	规上商务服务业营业收入	9.8
战略性新兴产业增加值	7.7	规上工业企业研发费用	14.5	限上批零业网络零售额	25.4
装备制造业增加值	8.6	规上互联网、软件和信息技术服务业营业收入	19.2	限上新能源汽车零售额	94.4

资料来源：温州市统计局，《2022年温州统计月报》。

稳定市场主体，就是稳定经济基本盘。2022年市场主体持续增加，全市新设各类市场主体22.3万户，其中新设企业6.0万户，新设个体工商户16.3万户。截至12月末，全市在册市场主体130.3万户（本年净增7.1万户），其中企业38.9万户，个体工商户90.4万户。进一步培育壮大企业，鼓励企业上规模（限额）、上资质。2022年全市新开业（投产）"四上"企业、房地产开发企业和5000万元以上项目合计901家（个），比上年增加177家（个），增长24.4%；其中新开业规上工业企业70家、限上贸易企业319家、规上服务业企业30家、建筑业企业176家。

二 2022年温州经济运行中需关注的问题

2022年，全市经济运行总体延续稳定恢复态势。二季度承压筑底后，连续6个月经济稳定运行，经济发展的韧性和潜力充分展现，先行经济指标

现积极改善迹象。然而，经济恢复与预期目标仍有差距，经济运行受外部扰动较大，传统经济改造提升任重道远，经济运行中一些深层次问题，需要予以高度关注。

（一）国际环境对区域经济的扰动

区域经济发展，越来越受到国际经济大环境影响，必须要时刻关注外部环境对区域经济的扰动。一是大国博弈对区域经济的影响。美国新一届国会众议院成立"中国特设委员会"，研究如何应对中国日益增长的经济和战略影响力。美国《国家安全战略报告》提出，中国是美国面临的"最严重的地缘政治挑战"，中国也是唯一的既有意愿也有能力重塑国际秩序的竞争者。美对华进行全方位科技脱钩和打压，挑动台海等地区局势，强化盟友联合围堵，在供应链重塑、数字经济和数字贸易以及地区基础设施等方面强化对华地缘政治经济竞争。二是俄乌冲突加剧地缘政治风险。俄乌双方军事角力和利益诉求进入胶着状态，美西方不断增加对乌军事援助，欧洲国家被迫与美国战略利益捆绑，美西方对俄制裁对全球产业链供应链稳定、全球能源及粮食供应安全的威胁显著增加，严重干扰正常国际经贸合作。2022 年，受美西方科技（贸易）领域打压、俄乌冲突、疫情反复等因素叠加影响，温州经济运行速度放缓。

（二）经济运行风险不容忽视

后疫情时代，财政、金融、企业等层面的风险累积，要注意防范。一是财政收支平衡压力加大。受经济增长承压、减税降费、房地产遇冷等因素影响，全市财政收支平衡压力明显上升。2022 年，全市一般公共预算收入同口径下降 2.6%，增速低于全省平均 8.1 个百分点。其中税收收入增长后劲乏力，同口径下降 5.9%，增速低于全省平均 7.9 个百分点。从土地税费收入看，全市国有土地使用权出让收入比上年下降 40.0%。二是局部领域金融风险上升。部分小微企业在经济下行中抗风险能力较弱，信用风险加快暴露。相比大中型企业整体贷款不良率下降，小型、微型企业关注类贷款与不良贷款增长较快，截至 12 月末，全市小型企业不良贷款比上年末增加 17.0 亿元，微型企业关注类贷款比上年末增加 5.1 亿元，均出现明显增长态势。三是全市规模工业企业汇总经营效益下降、亏损企业增多。2022 年，全市规上工业企业利润总额 343.5 亿元，同比下降 3.4%；营业收入利润率为 5.0%，较上年同期下降 0.1 个百分点，低于全省平均水平 0.4 个百分点。全市规上工业企业每百元营业收入中成本为 84.2 元，同比增加 1.0 元。在全部 7691 家规上工业企业中，亏损企业 888 家，亏损企业数量同比增长 33.9%，盈利能力下降严重影响企业正常生产经营活动的开展。规上工业企业应收账款同比增长 15.3%、产成品存货增长 18.7%，两项资金占流动资产比重为 44.3%，高于全省平均水平 6.1 个百分点。

（三）需求有待进一步提振

消费方面，疫情冲击、预期转弱等影响居民消费意愿，居民消费信心指数跌至历史低点，储蓄倾向明显上升，出现"保守消费"现象，温州全社会消费增速低于全省平均水平。剔除政策刺激汽车类销售、油价高企推动石油制品类销售等，消费热点不突出。12 月末，全市金融机构本外币住户存款同比增长 20.2%，其中定期存款及其他存款增速高达 26.2%，而住户短期消费存款同比下降 0.3%。在投资方面，由于需求收缩、预期转弱，企业投资意愿相对不足。对 950 家企业的调查显示，45.7% 的企业表示当前面临的突出困难是市场需求不足。超 9 成企业（93.4%）在手订单主要集中在短期订单（3 个月以内），其中 45.1% 的企业订单仅满足 1 个月生产需求。24.9% 的企业预计未来 3 个月订单将减少。2022 年全市制造业投资比上年增长 4.1%，增速比上年回落 9.3 个百分点，制造业投资占全部投资的比重为 13.9%，比上年降低 0.5 个百分点。受制造业投资低迷等影响，全市民间项目投资比上年下降 1.4%，已连续 5 个月呈现负增长。另外，房地产市场延续筑底行情，受房地产市场成交低迷影响，开发企业资金回笼不足，企业发展信心受挫，对土拍开工相对谨慎，全市房地产市场持续低迷。2022 年，全市房地产开发投资比上年增长 6.9%，增速低于全市 0.9 个百分点。商品

房销售面积、销售额比上年分别下降 24.0%、36.3%。总的来看，房地产纾困政策明显见效仍需一定过程。在外部需求方面，2022 年虽然外贸出口出现较快增长，但受地缘政治冲突、部分发达经济体激进加息、贸易摩擦等影响，全球经济下行压力不断加大，导致外部需求减弱。从规上工业出口交货值看，2022 年 9 月后全市规上工业出口交货值增速出现回落态势，9 月增长 3.9%，比 6 月回落 18.7 个百分点；12 月增长 6.3%，工业企业出口面临较大压力。自 2022 年 8 月起全市外贸出口增速明显放缓。全市单月出口增速在 7 月达到年内高点（49.5%）后，8~11 月均回落至 20% 以内，其中 9 月、11 月增速分别为 11.1%、11.2%，12 月大幅回落至-19.2%。

三　2023 年温州经济展望与对策建议

展望 2023 年，国际经济环境严峻复杂，不确定因素较多。国际方面，世界银行、国际货币基金组织（IMF）等国际组织的最新研究报告显示，受俄乌冲突、通胀、供应链问题等影响，2023 年世界可能走向全球性经济衰退，进入低增长状态。2023 年 1 月 10 日，世界银行公布最新一期《全球经济展望》报告，将 2023 年全球经济增长预期从 2022 年 6 月的 3.0% 下调至 1.7%，这是近 30 年来第三低的增速，仅高于发生全球衰退的 2009 年和 2020 年。国内方面，国际机构在对世界经济表达严重担忧的同时，看好中国经济发展前景，2023 年 1 月 10 日，世界银行预计 2023 年中国 GDP 增长 4.3%，同日瑞银首席中国经济学家预测 2023 年中国 GDP 增长有望达到 4.9%。浙江省委、省政府提出深入实施"八八战略"，强力推进创新深化、改革攻坚、开放提升，在中国式现代化新征程中干在实处、走在前列、勇立潮头，坚决担起"经济大省要勇挑大梁"的责任，大力实施数字经济创新提质一号发展工程、营商环境优化提升一号改革工程、"地瓜经济"提能升级一号开放工程，切实抓好经济运行的各项工作。温州市全面推动"四大振兴"，做强做大"全省第三极"，打造高质量发展建设共同富裕示范区市域样板。温州经济发展在 2022 年低基数的基础上，呈现恢复性增长态势，经济发展有望实现合理增长。表现为生产端恢复加快，工业指标向好，新产业对生产的拉动作用增强，传统产业持续升级；服务业加快修复，居民出行意愿增强，前期积累的餐饮、旅游、住宿、交通等接触性服务行业需求将逐步得到释放；农业保持稳定，乡村振兴提升农业竞争力；需求端动能增强，投资、消费指标继续改善，外贸出口高位运行。就业、物价保持稳定，居民收入改善，经济运行质量和效益逐步好转。但是经济恢复需要各方面的要素支撑，目前市场订单不足、企业产品技术含量不高、劳动力制约等，都会对产业经济构成影响。另外，房地产业能否改善，居民预期是否转变，是重要的不确定因素，直接影响投资、消费，甚至财政指标的表现好坏。

2023 年是全面贯彻落实党的二十大精神的开局之年，是"八八战略"实施 20 周年。要继续坚持稳中求进工作总基调，聚焦推动高质量发展，更好统筹疫情防控和经济社会发展，更好统筹发展和安全，大力提振市场信心；要突出做好稳增长、稳就业、稳物价工作，有效防范化解重大风险，推动经济运行整体好转，实现经济发展预期目标。为做好 2023 年经济工作，提出建议如下。

（一）抢抓发展机遇，提振经济发展信心

要将稳增长放在更加突出的位置，经济强县、重点部门（行业）要更好发挥"压舱石"作用，着力恢复接触性生产企业和服务业，推动经济稳进提质。要进一步提振民营企业发展信心，深入实施《温州市"两个健康"先行区建设促进条例》，打好"政策+服务"组合拳，推动稳经济政策集成落地，强化财税政策支持，加大金融扶持力度，降低企业运营成本压力，全力保障企业用工、原材料、资金等生产要素，推广惠企利民资金直达智控改革，为企业提供全生命周期优质服务。坚持创新驱动带动产业升级，充分利用数字经济关键增量，大力实施制造业企业智能化改造和数字化转型。引导企业加快技术革新、设备更新步伐，鼓励企业加大新产品研发、新技术应用投入。依托全市优势产业基础，围绕关键核心技术攻关，进一步加大优质创新项目、创新人才团队招引力度。加大鼓励激励科研人员创新创业力度，加

快完善创新载体建设，为优秀人才创业提供更加优质环境。狠抓传统产业改造升级，巩固提升鞋服等传统支柱产业集群。在支持大企业发展的同时，要结合温州市实际，着力支持专精特新企业和优势特色企业发展，支持这些企业做大做优做强，切实增强经济增长动力。

（二）扩大社会需求，增强经济发展后劲

要扩大社会需求，在政府持续发挥促经济作用前提下，积极推动民间投资、居民消费。政府方面，要保持恢复经济发展政策的一贯性，不断优化营商环境，激发社会投资活力。围绕产业集群建设和重点产业链条完善，聚焦补短板、增后劲的重点项目。继续利用在外温商优势，以新企业新动能补齐发展缺口。坚持把项目建设作为扩投资、增后劲的主抓手，提升项目对经济增长的贡献率。要把激活和扩大消费摆在优先位置，持续优化消费环境、提升消费品质，开展各类具有温州市特色的消费活动，进一步加大促消费回补力度。用足用好阶段性减征车辆购置税、家电下乡等政策措施，稳定大宗消费良好增势。发挥"互联网+消费"的业态优势，推动线上线下消费有机融合，全力帮扶旅游、文体娱乐等受疫情影响较大行业复苏，有效释放消费增长潜力。将抢抓订单作为稳出口的首要任务，要不失时机地组织企业参加境内外展会、推广活动、商务对接等，指导企业扩大对 RCEP 成员国进出口业务，支持企业依托跨境电商、海外仓等外贸新业态新模式，推动外贸稳定增长。

（三）筑牢经济安全底线，做好民生保障工作

关键要做好财政增收节支工作，实现财政量入为出，遏制新增隐性债务，化解地方债务风险。坚决杜绝盲目投资，盲目举债，不讲效益，注重形象工程，造成债务风险。在当前企业效益波动的情况下，要注意防范经济与金融联动风险，防止出现局部金融风波。要做好亏损企业的风险防范，尤其是企业清算的担保债务、连带债务等问题。针对商品房市场低迷、房企资金紧缩等问题，鼓励刚需、改善性需求释放，恢复市场信心。同时，畅通房企

融资渠道，努力缓解资金压力，引导企业积极主动化解可能存在的债务风险。

保经济稳定，就是保就业、保民生，要有效破解结构性就业矛盾，切实保障就业市场稳定。保障重点群体就业，对失业人群、应届毕业生等重点群体加大就业创业帮扶力度。加快建成多层次社会保障体系，坚持普惠保障与困难群众精准保障相结合，解决好老百姓急难愁盼问题，推进民生服务精准化精细化。全力稳定物价水平，加强对低保边缘群体的关心照顾，加大对困难群众的物价补贴力度。要多渠道增加居民工资性、财产性和经营性收入，提升人民群众的获得感、幸福感。

参考文献

万喆：《2023年世界经济展望：分化中修复前行》，《光明日报》2023年1月7日。

世界银行：《世界经济展望》，《经济日报》2023年1月12日。

国家统计局：《2022年国民经济顶住压力再上新台阶》，国家统计局网站，2023年1月17日。

中国宏观经济研究院宏观经济形势课题组：《2022年经济形势分析与2023年展望》，《中国物价》2023年第1期。

何春燕：《2022年浙江经济迎难而上 恢复回稳》，浙江统计局网站，2023年1月19日。

B.3
重置周期：温州工业经济运行形势
分析与预测（2022～2023年）

任　晓*

摘　要： 2022年温州工业经济运行延续疫情冲击下的恢复态势。综合分析工业经济运行相关先行指标、同步指标、滞后指标的进度数据，结果表明，工业经济运行呈"L"形筑底恢复走势，生产节奏处于探底阶段；库存周期的超预期调整为后续库存回补积蓄了向上反弹动能；"疫情附加成本"持续释放是企业盈利承压的主因；弱需求和低价格"量价"双降压制工业资本开支增长；工业企业技术改造投资趋势背离或预示产能更新迭代与产业新动能投放不足。趋势分析表明，库存见底回升有望成为2023年工业经济穿越"L"形周期底部的突破动力；疫情快速"过峰"后企业利润状况将得到持续改善；2023年工业投资将稳步回暖，全年工业投资增速总体呈现前陡后缓的态势。

关键词： 工业经济　经济运行　产业周期　温州

中国经济深受外部环境动荡、疫情持续扩散等各类超预期因素影响，"需求收缩、供给冲击、预期转弱三重压力仍然较大，经济恢复的基础尚不

---

* 任晓，中共温州市委党校图书馆馆长，教授，主要研究方向为产业经济。

牢固"①。好消息是，随着全球疫苗接种率的提高，许多国家通过促进增长的政策干预，阶段性化解了经济下行风险。国内经济在多项稳增长政策支持下，显现了韧性强、潜力大、活力足，回旋空间宽绰的高抗压性。温州工业经济延续疫情冲击下的恢复态势，工业经济运行富有韧性和弹性，彰显较强的产需再平衡能力。政策支持效应的减弱、疲弱的需求和动荡的供应链，都在提示当前正经历一个异常不确定的时段。工业经济复苏进展要面对我们上一年报告提及的"高增长或后劲不继""非平稳性、决策的复杂性和前景的不确定性上升"的老问题，以及"提升传统产业在全球产业分工中的地位和竞争力"②的新挑战。

一 产需承压，增速探底

2022 年 1~11 月，温州规模以上工业增加值累计同比增速为 5.6%，不及上一年同期增速的 1/2。增加值增速从一季度 9.4% 高点，快速下降至 6 月的 4.6% 年度最低点，进入三季度后同比增速止落回稳，连续 3 个单月同比增速基本持平前值（见图 1）。全年生产秩序修复程度尚处于较低水平，离疫情前三年的增长中枢尚有 2 个百分点左右的差距，验证了上一年度报告的判断："增长势头转弱，增长势能收缩，加速能力趋缓"，总体呈"L"形筑底恢复态势。

对比浙江全省工业经济运行轨迹，2022 年 1~8 月，温州月度工业增加值累计同比增速低于同期全省平均水平，但进入二季度后相对差距明显收窄，9 月之后，反超全省平均水平并逐月扩大领先距离（见图 1）。分析表明温州工业静态产能释放节奏平稳，新增产能投放可能受抑减弱。整体承压放缓，同时能够保持增长韧性和弹性。进一步比较省市规模以上工业增加值和销售产值累计同比增速差的窗口周期特征（见图 1、图 2），可见存货与

---

① 中央经济工作会议公报，2022，http：//politics. people. com. cn/，2022 年 12 月 16 日。
② 中央经济工作会议公报，2022，http：//politics. people. com. cn/，2022 年 12 月 16 日。

产能相互存在惯性支撑，协同平抑产销波动过大，反映温州工业生产活动应对外部冲击基础扎实，有较强的托底再平衡能力。

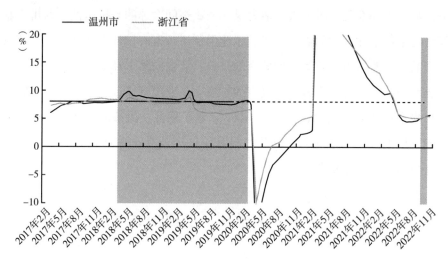

图1　浙江省、温州市规模以上工业增加值累计同比增速

资料来源：温州统计月报（2017~2022），温州市统计局；浙江统计月报（2017~2022），浙江省统计局。

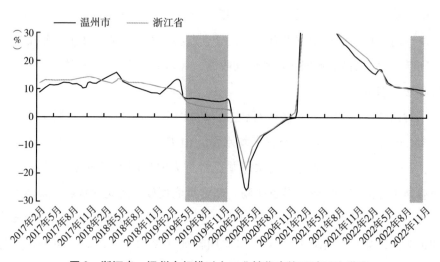

图2　浙江省、温州市规模以上工业销售产值累计同比增速

资料来源：温州统计月报（2017~2022），温州市统计局；浙江统计月报（2017~2022），浙江省统计局。

温州工业增加值出现明显降速不外此前"需求低迷持续，供给侧生产必定面临再次退坡重压"判断，主因是全年全国范围出现疫情多发扩散，防控应对措施频繁升级，人员流动性受阻叠加物料循环时常中断。疫情严重冲击下，或是需求低迷拖累产能出清，或是供应链瓶颈干扰生产安排，非对称的产需双弱反映出当前并未走出"工业经济恢复的基础仍然不稳固，维持平稳运行难度正在加大"的处境，工业经济运行仍处在生产秩序恢复与生产节奏调整的探底阶段。

2022年温州规模以上工业增加值月度环比增速出现大幅度波动。尤其是在3月与4月之间、6月与7月之间、9月与10月之间分别出现明显转向。以季度为间歇时长的"规律"生产活动升降循环，一定程度上反映了工业企业为了应对疫情不确定性，而采取"提前""补偿""应急"等短期化产能部署行为来对冲被挤压和扭曲的非正常生产节奏。间接表明生产端供应链的稳定性受到疫情因素的明显扰动。另外，进入三季度后，温州规模以上工业增加值与销售产值的环比增速差距逐步收窄且变化趋于一致（见图3），表明受疫情冲击一度被放大的剧烈生产钟摆逐步回归常态，彰显本地产能调整的灵活性与适应性。

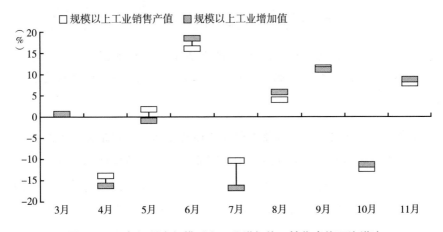

图3　2022年温州市规模以上工业增加值、销售产值环比增速

资料来源：温州统计月报（2022），温州市统计局。

进度数据显示，2022年3~11月，温州工业增加值月度环比增速年度平均值为9.7%，低于上一年同期6.3个百分点。正如前一年报告所估计的，

"随着疫情冲击造成的产出缺口基本被填平，匹配产销短期缺口动产能释放逐步到位，库存回补过程驱动的高增速势头随之回落"。过去的四年，省市工业增加值月度环比增速差距平均分别为 2.4 个、6.0 个、4.7 个和 3.7 个百分点（见图4）。省市工业增加值月度环比增速年度平均值差距在疫情三年（2020~2022年）里逐年缩小，却仍然高于同期全省平均水平的事实可以确认，"新一轮库存主动回补周期并未如期充分展开"。

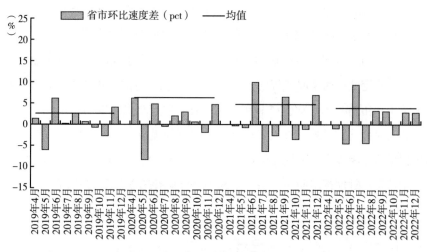

图4　浙江省、温州市工业增加值月度环比增速比较

资料来源：温州统计月报（2019~2022），温州市统计局；浙江统计月报（2019~2022），浙江省统计局。

工业增加值环比增速是观测工业经济运行走向的先行指标。虽然环比正增长显示生产活动处于趋势性改善中，工业企业预期总体谨慎乐观，生产意愿保持正向。但是，过去三年里连续下台阶的省市环比数据差值收窄表明，温州工业经济自疫情发生以来的去库存过程仍在继续。主因在于宏观经济走向不明朗，工业企业选择以更低库存水平观望待变，毕竟库存周期向来是经济周期运行的加强项。这也提醒注意工业产能去库存深度超预期带来的风险。

比较 2019 年、2020~2021 年两年平均和 2022 年省市规模以上工业销售产值累计同比增速的总体轨迹（见图5），基于"动产能释放匹配产销短期缺口与库存周期缺口是较长一段时期的工业生产主线"的观察逻辑，可以确认：第一，销售走弱压制产成品库存回补产能，以至于"主导工业经济修复的内生动力，会逐步回归新一轮产成品库存周期回补"出现"接续中断"后接续不力；第二，目前温州工业产销趋势性下滑主因仍然是"工业企业补充库存的步伐不及预期"；第三，2022年下半年销售增速的快速下行，或已累积一定量的被动库存，导致"主动补库存进程未见开启"。

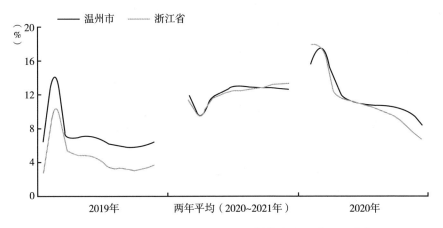

图5　浙江省、温州市规模以上工业销售产值累计同比增速

注：两年复合平均增长由本文整理计算。

资料来源：温州统计月报（2019~2022），温州市统计局；浙江统计月报（2019~2022），浙江省统计局。

二　库存回补，动能复现

消费品工业结构占比偏重的"温州工业产品所处区段下游接受尾端"，"工业企业库存增减受外部因素影响更大，库存周期受外生条件干扰较多"。进入2022年下半年，外围经济周期走弱加速，需求放缓叠加疫情持续干扰，增长势能快速收缩，颠覆了"后续必定要经过补产销缺口再到补库存缺口过程"的预期。库存周期轮动节奏的不稳定和异常让库存与营收的平衡难度陡增，承压的供给侧更趋保守，加剧了产需双向逆向收缩的风险。

不同规模的工业企业增加值累计同比增长进度数据总支持此前分析"原

材料价格下降对工业经济，特别是对中小制造业企业的生产抑制明显减弱，中小企业相对大型企业取得更大幅度的生产经营状况改善"。同时，从数据分析也可以看到疫情冲击后的结构性差异（见图6）。其一，大型企业从第二季度失速跌落，到第三季度从增速负区间逐月稳步回升，再到第四季度重新转正。相对更大幅度的减速及偏弱的回稳轨迹表明，企业规模越大影响越大。比较而言，大型企业必须为控制可能的疫情冲击风险做充分应对准备，收缩产能是为回避未知风险留出安全空间。其二，中型企业经历了几乎一路向下的减速。这部分产能弹性不足且安全垫不厚，最有可能出清在走出困难之前。其三，小型企业经过最初阶段的跟随回落后，三季度后半程的产能已能够保持加速，起到了"有助于消解工业经济动能放缓的短期压力，在边际上遏制供给端出现的回落态势"的作用，供给侧生产边际好转是需求见底的重要信号。

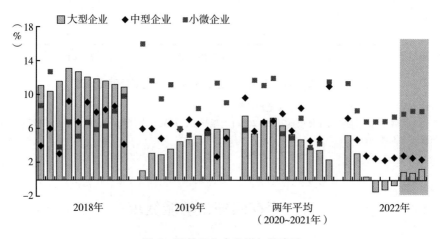

图6 温州工业企业增加值变动

注：两年复合平均增长由本文整理计算。
资料来源：温州统计月报（2018~2022），温州市统计局。

展望工业经济总体趋势，复苏正在积蓄动能，产能边际改善所指示的景气度回升有待需求恢复的确认。目前，巩固存量需求，夯实周期底部，等待周期拐点，是不少工业企业应对当下宏观经济复杂多变，外部不可预知因素增多的优先策略，反映了在短期经济走势不明朗的情况下，对未来生产经营预期的谨慎态度。不过，库存方面的见底回升有望成为2023年穿越工业经济"L"形周期底部的突破动力。此前"主动补库存进程可能因为缺乏销售需求同步跟随而被打断"。从历史经验来看，库存周期不出40个月，而自2021年四季度以来，本轮去库存为主的阶段已然过去至少14个月，加上疫情反复冲击造成去库存深度的超预期"砸坑"见底，带来可期技术性的回填，预计不晚于2023年6月，工业经济将迎来由主动库存回补驱动的恢复性增长。

随着防疫政策持续优化调整，疫情压制的需求端将开启全面复苏，将带动生产秩序重回正轨，同步叠加补库存发力，产能强劲反弹近在眼前，积极回稳迹象会体现在2023年第一季度进度数据中，尔后，对疫情不利影响的修复逻辑将主导随后三个季度生产节奏。2023年全年的工业经济增长轨迹中枢估计分别为，基线情况9.78%，上限情况增长可以达10.26%，下限情况增长可以达4.75%①（见图7）。

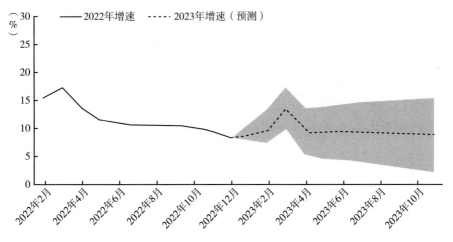

图7 温州工业增长轨迹与预测（销售产值）

注：灰色区域为预测值区间；时间序列预测的方法为指数平滑法，模型拟合统计量 R^2 为0.854。

资料来源：温州统计月报（2012~2022），温州市统计局。

---

① 2022年规模以上工业销售产值累计同比月度平均值落在11.78%，处在基线与上行情况之间。"基线情况增长为10.64%左右，下行情况增长可以落在8.73%附近，上行情况增长可以看到12.45%上下"。

三 成本趋降，盈利回稳

2022年1~11月，温州市规模以上工业企业利润增速累计同比下降8.8%，较前值低近18.4个百分点，但降幅较1~10月收窄4.3个百分点（见图8）。从单月情况看，8~11月单月利润增速同比连续加速回升分别为6.3%、18.2%、18.3%、28.9%，其中有上一年度对应基数较低的技术性背景，而进入第四季度工业企业利润增速逐月上升说明当前库存水平可能已经进入阶段性底部。这一情况从主营业务收入进度数据得到印证。1~11月温州规模以上工业企业主营业务收入同比增速为8.1%，较1~10月回落0.9个百分点。"可以看到利润增速在下行中仍保持退中有守，慢中有底的韧性"，营收增速下滑而利润回稳，显示存货水平走低，而盈利依旧承压。

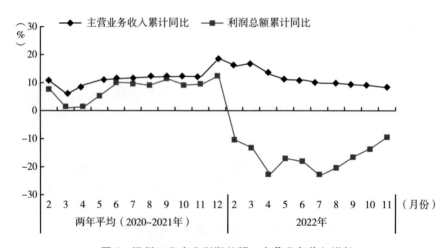

图8 温州工业企业利润总额、主营业务收入增长

注：两年复合平均增长由本文整理计算。
资料来源：温州统计月报（2020~2022），温州市统计局。

市场需求总体疲弱，又受疫情防控升级、供应链配套不稳等不利因素反复扰动，工业生产经营活动更趋谨慎，修复利润是企业短期内面临的主要压力。不过，比较来看，温州工业利润端的修复情况领先浙江全省（-14.0%）整体，工业盈利虽然处于负增长区间，但在存货累积减少、成本压力有所缓解的情况下，利润水平将持续改善。

2022年1～11月，温州规模以上工业企业利润环比增速为17.8%，较前值扩大5.3个百分点，主营业务收入环比增速11.1%，低于前值1个百分点（见图9）。环比增速作为先行指标呈前高后低一路下降，但进入下半年后利润环比增速降速逐月企稳，其中，11月的利润环比增速已率先改善。比较营收与利润月度节奏，8月以来通过"基于产能利用率弹性的成本传导机制"，以"缩量保利"为主的调整，已经扭转了"供给端的改善可能只是转化为库存增速走阔"的局面。然而，需要注意的是，产需双降、疫情扩散等影响工业盈利的不利因素终究会排除，为改善当前利润而采取的产能收量行为多属企业对形势不明的应激反应，应当避免由此可能带来的产能永久性损失。

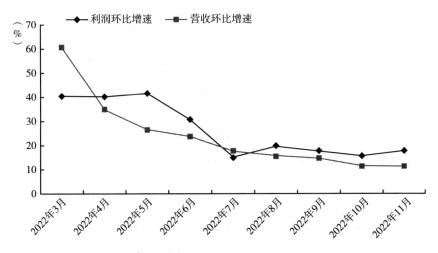

图9 温州规上工业企业利润、主营业务收入环比增速

资料来源：温州统计月报（2022），温州市统计局。

成本上升也在挤压工业企业盈利空间。2021年前11月，规模以上工业企业每百元营业收入中的成本平均为84.5元，高于上一年1.8元。本轮

成本上升始于 2021 年第三季度，单位成本逐月以 0.1 元为调涨步长直至
2022 年 7 月，8 月过后才见回落（见图 10）。从利润率曲线基本持平可以
看到，"温州工业企业基本不具备向市场转移成本压力的能力"，成本上升
拖累了 2022 年上半年的企业利润表现。不过，这段超过 10 个月的企业成
本走高并非周期性的，本质上仍然是疫情多发散发影响的外溢，管控升级
带来供应链及物流等综合成本增加，从而推高生产成本。后续随着疫情影
响趋于稳定或消退，"疫情附加成本"持续释放，企业利润水平将得到持
续改善。

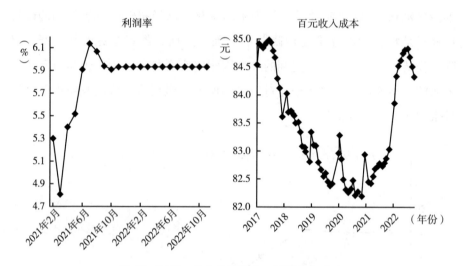

图 10 温州工业企业利润率、百元收入成本

资料来源：温州统计月报（2017～2022），温州市统计局。

2022 年 1～11 月价格呈持续下行趋势，工业生产者出厂价格指数
（PPI）、工业生产者原材料购进价格指数（PPIRM）累计同比读数分别较
1～10 月读数低 0.2 和 1.0（见图 11）。从 2022 年工业生产者出厂价格指数
（PPI）、工业生产者原材料购进价格指数（PPIRM）环比读数总体为进入下
半年后加速回升，延缓价格走低势头。受限于疫情压制下需求不振，机动产
能足以保障生产空间充裕，价格难以出现单边方向波动，工业生产者出厂价
格指数和工业生产者原材料购进价格指数走势短期内仍将保持同步。

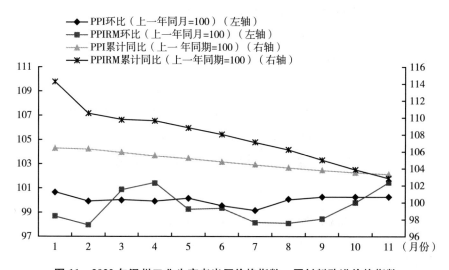

图11 2022年温州工业生产者出厂价格指数、原材料购进价格指数

资料来源：温州统计月报（2022），温州市统计局。

总体而言，双向价格趋稳是工业企业营收、盈利企稳的基础，而价格保持温和位置有利于市场需求复苏。经验上价格是略滞后于需求指标，也是利润的领先指标。疫情态势好转带动需求反弹会大概率驱动工业生产者出厂价格指数（PPI）率先走高，进而有助于改善企业盈利表现，工业生产者出厂价格指数（PPI）见底回升，也将带动工业企业利润增速转正。

四 周期再启，投资加速

2021年1~11月温州限额以上工业固定资产投资累计同比增速为11.4%，较1~10月再降2.7个百分点，大幅低于上一年同期10.7个百分点（见图12）。进度数据基本符合此前的判断，"投资后劲有所不足，但能够保持稳定，却很难看到有持续向上的投资增长表现"。工业投资同比增速明显回落，除了受需求偏弱和PPI低位震荡等"量价"因素综合影响之外，与

上一年相比，没能看到为备货回补的存货投资缓冲投资下行。"综合需求变动、库存周期、产能利用水平、盈利预期、政策导向等多个因素，外部需求不振短期难改观"的状况，仍难摆脱"工业投资前景的不确定性，在一定程度上造成生产投资观望情绪"，收缩待变成为工业企业预期全面转弱后投资决策的安全选项。然而，如前述分析，库存出清筑底已经完成，经验上的补库存周期对应工业投资上行期即将开启，结合周期轮动节奏观察（见图13），资本开支的意愿增强会加速投资增长，工业投资大概率会走出目前的低位徘徊。

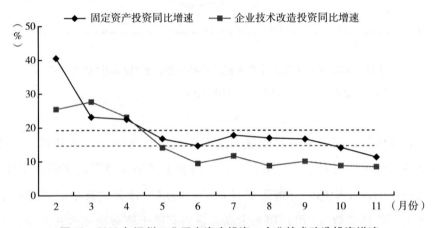

图12 2022年温州工业固定资产投资、企业技术改造投资增速

资料来源：温州统计月报（2019~2021），温州市统计局。

值得注意的是投资结构上出现的逆转趋势。工业企业技术改造投资累计同比增速低于工业投资累计同比增速2.9个百分点，较1~10月再回落0.3个百分点，大幅低于上一年同期14.4个百分点①。工业企业技术改造投资对推动产业结构优化升级和产能高质量发展有重要作用，是产业数字化智能化绿色化转型的重要引擎，观察工业经济稳定增长和动能加快转换的前瞻指标。

① 制造业投资范围主要包括厂房、设备、技术、存货等，其中存货可分为原材料库存和产成品库存。数据来源于数据浙江，http：//data.tjj.zj.gov.cn/，2023年1月21日。

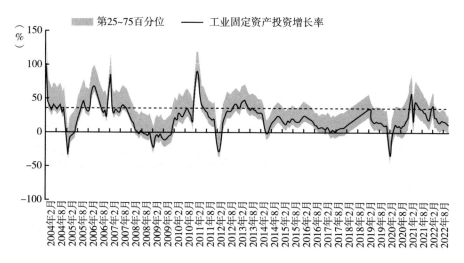

图13　温州工业固定资产投资增速变动

资料来源：温州统计月报（2004~2022），温州市统计局。

过去的一年里，新增技改贷款比例及额度，增加制造业中长期贷款、信用贷款规模，乃至推动股权投资、债券融资等向制造业技术改造重点倾斜，政策红利效应明显，然而，温州工业投资与工业企业技术改造投资相对增速自二季度以来出现不同于上一年的反转，且与同期国家、全省方向背离。如果这一情况持续可能在一定程度上延缓产能更新迭代速度与产业新动能形成。

展望2023年，从温州工业库存去化长度与深度超预期修正逻辑出发，库存回补因素将促进资本支出增速回升。季节调整后的模型估计结果显示，全年前8个月工业投资将稳步回暖，全年工业投资增速总体呈现前陡后缓的态势（见图14）。除库存周期性内生因素以外，政策面因素也处于利好窗口期，在中长期贷款注入实体经济的金融政策红利效应下，技术性更新与新增产能引育也将驱动资本支出持续增长。随着一系列稳增长政策发力显效，下游工业产品需求有望率先重回合理区间，从而稳定工业企业投资信心，增强扩大投资产能的意愿，促进投资扩产。

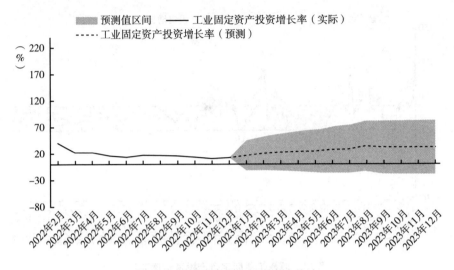

图14 温州固定资产投资增速估计

注：预测的方法为 ARIMA，拟合统计量稳定 R^2 为 0.689。
资料来源：温州统计月报（2004~2022），温州市统计局。

五 结论

本文对 2022~2023 年温州工业经济运行形势的回顾分析与趋势展望有如下主要结论。第一，生产秩序恢复与生产节奏调整的探底阶段。全年生产秩序修复程度尚处于较低水平，总体呈"L"形筑底恢复态势。工业静态产能释放节奏平稳，但新增动态产能投放受阻。生产活动能够保持增长韧性和弹性，有较强的灵活性、适应性和托底再平衡能力。第二，疫情冲击下库存周期的超预期调整，为需求全面复苏和生产重回正轨的后疫情阶段库存回补，积蓄了向上反弹动能。第三，受疫情防控升级、供应链配套不稳等不利因素反复扰动，"疫情附加成本"持续释放，工业盈利承压。修复利润是企业短期内面临的主要压力。第四，在弱需求和低价格"量价"双降压制下，工业投资同比增速明显回落。随着库存出清底部拐点显现，库存上行周期拉动资本开支同步增长，工业投资大概率会走出目前的低位徘徊。第五，工业企业技术改造投资增速背离经验，或预示产能更新迭代与产业新动能投放不足。

展望 2023 年有如下主要趋势。第一，库存见底回升有望成为 2023 年穿越工业经济"L"形周期底部的突破动力，并在 2023 年上半年迎来由主动库存回补驱动的恢复性增长。第二，疫情消退后，随着"疫情附加成本"持续释放，企业利润水平将得到持续改善。第三，2023 年工业投资将稳步回暖，全年工业投资增速总体呈现前陡后缓的态势。

参考文献

王健、王春光、金浩主编《2022 年温州经济社会形势分析与预测》，社会科学文献出版社，2022。

王健、王春光、金浩主编《2021 年温州经济社会形势分析与预测》，社会科学文献出版社，2021。

王健、王春光、金浩主编《2020 年温州经济社会形势分析与预测》，社会科学文献出版社，2020。

王健、王春光、金浩主编《2019 年温州经济社会形势分析与预测》，社会科学文献出版社，2019。

蒋儒标、王春光、金浩主编《2018 年温州经济社会形势分析与预测》，社会科学文献出版社，2018。

蒋儒标、王春光、金浩主编《2017 年温州经济社会形势分析与预测》，社会科学文献出版社，2017。

潘忠强、王春光、金浩主编《2016 年温州经济社会形势分析与预测》，社会科学文献出版社，2016。

B.4
温州农业农村发展形势
分析（2022~2023年）

谢小荣　何皓俊[*]

摘　要： 2022年，温州市深入实施乡村振兴"六抓六提"行动，抓紧抓牢粮食生产、农村产业发展、美丽乡村建设、农村改革、农民共富、"三农"安全等工作重点，全市农业农村经济稳中向好、稳进提质，为全市经济企稳回升筑牢更加稳固的"三农"底盘。同时，本文指出，温州"三农"工作还存在农业发展层次低、乡村风貌乱、农民收入差距大等短板，2023年需聚焦农业高质量发展、乡村建设、农民共富"三条跑道"持续发力。

关键词： 农业农村　高效生态　和美乡村　农民共富　温州

　　2022年，温州市全面落实市委、市政府推进"四大振兴"和建设更具活力的"千年商港、幸福温州"的决策部署，对标对表农业农村高质量发展和农民农村共同富裕，狠抓乡村振兴"六大突破性抓手"，大力实施"六大提升"行动，推动"三农"工作加速变革重塑，农业农村现代化先行市建设迈出更加坚实的步伐。全年实现农林牧渔业增加值181.7亿元，同比增长4.7%，增速居全省第2位；农村居民人均可支配收入38482元，同比增长7.4%，增速居全省第3位，城乡居民收入比收窄至1.91∶1。

---

* 谢小荣，温州市人大常委会委员、温州市人大农资委副主任委员、浙江省农研中心特聘研究员，主要研究方向为"三农"问题；何皓俊，温州市农业农村局办公室副主任。

一 2022年温州市农业农村发展状况分析

2022年，温州市深入实施乡村振兴战略，统筹推进农村疫情防控和农业农村经济社会发展，切实抓好粮食生产和重要农产品稳产保供，大力推进农业高质量发展，迭代升级新时代美丽乡村，全面深化农业农村改革，促进农民农村共同富裕，农业农村经济稳中向好、稳进提质。

（一）全力夯实农业生产新基础

把保障粮食安全作为全年工作的头等大事，全力抓好粮食生产和粮食生产功能区"非粮化"整治。一是粮食生产扩面增量。出台粮食产销政策，加大种粮直补力度，市本级粮补资金提升到1600万元、规模早稻每亩提高了100元；早稻和春旱杂粮面积、产量分别比上年增加2.49万亩、0.63万吨，粮食播种面积169.88万亩、产量13.8亿斤，创近10年新高。二是重要农产品稳产保供。出台能繁母猪临时性救助政策，在5个县（市、区）推行生猪价格指数保险试点。能繁母猪保有量8.01万头，生猪出栏89.73万头，同比增长6.2%。大力发展黄鱼养殖和稻渔综合种养，水产品产量71.5万吨，增长7.9%，创历年新高。三是耕地整治稳步推进。专班化推进耕地抛荒和粮食生产功能区"非粮化"整治，全面完成18.6万亩永久基本农田抛荒整治，完成粮食功能区"非粮化"整治优化6.04万亩，提前1个月完成"非粮化"整治工作。建成高标准农田16.36万亩。

（二）全面激发农村产业新活力

把乡村产业发展摆在乡村振兴的重要位置，抢抓预制菜产业风口，强化农业招商引智，推进乡村一二三产业融合发展。一是预制菜产业"抢道领跑"。制定"一城十链百企千亿"行动计划，安排专项资金5000万元，引入产业基金10亿元，建设预制菜产业园8个，培育预制菜企业300余家，组建预制菜产业研究院和产业联盟，建设东西部预制菜产业展销中心3个，

发布预制菜团体标准 5 个，开展预制菜营销"八进一出"、评选推广"十强百品"等系列活动，对这些工作做法，农业农村部部长点赞，省委、省政府分管领导均作出批示肯定，省农业农村厅发文在全省推广。二是招大引强有效突破。大力优化农村营商环境，绘制产业链精准招商"一张图"，建立"一产业一专班一主平台一项目库"机制，建立农业农村重大项目库，招引重大农业农村项目 63 个、总投资超 400 亿元，其中第二季度集中签约项目36 个、总投资 211 亿元。启动建设 6 个都市农业公园，实施西部生态休闲产业带项目 310 个。三是"双强"行动成效明显。制订《温州市种业振兴行动实施方案（2022-2026）》，泰顺一鸣奶牛省级重点实验室入选全省农业"双强"十大重点突破试点，并成功繁育首例遗传改良"胚胎牛"；开展农作物、畜禽、水产种质资源普查，收集登记各类地方品种近 800 份，乐清雁荡麻鸡通过国家畜禽遗传资源委员会审定鉴定并公示。神鹿种业、浙江科诚入选省农作物种业阵型企业；特色农机研发取得突破，"黑蜻蜓"植保无人机生产企业研制生产出全国首台油电混合植保无人机。26 个省级"双强"项目争取省补资金 6748.5 万元。

（三）奋力开创美丽乡村新格局

以未来乡村建设为引领，大力推进农村人居环境整治、基础设施建设和公共服务提升，加快建设美丽共富乡村。瑞安市等 6 个县（市、区）荣获 2022 年度全省深化"千万工程"建设新时代美丽乡村（农村人居环境提升）工作优胜县。一是未来乡村扩面提质。出台未来乡村建设标准导则，制订乡村建设"三基三主"十大工程实施意见，建立市领导挂钩、县级党政"一把手"领办和市级督查通报、比拼亮晒等工作机制，建设未来乡村 55 个，入选省级试点和创建名单 47 个，建成省级未来乡村 38个，建成首批省级"一老一小"服务场景 10 个。二是村容村貌有效提升。实施村貌整治行动，整治首批行政村 600 个，谋划和美乡村"示范引领、全域整洁"行动。深化农村人居环境"两最三比"活动，每月进行村貌"十大乱点村"曝光，动态比选出市级"最干净乡镇""最差乡镇"各 15

个，"最美田园""最脏田园"各 15 个；县级"最干净村"、"最差村"和"垃圾分类优胜村"各 232 个；镇级"宜居最美庭院"3280 户、"卫生最差公厕"364 个。三是"三大革命"不断拓展。建成垃圾分类处理村 2951 个，标准化运维污水处理设施 3159 座，改造提升规范化农村公厕 10819 座，创成省级星级公厕 560 座，其中省级示范性公厕 50 座，实现行政村垃圾分类处理、农污设施标准化运维和公厕规范化管护三个全覆盖。乐清市等 6 个县（市、区）获评全省农村生活垃圾分类处理工作优质县（市、区），鹿城区藤桥镇南岸村等 40 个村获评省级高标准农村生活垃圾分类示范村。

（四）农村综合改革呈现新亮点

以强村富民为目标，联动打好乡村集成改革"组合拳"，不断激发农业农村发展动力活力。一是"三位一体"改革全域深化。全省"三位一体"改革座谈会在温州召开，在北京举办"三位一体"改革理论成果论证会。深入推进合作社清理提升和"三位一体"示范创建，清理合作社 1675 家、提升 416 家，巩固提升示范乡镇 21 个、新建 19 个。瑞安"三位一体"试点项目入选全省共同富裕示范区建设第二批试点。二是强村富民乡村集成改革全面实施。推进集体经济市场化改革，完成清产核资和承包地确权颁证，承包地合同签订和颁证率达 99% 以上。组织村集体经济集中开竣工项目 738 个，开展村集体经济审计 2850 个，全市村级集体经济总收入 125.3 亿元、经营性收入 84.7 亿元，分别增长 16.2%、21.6%。推进"标准地"改革，土地规模流转率达 67%，乐清、泰顺获批省级县域改革试点。推进农村宅基地"三权分置"改革，开展"双激活"改革试点，激活农房 3655 幢，激活面积达 83.71 万平方米，带动社会资本 31.04 亿元，农户增收 3.37 亿元，村集体增收 8421.02 万元，带动农户就业 12007 人。加强农民建房规范审批，宅基地审批 7088 件，实现农民建房"一件事"办理。三是数字化改革成效显著。迭代升级"温州乡村产业大脑"2.0，汇聚各类农业数据 214 类，26 个数改项目承接省厅"先行先试"试点，32 个未来乡村上线浙里办

"我的家园",瑞安、龙湾农业投入品质量安全监管执法和苍南私屠滥宰"一件事"纳入全省"一地创新、全省共享""一本账"SO,洞头"数智渔业"获省数字乡村十佳应用。建设数字农业工厂 31 家,数字化改造种养基地 165 家。苍南县、平阳县、永嘉县获评全国"数字乡村"百强县,乐清市获评省数字乡村十佳县。

(五)农民共富迈出新步伐

以提升低收入农户收入和扩大中等收入群体为重点,统筹系列增收举措,逐步缩小城乡收入差距。一是帮扶机制有效建立。实施低收入农户"遏增量优存量"行动,推进财政支农资金折股量化提质扩面,实施折股量化项目 306 个,惠及低收入农户 3 万多人。全市低收入农户收入 16930元,增长 15.6%,增速居全省第二。二是兜底政策保障有力。全市低保标准调整到每人每月 1035 元,完善低收入农户收入免计政策,扩大异地搬迁政策惠及面,并将之上升为省级政策,启动新一轮"安居圆梦"工程,全年完成异地搬迁 5572 人。三是中等群体逐步拓展。出台《乡村人才振兴"553"行动的实施意见》,实施万名农创客培育行动,创建农创客创业园 5 个,培育大学生农创客 3209 名,启动千名农播培育计划,成立农播联盟,带动农产品网络销售额超百亿元。实施农民素质提升工程,创建省级实训基地 5 个、农民田间学校 36 家,累计培训高素质农民和农村实用人才30111 名。

(六)"三农"安全得到新巩固

把渔业除险保安作为安全工作的重中之重,强化隐患整治,全面营造"三农"发展良好环境。一是全力抓牢渔业安全。开展"春雷行动"、"八江禁渔"、平安护航二十大等系列行动,推进隐患大排查、技能大培训、海上"千万工程"建设,取缔涉渔"三无"船舶 134 艘,培训船员 3459 人,实施安全警示教育 5281 人次,打造"引领船"163 艘、整治船 696 艘。抓好渔船疫情防控,全面落实渔船"进出港"核酸必查、定点上岸、日报告和干部包干负责等制度。二是防汛防台高效应对。完善防汛防台防旱应急预案，举办渔船防台应急演练，扎实做好 11 号、12 号台风防御工作，转移在外渔船 1162 艘，查处私自出海渔船 5 艘。三是农产品安全得到有效保障。加大农产品重点领域监督执法力度，开展主城区家禽"杀白上市"百日攻坚，推进环保督察整改工作，全市立案查处农业违法行为 476 起，移送司法机关 13 起，取缔非法活禽交易宰杀点 21 处。

二 当前农业农村发展面临的主要问题

对标党的二十大提出的全面推进乡村振兴、建设农业强国的战略部署和全省推进"两个先行"的目标要求，当前温州市农业农村发展还存在不少的短板和问题。

（一）农业发展层次低

传统农业依然占据主导地位，产业形态相对单一，创新型、引领型、大体量的农业主体和项目少，34 个产业平台的集中集聚集成效应未能充分发挥，373 家农业龙头企业中产值超亿元的仅 35 家，农业产值总量仅占全省的 7% 左右，农业劳动生产率不到全省平均水平的一半，农业亩均产值仅为全省平均水平的 60%。

（二）乡村建设风貌乱

温州农村量大面广，共有 2951 个行政村，仍有约 1/3 的村基础设施差、风貌相对落后。部分村庄建设规划杂乱无章，对传统文化挖掘保护传承不力、产业动能培育不足，致使许多乡村建设、产业发展同质化严重。乡村重建设轻运营的问题突出，公共设施运维水平低，医疗、养老、教育等公共服务设施配置与城市相比仍有较大差距。乡村建设主体风貌较乱，村貌特色不突出，资金和资源大部分集中在亮点村和亮点项目上，做"盆景"较多，整体推进不够，提升农村人居环境任重道远。

（三）农民共富收入差距大

虽然 2022 年温州市农村居民人均可支配收入实现较快增长，但收入水平仍然较低，居全省第 7 位，赶超的难度较大（前 6 位均在 4.4 万元以上）。同时城乡居民收入比低于全省平均水平（全省 2022 年城乡居民收入比为 1.90∶1），在全省排名倒数第三，面临"追兵渐近、标兵渐远"的严峻形势。农村闲置资源盘活利用率不高，农民财产性收入水平低，农民收入特别是山区 5 县农民收入低，山区 5 县低收入农户收入排名居全省中下游水平（文成第 11 位、苍南第 13 位、永嘉第 15 位、泰顺第 16 位、平阳第 20 位），与省内先进地区差距较大，低收入农户群体大，无劳动力或弱劳动力人员占比高，自我发展能力弱。

三 2023年温州市农业农村工作建议

2023 年是全面贯彻落实党的二十大精神的开局之年，温州市"三农"工作应深入贯彻党的二十大建设农业强国的战略要求，全面落实习近平总书记关于"三农"工作的重要论述，在共同富裕和现代化"两个先行"的大场景下，深入实施乡村振兴战略，聚焦农业高质量发展、乡村建设、农民共富"三条跑道"和守牢"一条底线"，全面推进农业"双强"、和美乡村"示范引领、全域整洁"、强村富民集成改革等行动，加快建设高效生态农业强市、和美乡村样板市和农民农村共富先行市。

（一）着力农业高质量发展，打造高效生态农业强市

1. 抓好粮食等重要农产品稳产保供

统筹农、林、牧、渔高质量发展，打好粮食安全保卫战，坚决守牢粮食安全底线。一是大力抓好粮食生产。层层签订粮食安全责任书，优化粮食生产政策，稳步提高早稻规模种粮补贴标准、早稻订单收购价格和水稻完全成本保额标准，压茬抓好春耕备耕、早晚稻生产、秋收冬种，推动粮食生产扩

面增产，实现粮食播种面积、粮食产量同步增长，分别达到171万亩和13.9亿斤以上。二是推进重要农产品保供。积极谋划生猪养殖增量项目，加快推进瑞安、苍南两个十万头规模猪场投产，以及永嘉十万头和龙港万头以上规模猪场建设，实现生猪产能提升，力争全年生猪出栏量新增10%以上。大力发展渔业海上养殖和稻渔综合种养，全年新增稻渔综合种养8000亩以上，积极争取龙港、洞头国家级渔港经济区建设项目获批。落实市对县"菜篮子"责任制考核，积极发展设施蔬菜、水生蔬菜和山地特色蔬菜，适当扩大城郊速生叶菜生产，蔬菜面积稳定在107万亩以上。三是进一步强化耕地保护。深入抓好耕地"非粮化"整治和改造提升，落实"耕地智保""浙农田"等数字场景动态管控机制，坚决遏制耕地"非农化"、基本农田"非粮化"。加大高标准农田建设力度，逐步把永久基本农田建成高标准农田，全年新建和改造提升高标准农田6.43万亩，夯实粮食生产根基。

2. 全力推进"六个一"产业发展

围绕"一盘菜、一条鱼、一根草、一杯奶、一个果、一片叶"，做大做强特色优势产业，加快推进农业产业高质量融合发展。一是编制产业规划。逐个编制"六个一"产业发展规划，明确目标、路径和政策。二是搭建产业平台。加快推进"一县一省级以上产业平台"建设，年内建成国家级、省级现代农业产业园（区）、特色农业强镇和市级田园综合体10个，其中，苍南国家级现代农业产业园通过国家验收，争取新增乐清国家级现代农业产业园、文成省级现代农业产业园区2个平台。三是培育产业龙头。围绕培育壮大"六个一"产业主体，积极推进产业企业招引、小微企业升规、龙头企业上市、头部企业壮大，培育一批链主型企业，建设规上企业80家、亿元企业20家。四是建设产业项目。深入开展农业项目"双招双引"活动，继续举办集中签约仪式，全年招引科技型、创新型、数字化的"六个一"产业项目30个以上，投资200亿元以上，落地建设一批植物工厂、未来农场项目，强化跟踪服务和督导考核，建立"月评价调度"工作机制。五是拓展产业渠道。大力推进农播电商发展，深化千名农播培育计划，组织农播"个十百千万"系列活动，举办温州农播超级联赛，启动建设10个县级农播共享基地，持续

开展百名农播乡村行活动，开展农产品直播培训1500人次以上，带动万场农产品直播带货。加快推进预制菜营销"八进一出"体系建设。

3. 全面深化农业"双强"行动

围绕农业"双强"三年大跨越目标，重点抓好"五个一批"，推动农业劳动生产率提高10%以上。一是培育一批优势种业。实施现代种业"5655"工程（围绕五大种业领域、聚焦六大优势物种、实施五大行动、打造五个高地），培育具有竞争力的优良品种、优质企业和优秀人才，打造现代种业高地。二是打造一批科创平台。强化与省农科院、浙江大学等省内科研院校的战略合作，建好奶牛重点实验室，积极争取浙南作物育种重点实验室落地建设，新建一批博士创新站、种业研究院。三是建设一批农事服务中心。进一步优化农事服务中心规划布局，加快推进"一镇一农事服务中心"建设，重点建设瑞安曹村现代农事服务中心、平阳昆阳农事服务中心、文成高山农事服务中心，提升改造乐清浦岐农事服务中心。四是做强一批人才支撑。实施乡村人才振兴"553"行动，重点培育企业科技人才、农技推广专家、农业首席专家、科技特派员队伍，培育乡村振兴领军人才100名以上、回引乡贤能人5000名以上。五是形成一批标志性项目。持续推进优势品种培育、省级实验室建设、农事服务中心建设等工作走在全省前列。

（二）加强乡村建设，打造和美乡村样板市

1. 聚焦示范引领，高水平打造一批精品村

实施乡村建设"三基三主"十大工程（乡村"头雁"培养工程、"问题村"强基惠民工程、乡村"新基建"工程、新一轮"四好农村路"建设工程、乡村医养水平提升工程、"一村一品"产业培育工程、乡贤助力乡村振兴工程、浙南民居建设样板工程、"一村万树"示范村和"美丽庭院"示范村创建工程、历史文化传统村落保护和千村故事传承工程），落实"一村一方案"，高水平建成一批在全省具有引领性的和美乡村。每年续建和新建各类示范村200个左右。同时，落实示范村创建县（市、区）书记、县长等四套领导班子成员牵头领办机制。

2. 聚焦组团发展，高质量建设一批连片村

突出党建引领，以美丽乡村特色精品村、未来乡村为基点，以一条线、一个片为整体布局，整合若干个乡村实行"规划共绘、产业共富、环境共美、设施共享、文化共通、四治共融"，建设美丽乡村示范片、示范线，打造乡村共富共同体。与市委组织部牵头的党建联建、党建引领"共富工坊"、党建示范片以及交通部门主抓的道路环境综合整治提升相结合，打造和美乡村连片提升示范区 20 个，覆盖行政村 100 个，创建和美乡村示范县1 个，加快构建"百村未来、千村共富、全域和美"新格局。

3. 聚焦全域整洁，高标准整治一批后进村

开展和美乡村"示范引领、全域整洁"行动，聚焦农渔业生产资料乱堆放、房前屋后乱搭建、墙面乱涂画、垃圾清运不及时、公厕保洁不到位、边角地失管、家禽散养、杆线杂乱、河塘沟渠脏乱、公共场所无序等乡村环境十大问题，以乡村风貌后进村整治为重点，实行风貌落后村"每季一百，逐一核验，闭环管理"批次推进机制，每年集中整治落后村 400 个，通过3 年左右的持续攻坚，基本实现村貌整治行政村全覆盖。

（三）突出强村富民，打造农民农村共富先行市

1. 深化强村富民乡村集成改革

以发展壮大农村集体经济为核心，探索集体经济市场化发展路径，实施"百亿强村"计划，推行"飞地抱团"和党建联盟组团发展模式，规范强村公司运营机制，发展新型农村集体经济，进一步拓宽村集体增收渠道。加强农村"三资"管理，出台集体资产管理办法、产权交易管理办法，建设全覆盖的农村产权交易市场，对全市 20% 以上的村社开展财务审计轮审，实现集体资产保值增值。新建项目 400 个以上，投资额达 50 亿元以上，实现全市所有村社集体经济总收入 35 万元以上、经营性收入 14 万元以上，全市年经营性收入 50 万元以上行政村比例达到 55% 以上。

2. 深化"三位一体"改革

坚持合作与联合，突出规范提升合作社（联合社）、建设为农服务中

心、完善金融支农体系重点，持续深化合作社规范提升三年行动，加大中蜂等重点产业社会化服务组织的孵化培育力度，推进"组织、生产、产业、市场、利益""五大联结"的机制创新、组织创新、动力创新，完善小农户与现代农业有效衔接机制，加快构建多元化、立体式、复合型农业生产经营体系。创建市级以上示范性合作社 20 家，提升市级以上示范性家庭农场 30 家，实现 90% 以上的小农户融入现代农业组织。制定"三位一体"地方标准，加快"三位一体"地方立法。

3. 深化"三块地"改革

有序推进乐清农村土地第二轮承包到期后再延长 30 年国家试点。支持乐清市、泰顺县和瓯海区泽雅镇等 10 个乡镇开展农业标准地改革，建成农业标准地 5 万亩，实现投资 10 亿元。规范推进土地承包经营权纳入不动产统一登记，建立农村土地承包管理"一件事"联动机制。稳慎推进龙港国家农村宅基地制度改革试点，开展农村乱占耕地建房专项治理试点，推进农村闲置宅基地和闲置农房激活改革，探索宅基地调剂、自愿有偿退出、农民集中建房、联合合作建房等激活方式，鼓励有条件的地区探索宅基地资格权"权票"制度，全年盘活闲置农房 3000 幢以上。稳妥探索乐清集体经营性建设用地入市试点，建立入市土地增值收益合理分配机制。

4. 深化数字乡村建设

围绕"数字农业增效、数字服务提质、数字基础提升"，加快农田、渔船、养殖场、蔬菜大棚等基础设施数字化改造，大力发展未来农（牧）场、数字农业工厂。培育和引进数字农业技术人才，建立农业数字化培训体系，大力支持直播带货、社区团购、云展销、云洽谈等"农播电商"新业态，实现农产品网络销售额 120 亿元。迭代升级"三位一体"智慧共富应用（瓯农慧）2.0 版，为农业经营主体提供数字化便捷服务。

5. 深化低收入农户增收帮扶

健全低收入农户精准识别、返贫实时预警机制，守住不发生返贫的底线。建立精准化共富帮扶机制，开展零就业家庭就业帮扶、"安居圆梦"异地搬迁帮扶、折股量化项目帮扶、村集体收入分红帮扶、新型"帮共体"

帮扶，完善低保标准动态调整机制，强化政策兜底帮扶，机制化、多渠道增加低收入农户收入，全年实现低收入农户收入增长 15%以上，全面消除农村家庭年人均收入 11000 元以下现象。

（四）狠抓除险保安，坚决守牢"三农"工作底线

推进农业农村现代化发展，必须坚决守牢除险保安底线，加快推进本质安全建设，持续打好农业农村领域除险保安攻坚战。一是重抓渔业安全。推进涉海涉渔系统治理八大行动，深入实施海上"千万工程"，全面推进渔船隐患治理提升、职务船员配备、定人联船制度落实，联合开展商渔船防碰撞整治、海上执法打击，推进渔业本质安全提升。二是严抓农产品质量安全。加快推进配方肥替代平衡肥、化肥农药减量，加强重大动植物疫病防控，推动家禽"杀白上市"立法，深入开展饲料、兽药、生猪屠宰等领域监督执法。三是统筹抓好农村疫情防控和健康服务工作。聚焦薄弱环节、重点时段和关键地区，紧盯"一老一小"、孕产妇等重点人群，落实落细"一对一""五包一"机制。

B.5
温州固定资产投资分析
与展望（2022~2023年）

温州市发改委课题组*

摘 要： 2022年温州市固定资产投资增长7.8%，总体呈现"进中趋稳"态势，交通投资增速显著。同时，受"三重压力""两大变量"影响，全市制造业投资连续下滑，房地产开发投资持续低迷。有鉴于此，2023年温州要创新工作举措，聚焦重大产业、重要基础设施、重大民生项目，全面强化体制、要素保障，充分发挥有效投资"压舱石""动力源""增长点"作用。

关键词： 固定资产投资 要素保障 温州

一 2022年温州固定资产投资运行情况

2022年以来，温州市坚持以习近平新时代中国特色社会主义思想为指导，深入贯彻党的二十大精神，在市委、市政府的坚强领导下，按照市第十三次党代会决策部署和市十四届人大一次会议明确的目标任务，全面贯彻"疫情要防住、经济要稳住、发展要安全"的重要要求，把扩大有效投资作为克服"三重压力"、应对"两大变量"考验的关键之举，抢抓重大政策机遇，持续深入开展重大项目攻坚行动，全力以赴扩投资、稳增长，有效投资

---

* 温州市发改委课题组成员：汪振标，温州市发改委固定资产投资处处长；徐陈清，温州市发改委固定资产投资处副处长；陈沛思，温州市发改委固定资产投资处副处长；张旭，温州市发改委固定资产投资处；万秀芝、黄伟增、王俊，温州市发改委科员。

保持增长态势，为加快打造高质量发展建设共同富裕示范区市域样板，奋力做强做大"全省第三极"提供有效支持。

（一）有效投资进中趋稳

紧紧围绕全省扩投资、优结构"1+9"攻坚行动，年初组建投资工作专班，出台《温州市推动重大项目建设着力扩大有效投资2022年实施方案》，实施投资"3121"攻坚行动。1~12月，全市固定资产投资增长7.8%，居全省第7位，总体呈现"进中趋稳"态势。投资结构进一步优化。其中，交通投资增速达到16.0%，高于全省平均19.7个百分点，居全省第3位；生态环保城市更新和水利设施投资增速达28.8%，高于全省平均1.5个百分点（见表1）。

表1 2022年浙江及温州部分投资指标增速

单位：%

地区	固定资产投资	交通投资	生态环保城市更新和水利设施投资
浙江	9.1	-3.7	27.3
温州	7.8	16.0	28.8

资料来源：温州市发改委。

（二）重大项目提速推进

建立重大项目"集中审批、集中破难"协调例会、市领导挂钩领办、"赛马"比拼等机制，及时协调解决项目建设中的困难问题，推动项目快开工、快建设、快达产。项目建设方面，围绕重大项目前期、开工、续建，连续组织实施了"大干一季度、比拼稳投资""奋战二季度、冲刺半年红""扩投资优结构、奋力冲刺全年红"等集中攻坚行动，按季攻坚、按月实施、半月提示，清单化、节点化推进重大项目建设，抢抓投资实物量。特别是8月温州市开展重大项目"百日攻坚"行动以来，超常规打响前期破难、

开工提速、建设加速三大攻坚战。截至12月底，815个市重大项目累计完成投资1868.3亿元，完成率109.3%。258个全市"百日攻坚"续建类重大项目完成投资1475.8亿元，完成率达122.7%。103个省"4+1"重大项目完成投资402.2亿元，完成年度计划的156.9%，其中41个新建项目开工率达100%，居全省第一位。谋划省市县长项目41个，已开工落地29个，落地率70.7%，超额完成落地率50%的目标。参加全省集中开工活动的71个项目，已全部按期开工建设。109个省重点建设项目完成年度投资590亿元，完成率115%，获评红旗项目和省级立功竞赛示范项目各4个。招大引强方面，组建3个重大项目推进专班和500人的驻点招商引智团队，组织开展敲门招商、精准招商和产业链招商，新招引亿元以上产业项目221个。举办4次重大项目集中签约活动，一季度集中签约落地金风科技海上风电等12个总投资1258亿元的新能源产业重大项目；二季度集中签约总部经济、商贸文旅、生产性服务业、农业农村等107个重大项目，其中69个产业项目计划总投资490亿元，36个新商贸·新金融项目预计带动年销售额378亿元，计划落地基金规模203亿元；三季度集中签约央地合作、工业、科技创新等77个总投资2325亿元的重大项目；四季度集中签约活动以"温商回归+驻外招商"为主题，共集中签约重大产业项目36个，计划总投资约440亿元，涵盖高端智能装备、新能源、生产性服务业、文旅等产业领域。

（三）要素保障支撑有力

资金争取方面，累计334个专项债项目通过国家发改委审核，资金需求667.5亿元，居全省第一，其中获批发行项目293个，发行金额472.5亿元，项目数和发行金额双双居全省第一。全市17个项目获政策性开发性金融工具基金支持，投放资金达41亿元。66个项目获设备购置与更新改造贷款财政贴息政策支持，贷款需求达25.8亿元。近两年，全市列入中央预算内资金项目共51个，总投资126.8亿元，项目开工率达100%，到位资金6.2亿元，到位率100%，其中24个项目已完工。用地保障方面，153个项目纳入全省"三区三线"重点建设项目，获省级带帽核减永久基本农田指标 5.8 万亩，占全省（37 万亩）的 15.7%，居全省第 1 位，另外新增 486 个项目纳入省永农调整补划支持范围；争列省重点计划争取建设用地指标，累计争取到新增建设用地指标 6041 亩；75 个项目列入省重大产业实施类项目（3 年累计），数量居全省第 1 位，获奖励新增建设用地指标 6225 亩。其中，2022 年入选 15 个，居全省第 1 位，最高可获省级奖励新增建设用地指标 2000 亩。数字赋能方面，大力推广投资在线平台 3.0 系统应用，实施"统一收件，统一审批，统一出件"，非涉密投资项目全过程审批事项一律纳入平台处理，同步实现市县两级立项、规划许可、施工许可、竣工验收四阶段 100% 网上申报、100% 网上审批，最大限度推进"减事项、减材料、减环节、减时间、减费用"。企业投资项目促产"一件事"改革，受到国务院办公厅通报表彰，至今已累计惠及 588 家企业，涉及工业用地 1.62 万亩。

二　2022年温州固定资产投资存在的问题

（一）制造业投资连续下滑

因经济形势和疫情影响，民营企业、民间资本对经济信心不足，对扩大规模、扩大投资更加趋于谨慎。同时，企业订单减少、企业流动资金减少、自身资金保障力度不够、企业融资成本较高等因素，叠加影响企业投资热情，制造业投资持续下滑。1~12 月，温州市制造业投资同比增长 4.1%，低于全省制造业投资 12.9 个百分点，排名由一季度的全省第五，下滑至 12 月的全省第十，联动高新技术投资指标下滑严重。

（二）房地产开发投资持续低迷

1~12 月，温州市房地产开发投资增长 6.9%，低于全市面上投资 0.9 个百分点，对投资总量增长影响较大。当前，民营房企拿地积极性不高，房地产市场走低，住宅施工面积、住宅竣工面积比上年分别下降 8.3%、12.4%；商品房销售面积、销售额比上年分别下降 24.0%、36.3%。

（三）要素保障制约大

"十四五"期间，温州市谋划了一大批重大基础设施项目，由于处在土地、资金、能耗需求的高峰期，要素保障难度较大。土地方面，温州市库存水田占补指标倒挂，涉及多个县（市、区）。受涉林垦造项目全面禁止、沿海未利用地无法实施等影响，全市耕地后备资源紧缺，短期内难以依靠自身造地破解占补平衡难题。153个项目列入"三区三线"省级重大基础设施项目，虽然已由省统筹保障用地空间并相应核减永久基本农田5.81万亩任务，但农转用指标、占补平衡指标仍需各地自己解决。资金方面，受土地出让金、税收收入"双双"下跌的影响，政府投资项目尤其是不符合专项债发行条件的项目、全额由财政负担的项目等，在政府"钱袋子"趋紧的现状下，"保续建、保竣工"成为优先选项，新建项目上马难度加大。用能方面，国家对能源实行双控制，即刚性控制能源消费强度（单位GDP能耗）和弹性控制总量。由于产业结构偏轻，温州是全省单位GDP能耗低、能耗消费空间小、可腾出能耗空间小的地区，对当前全市"大抓项目、抓大项目"，加速推进重大产业项目来说，能耗空间可调控余地小的问题将成为项目尤其是重大产业项目落地的"硬约束"。

三　2023年温州固定资产投资展望

2023年，温州市将坚持以习近平新时代中国特色社会主义思想为指导，以党的二十大精神为引领，全面贯彻落实省委、省政府决策部署，坚持稳中求进工作总基调，完整准确全面贯彻新发展理念，组织实施扩大有效投资"百项千亿"工程，以投资之"进"支撑经济发展之"稳"，不断提升"全省第三极"能级，为推进全省经济稳进提质作出更大贡献。

（一）投资思路

充分考虑当前与长远、需要与可能，争取2023年固定资产投资指标增长 8% 以上，快于 GDP 预期增长；制造业投资、高新技术投资、交通能源和水利投资等结构指标增长快于面上投资增长，推动扩大有效投资，优化投资结构，提升投资效益。一是贯彻稳中求进要求。投资总体仍处于战略窗口期，财政政策持续加力提效，有利于重大项目谋划争取和重大要素保障。温州市重大产业、重大民生和重大基础设施领域投资仍存在较大的增长空间和潜力，投资对经济社会发展补短板的支撑作用愈加凸显。继续扩大有效投资，将进一步发挥投资对稳定经济增长、优化供给结构的关键作用，既体现"稳"字当头，又推动投资结构优化和投资效益提升。二是投资增长承受压力。从房地产投资看，房地产市场呈现热度下降、下行转向趋势，面临下行压力。同时，还面临着制造业投资占比不足等问题。从自身看，近年来温州全市制造业投资连续保持增长态势，但与全省及省内先进市相比，制造业投资占面上投资比重不足，低于全省平均水平。

（二）重大项目谋划储备情况

2022 年 6 月，为迅速贯彻落实中央财经委员会第十一次会议和省政府第十次全体会议精神，温州市提前启动新一轮重大项目谋划储备工作；8 月，温州市把重大项目谋划储备工作纳入全市重大项目百日攻坚行动，同步开展、同步推进；9 月上旬，温州市安排 12 位市领导赴各县（市、区）开展 2023 年重大项目谋划专题调研活动；结合贯彻落实党的二十大报告精神要求，组织市领导赴基层开展重大项目谋划蹲点调研督导活动。2023 年，温州市安排重大建设项目 1171 个，总投资约 2.5 万亿元，年度计划投资 1848.2 亿元。其中续建类项目 613 个，年度计划投资 1424.9 亿元；开工类项目 311 个，年度计划投资 388.5 亿元；预备（力争开工）类项目 93 个，力争完成年度计划投资 34.8 亿元；前期类项目 154 个，总投资约 5793.7 亿元（见表 2）。

一是聚焦动能转换，全力推进重大产业项目建设。紧扣传统支柱产业和新兴主导产业两大万亿级产业集群打造，突出生物医药、新能源、生命健康、装备制造业等重点领域，联动推进谋大招强和增资扩产，高起点谋划推

表2　2023年温州市重大建设项目计划汇总（按领域）

单位：个，亿元

项目领域	项目数	2023年计划投资	按建设阶段分			
			续建	开工	预备（力争开工）	前期
合计	1171	1848.2	613	311	93	154
重大产业	488	778.6	247	147	39	55
重大基础设施	369	516.9	171	84	35	79
重大民生	314	552.7	195	80	19	20

资料来源：温州市发改委。

进一批重大产业项目，拟安排重大产业项目488个，年度计划投资778.6亿元。重点加快三澳核电一期、瑞浦新能源制造基地、温州锂电池新材料产业基地等247个续建项目建设，建成苍南1号、苍南2号海上风电，温州交通城建工业化生产基地，中国眼谷科创园A区等项目；开工三澳核电二期、瑞安1号海上风电、永嘉比亚迪新能源动力电池项目等147个项目；力争洞头1号海上风电、龙港市5GW异质结电池与组件项目等39个项目开工；全力推进顺丰浙南航空枢纽、中欧（义新欧）班列温州铁路口岸（乐清湾）建设项目、瑞安2号海上风电等55个项目（前期）。

二是聚焦能级提升，全力推进重大基础设施项目建设。聚焦中央财经委员会第十一次会议明确的五大基础设施领域，以拉开城市框架、提升城市功能为目标，推进综合交通、市政道路、新基建和水利等重大基础设施项目实施，计划安排重大基础设施项目369个，年度计划投资516.9亿元。重点加快杭温高铁、瑞平苍高速公路、瓯江引水工程、沿江快速路等171个续建项目建设，建成市域铁路S2线、金丽温高速公路东延线、鳌江南港流域江西垟平原排涝工程（二期）等项目；开工青文高速（文成段）、甬莞高速洞头支线、瑞安市飞云江治理二期工程、龙港市城区片海塘安澜工程等84个项目；力争瑞安市温瑞平原南部排涝工程（二期）、瓯江口新区浅滩二期综合管廊建设工程（一期）等35个项目开工；全力推进温福高铁、温州机场三期、浙东水资源配置通道温州支线工程等79个项目（前期）。

三是聚焦福祉增进，全力推进重大民生项目建设。聚焦补短板、提品位、惠民生，着力补齐民生基础设施短板，初步安排重大民生项目 314 个，年度计划投资 552.7 亿元。重点加快温州肯恩大学、市职业中等专业学校迁建工程、温州文化展示中心、浙南公共卫生紧急医疗救援基地等 195 个续建项目建设，建成温州市西向水厂输配水干线工程、瓯海二高迁扩建一期工程、市第六人民医院二期工程等项目；开工省未来粮仓（瑞安）试点项目、洞头海上花园生态环境导向开发项目、龙港市新城体育中心等 80 个项目；力争温州南陆港枢纽工程、瓯江口新区医院二期等 19 个项目开工；全力推进东部新城综合开发工程等 20 个项目（前期）。

（三）有效投资攻坚举措

充分激发有效投资"压舱石""动力源""增长点"作用，发挥重大项目的标志性、引领性、带动性作用，组织实施扩大有效投资"百项千亿"工程行动，聚焦重大基础设施、重大民生、重大产业三大领域，重点围绕先进制造业基地、科技创新强基、交通强市、清洁能源保供九大标志性工程，着力推进 380 余个支撑性项目、带动完成千亿投资，确保全市投资总量增长8%以上，采取更加有力的举措，为"千年商港、幸福温州"提供坚强支撑。

1. 聚焦做强动能抓投资

围绕全科技创新强基工程、产业集群提升工程，以五大战略性新兴产业为支撑，推进新一轮制造业"腾笼换鸟、凤凰涅槃"攻坚，大力招引"高大上、链群配"项目，力争全年投资不低于 4000 亿元，全力推动温州传统制造业由区域块状经济向现代产业集群转型，大力打造全省科技创新策源地。重点是开工建设永嘉比亚迪刀片电池、正泰高效光伏电池电站产业园等新建项目，加快瑞浦新能源制造基地等续建项目建设，带动全市制造业投资、高新技术投资增长快于面上投资增长。

2. 聚焦培育优势抓投资

一是培育综合交通枢纽优势。围绕综合交通强市工程，以加快陆海空通

道建设为重点，加快建设3个"1小时"交通圈，打造"521"高铁时空圈，集中谋划建设一批轨道交通、公路水运、机场港口等重大交通基础设施。重点是开工建设温州机场三期、甬台温高速改扩建、青文高速、甬莞高速洞头支线、东部综合交通枢纽等项目，再造对外开放新优势；加快推进杭温铁路、市域铁路S3线、瑞平苍高速公路、温州南站动车所等项目建设；提速推进温福高铁、温武吉铁路、金温铁路电气化改造、合温高速温州段、杭绍台二期项目（前期）；谋划一批全市短板项目如沿海港口、农村公路、内河水运建设项目，修订温州港总体规划，联动三大核心港区建设，统筹南部港口发展，完善集疏运体系，加快大型组货拼箱基地、义新欧班列监管场站建设，大力发展临港临空经济。二是培育新能源全链条优势。围绕清洁能源保供工程，以"双碳"战略为引领，构建绿色高效、智慧多元的现代能源体系，建成LNG接收站和外输管道，新增清洁能源装机容量300万千瓦，做强新能源产业"核风光水蓄氢储"全链条，推进全国新能源产能中心和应用示范城市创建。重点是开工建设三澳核电二期、文成抽水蓄能电站、川气东送二线工程温州段、温州华港LNG外输管道等天然气干线工程等项目；加快三澳核电一期、华润龙港电厂二期、永嘉抽水蓄能电站、泰顺抽水蓄能电站等项目建设。推进苍南2号、瑞安1号等海上风电项目建设，并推动新一轮海上风电场项目开发建设。

3.聚焦创新机制抓投资

一是加强重大项目协调机制。定期梳理重大项目审批、征迁、资金、用地等难点堵点问题，由各责任单位和属地政府积极帮助协调解决和落实；不能协调解决的，提交市重大项目"两集中"协调例会，由市领导定期研究解决，实行定责、定人、定时限，确保项目快开快建。二是加强督查约谈推进机制。定期跟踪项目推进情况，定期开展督查，对落后指标和滞后项目以"督查单""警示单"形式，确保项目顺利推进。将经多次督办仍无实质性进展的，纳入重点督办内容。对进展明显缓慢的地区、部门，由市分管领导、部门主要领导按照轻重缓急进行分级约谈。三是加强集中签约机制。每季度组织重大项目集中签约活动，成立项目服务专班，以更开放市场、更高效服务、更包容生态，全力打造一流营商环境，认真落实各项合作协议，助力经济稳进提质。

4. 聚焦强化保障抓投资

一是强化资金保障。开展专项债项目、金融政策工具项目常态化储备，督促已发行资金的使用，尽快形成投资实物量。使用好市财政前期经费，加快市本级政府投资项目前期（研究）推进。加大制造业扶持力度，统筹安排市级专项资金，支持企业开展高端化、智能化、绿色化技术改造。二是强化审批优化保障。交通领域，全力支持重点攻坚项目开展全过程咨询服务试点，对"十四五"规划中具备审批条件的预备类和研究类项目，允许先行开展用地预审和工可审批，开展初步设计、施工图设计等工作。能源领域，推动新一轮海上风电场项目开发建设，探索深远海风电示范试点建设。三是强化政策处理保障。严格落实属地政府主体责任，以征地拆迁和管线迁改为重点，全力推动重大项目征迁"清零"和涉铁、涉高压电力杆线等问题化解。推动"集中连片论证、分期分块出让"试点扩面，保障重大用海项目顺利落地。推进"百大"项目用地报批攻坚行动，提高用地预审和农转用报批效率。

B.6
2022年温州外经贸形势分析
及2023年展望

林　俐　兰夏清　陈妙儒　张一曼*

摘　要： 在疫情持续、地缘政治冲突、通货膨胀等不利因素影响下，2022年温州市外经贸总体实现稳定增长，对外贸易、引进外资和对外投资分别呈现波动增长、量稳质提、趋势向好的特点。2022年底我国防疫政策调整优化，温州市面临新的经济形势，积极鼓励企业托订单，推进贸易新业态转型发展，外贸和外资可能出现新增长势头。进入2023年，贸易保护主义、供应链危机等挑战仍旧存在。基于此，2023年温州外经贸发展应该是机遇与挑战并存，需采取更有力措施推进外经贸事业高质量发展。

关键词： 对外贸易　引进外资　贸易主体　温州

一　2022年温州外经贸发展形势分析

2022年国际环境复杂，新冠疫情持续不断，对外贸与外资产生不利影响。在外贸与外资受到冲击的大背景下，2022年温州市外经贸总体实现稳定发展，对外贸易、引进外资和对外投资分别呈现波动增长、量稳质提、趋势向好的特点。

---

* 林俐，温州大学商学院教授，主要研究方向为区域开放与企业国际化；兰夏清、陈妙儒，温州大学商学院，主要研究方向为产业经济与国际化；张一曼，温州理工学院讲师，主要研究方向为跨境电商与国际贸易。

（一）对外贸易：波动增长

根据温州市统计局数据，2022年温州市累计进出口总额达2949.6亿元，直逼3000亿元，同比增长22.4%，其中出口总额2502.0亿元，比上年同期增长22.9%，在全国占比提升到10.4‰；出口增速明显高于进口，但进口总额超过400亿元，达到447.5亿元，同比增长19.3%，在全国占比提升到0.3‰。从出口方面看，1月、2月同比增长率即处于低谷，出口与上年同期相比下降5.2%；3月出口迅速反弹，增速达到49.8%；4~7月单月出口平稳增长，8月增幅开始减缓，出口增幅回落至18.2%，9月出口增速继续放缓，出口与上一年同期相比上升11.1%；10月增速有短暂的回升，达到18.9%；11月增速又迅速放缓至11.2%；12月同比增长率为全年最低，出口相比上年同期下降19.2%。从进口方面看，1~3月进口增速逐步放缓，但未达到负值，出口较上年同期分别上升44.5%和8.8%；4月进口增长率回升至21.7%；5月急速回落，下降为负，较上年同期下降31.2%；6月增速继续为负，同比下降20.1%；7月增幅相较于前两个月有所回升，达到11.7%；8~10月增幅较之前月份又有所放缓，较上年同期分别上升7.4%、4.2%和0.1%；11~12月相对于上年同期进口额飙升，增速分别达到79.4%和178.3%（见图1）。

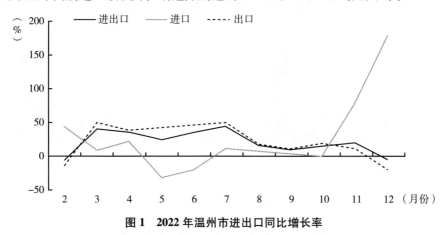

图1　2022年温州市进出口同比增长率

注：2月数据为1月、2月累计量。

资料来源：根据温州市政府信息公开数据计算。

从横向比较来看,据杭州海关统计,2022年,浙江全省进出口总额达4.68万亿元,同比增长13.1%,继续保持全国第3位,对全国的增长贡献率为18.0%;其中出口3.43万亿元,相较于上年同期增长14.0%,出口总值继续位于全国第三,对全国的增长贡献率是18.5%;进口1.25万亿元,同比增长10.7%,进口总值继续保持全国第6位,对全国的增长贡献率是16.3%。浙江省出口增速贡献率居全国首位,进出口和进口对全国增长贡献度均居于第2位。

全省各地区进出口与上年同期相比呈现不同程度的增长,其中温州市进出口增长22.34%,排名由上年的第10位上升至第4位,说明温州市在2022年疫情持续期间对外贸易的应对策略大有改进并取得良好效果。从出口来看,舟山市以43.55%增幅居全省首位,温州市出口增幅为22.92%,排名由上年的第10位上升至第4位;这种情况归因于各城市的产业结构,舟山市近几年规模以上工业发展迅猛,在出口上节节攀升,而温州市规模以上工业偏少,在出口上略逊一筹。从进口来看,金华市以59.40%增幅居全省首位,温州市增幅为19.27%,排名由上年的第9位上升至第6位(见图2)。从进出口增幅上可以看出温州市2022年全年外贸成绩亮眼。

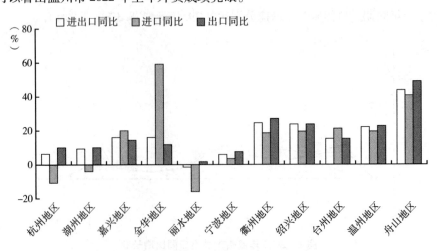

图2 2022年浙江省各地区进出口增长率

资料来源:根据杭州海关数据(http://hangzhou.customs.gov.cn)计算。

1. 商品结构：三大类产品出口实绩"扛重担"

从出口具体产品来看，温州市出口产品主要有机电产品、劳动密集型产品和高新技术产品三大类。其中机电产品拉动出口增长明显，出口额占据整体出口的半壁江山，达1289.1亿元，占比达51.5%；温州市传统优势机电出口产品主要包括电工器材、通用机械设备、眼镜及其零件以及汽车零配件，其中电工器材增速最快，达29.4%；锂离子蓄电池和太阳能电池出口相对于上年更是激增，分别达到上年的15.2倍和2.8倍。鞋靴和服装类等劳动密集型产品出口在温州整体占比不小且增速较快，2022年出口额达874.2亿元，在全市出口额中占比达34.9%，比上年同期增长26.7%；同时，温州的高新技术产品出口在整体出口额的占比也快速提升，全年共出口81.4亿元，在全市出口额中占比达3.3%，增速为12.7%。

从进口方面来看，温州市进口额的增长依旧主要依赖于资源类商品，例如铁合金、未锻轧铜及铜材、初级形状的塑料、钢材和木及其制品等大宗商品，全年共进口272.3亿元，占全市进口额的比重为60.8%；同时，还进口消费品76亿元，增速为28.1%，进口增长的主力主要是乳品、美容化妆品及洗护用品两大类产品，进口额分别增长170%和110%。高新技术产品进口占比快速提升，总进口额为12.8亿元，相对上年增长1.8倍，较上年同期在全市进口额中占比提升至2.9%，提升1.6个百分点。其中，电子元件进口增长最快，比上年增长1.4倍。

2. 贸易市场："一带一路"市场占比"近五成"

从主要进出口市场来看，温州市2022年对欧盟和美国传统外贸市场进出口分别达471.9亿元和404.6亿元，较上年同期分别增长11.8%和19.7%，合计占进出口总值的29.7%，相对上年下滑1.8个百分点；对东盟、拉美、非洲等新兴市场分别进出口758.3亿元、249.2亿元和238.8亿元，分别增长42.2%、19.7%和2.8%，合计占42.3%，相对上年提升3.7个百分点。从其他进出口市场来看，温州对共建"一带一路"国家的进出口总额为1358.3亿元，增速为28.1%，占全市进出口总值的46.1%。对RCEP其他成员国进出口914.2亿元，增长34%，占比31%，

提升 2.7 个百分点。

3. 贸易主体：民营企业仍为外贸"主力军"

2022 年，温州外贸总额直冲 3000 亿元，同时外贸企业数量也步入一个新阶段。数据统计，有实际进出口的企业达 1.06 万家，比上年同期增长 7%，外贸经营主体首次破万。在各类进出口企业中，民营企业仍然占据着主导地位，是温州市外贸增长的重要主体。2022 年温州民营企业出口贸易额为 2393.8 亿元，相比上一年增长 23.5%，占比为 95.7%，民营企业稳固占据主力军地位，外贸占比持续提升；国有企业出口贸易额为 43.7 亿元，同比增长 4.0%；外商直接投资企业出口贸易额是 64.5 亿元，增长 16.9%。

4. 贸易方式：外贸新业态助力发展"加速度"

2022 年温州市一般贸易进出口仍占据主导地位，且增速较快；同期，贸易新业态增长较快，市场采购出口 384.3 亿元，增长 38.5%；此外，2022 年温州跨境电商继续呈现高速发展态势，实现跨境电商进出口交易额 522.7 亿元，其中出口交易额 428.1 亿元，进口交易额 94.5 亿元；温州跨境电商综试区项下进出口额为 292.47 亿元，较上年大幅增长 80.47%；温州综保区完成货物进出口总值约 67.22 亿元，较上年增长 145.6%，而跨境电商完成的进出口额就达到约 57.36 亿元。截止到 11 月，温州市共有跨境电商企业 4566 家，其中在海关备案 1001 家、规模以上 115 家。为加快应用跨境电商新业态共建共用外贸转型基地和产业基地，多个知名跨境电商企业相继落户温州，并与 100 余个跨境电商平台建立合作伙伴关系。跨境电商综试区正全面助力温州成为多主体、高绩效、好生态的跨境电商强市。

为进一步支撑跨境电商发展，海外仓建设呈现好势头。据不完全统计，截止到 2022 年底，温州市有海外仓企业 22 家，经营海外仓 62 个，数量增加 17 个。首创性提出"公共海外华侨仓"概念，引导华侨华商积极参与全市海外仓建设。

（二）引进外资：量稳质提

2022年全市合同外资金额达到169417万美元，同比增长17.4%。实际使用外资增长趋势稳定，达到61244万美元，同比增长12.5%（见图3），其中高技术产业实际使用外资占比超50%。全年新设外资企业81家，同比下降29.6%。

近年来，温州市委、市政府高度重视外资引进工作，出台了引进外资的相关政策。截至2022年底，温州已累计引进21家世界500强跨国公司，投资设立了35家外资企业，其中2022年新招世界500强、亿美元外资项目共7个。

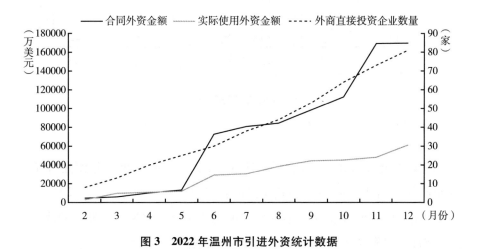

图3 2022年温州市引进外资统计数据

注：2月数据为1月、2月累计量。
资料来源：根据温州市统计局发布的数据整理。

横向比较来看，据浙江省商务厅统计数据，2022年，全省实际使用外资1929978万美元，同比增长5.2%，在全国占比为10.2%，超额完成年度目标；合同外资金额4339798万美元，外商直接投资企业有2910家。全省11个市实际使用外资与上年同期相比呈现不同程度的增长，仅台州、杭州两座城市呈现负增长；杭州市实际使用外资额居于全省首位，温州市居全省第 6 位；丽水市完成目标的 191.5%，居于全省第 1 位，温州市居于第 4 位；杭州市的合同外资金额和企业数量均居于浙江省首位，温州市的合同外资金额和企业数量分别居于第 8 位和第 7 位（见图 4）。

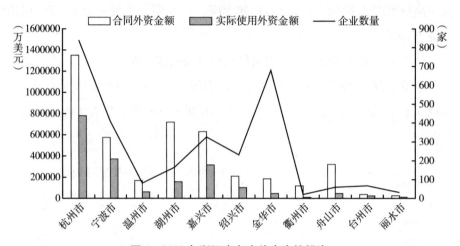

图 4　2022 年浙江省各市外商直接投资

资料来源：根据浙江省商务厅发布的数据整理。

2022 年温州高技术使用外资 33947 万美元，占全市实际使用外资的 55.4%，同比增长 94.5%，均超额完成省定市定目标任务，并获 2022 年度全省使用外资专项考核 B 类第一名。重大产业项目作为未来发展的战略支点，将加速引领经济转型升级实现高质量发展。

（三）对外投资：趋势向好

2022 年温州市新设境外投资企业 30 家，增资 6 家，并购项目 5 个，累计中方投资备案额 9 亿美元，与上年相比增长 47.8%（见表 1）。对外投资备案超亿美元大企业大项目不断涌现，造就了青山控股集团有限公司、正泰集团股份有限公司等全国跨国公司百强企业及佩蒂动物营养科技股份有限公司、人本股份有限公司等全省跨国公司 50 强企业。

表1 2019～2022 年温州市境外投资一览

年份	中方投资/其中"一带一路"（亿美元）	新设企业（家）	投资"一带一路"占比（%）
2019	7.51/6.92	36	92.14
2020	2.88/1.89	30	65.63
2021	6.09/1.92	17	31.53
2022	9.00/7.87	30	87.44

资料来源：根据温州市商务局提供的数据整理。

持续支持境外产业园区建设。全市境外经贸合作区快速发展，新增境外园区 1 家，累计建成省级境外园区 3 家、国家级境外园区 3 家，是全国拥有国家级境外园区最多的地级市。根据《中国（温州）华商华侨综合发展先行区建设三年行动计划（2021—2023 年）》，温州拟在越南、印尼等国设立境外经贸联络处，引导更多国内"走出去"的企业入驻园区。提升越南龙江工业园、乌兹别克斯坦鹏盛工业园等境外经贸合作区建设水平；支持有实力的民营企业与具备资质的华商华侨依法开展合作，参与国际基础设施建设，加深资源能源等领域合作，利用温州市特有的华商华侨资源，形成"走出去"境外产业园区示范。

继续推进本土跨国公司培育。浙江省商务厅公布 2022 年浙江本土民营跨国公司"领航企业"名单，温州有 4 家企业上榜，分别为青山控股集团有限公司、正泰集团股份有限公司、人本股份有限公司和佩蒂动物营养科技股份有限公司。其中，青山控股有限公司位于中国民营企业 500 强第 13 位，也是世界 500 强民营跨国公司。本土民营跨国公司已经成为引领温州高水平"走出去"的主力军，为打造"一带一路"浙江枢纽发挥了至关重要的作用，其做大总部经济和拓展国际市场的双轮驱动发展战略，对加快构建国内国际双循环新发展格局具有重大现实意义。

二 温州市外经贸发展的影响因素及现存问题

2022 年温州针对外贸企业政策诉求，优化系列政策举措，以"质"为导向，持续推动外贸新业态和新模式发展、进一步开拓多元化外贸市场等，推动温州市外贸稳定增长，但吸引外资情况较上年增长乏力，产业国际竞争力与发达国家仍有一定差距，对外投资等方面还存在许多问题与不足。

（一）外贸市场形势严峻导致需求不稳定

相较之前，新冠疫情基本得到控制，但是病毒仍在全世界持续蔓延。更有俄乌冲突的爆发以及贸易保护主义的抬头，国际大环境的不稳定性持续威胁温州外贸发展。温州市外贸主体大多为中小企业，应对环境威胁的能力较弱，外贸企业面临着国际物流不通畅、运输成本涨幅大、部分原料价格大幅度上涨和外贸业务"增收不增利"的困境。此外，中小外贸企业国际市场过于集中，也存在较大风险。

（二）市场主体核心竞争力有待提升

温州民营企业占据大头，其品牌化、高端化转型之路始终面临重重挑战。温州以民营经济为主，产业大多集中在机电类和劳动密集型的传统制造业，技术含量相对较低，仍然处于低附加值、低利润的价值链底端。生产企业大多为中小企业，主要以低成本竞争优势占领市场。同时存在产品同质化竞争和行业内卷严重、东南亚相对低廉的劳动力市场竞争激烈、对原创设计保护意识不强等现象，民营企业在国际市场上无法与发达国家企业相抗衡。在当前对外贸易局势下，温州市中小企业外贸利润空间受到挤压，生产面临挑战。

（三）外贸新业态高质量发展任重而道远

2022 年温州聚焦外贸高质量发展，做大做强跨境电商业务，外贸新业态发展取得一定成绩。本课题组于 2022 年 8~10 月对温州市 188 家跨境电商企业开展调研，分析发现企业在开展跨境电商业务中主要存在三大问题。一是跨境电商平台单一，定位模糊。温州中小企业跨境电商的运营主要集中于阿里巴巴（占据半数以上），且基本没有独立站，同时跨境电商平台只是着眼于基本业务，缺乏对实际企业发展的深度认识。二是跨境电商市场相对集中，产品同质化严重。在实际生产经营中温州市跨境电商企业产品的技术含量和附加价值较低，难以满足国际消费者的需求，导致市场难以打开。三是跨境运输成本高，物流服务能力有待加强。温州跨境电商企业最重要的运输方式是海外仓和跨境专线，而海外仓现存的最大问题是仓储费用高，导致运输成本增加。

（四）外资引进有待进一步提高

温州市 2022 年全年实际利用外资累计 61244 万美元，居于全省第六位，远远不及杭州、宁波等城市。一方面是因为温州的产业布局以轻工业为主，规模以上工业较少，因此引资实力不强，吸引的投资大多是中小外商，资本规模较小，技术实力也不强；另一方面与全省的战略、政策导向相关，杭州、宁波位于浙江省重点打造区域，嘉兴作为长江三角洲一体化示范城市，相对会获得更多政策倾斜，在引进外资上有更多便利，而温州位于浙南，相对来说战略支持不足，因此在引进外资上有待进一步提高。

三 2023年温州市外经贸发展的对策建议

（一）加强政策导向，挖掘外贸发展新潜力

政府加强宏观引导有助于增强企业信心，挖掘企业新潜力。一是鼓励并支持国有与民营企业"走出去"。加快推进对外贸易与对外直接投资相关政策法规建设，对外贸与外资进行系统的全方位的规划设计，从企业发展战略的角度出发合理引导与鼓励企业的贸易与投资。二是督促监管三年行动计划

落到实处。推动数字经济与实体经济深度融合，努力打造温州特色新电商经济发展新高地。三是积极帮助和引导开展差异化海外市场开拓。调动企业积极参加各项国际博览会活动，帮助外贸出口企业依托优质展会平台并与境外采购商合作获取资源，采取线上营销、在线调查参展等方式开展高效对接，努力争抢订单、开拓国际市场。

（二）贯彻创新理念，培育对外贸易新动力

生产技术创新与对外贸易之间存在着互动机制，技术创新与对外贸易对产业结构升级有促进作用。一是坚持创新驱动发展战略。构建科技战略平台，推动温州市创新链产业链深度融合，进一步推动产业体系化建设，优化创新发展大环境。二是提高产品研发能力。鼓励企业向技术先进国家引进技术、工艺及人才，并给予一定的扶持政策，推动企业研发能力提升，以生产技术创新推动对外贸易发展。三是加快数字化转型。鼓励企业搭乘"数字化"列车续写"创新史"，大力培育发展数字经济新产业、新业态和新模式，以创新驱动高质量发展。

（三）培育竞争优势，构建跨境电商新生态

优质高效的跨境电商生态将对推进外贸新业态发展起到关键作用。一是大力引进优质平台服务商。平台多样化有助于拓宽销售渠道，稳定自身发展。二是拓宽跨境电商进出口新渠道。推动跨境电商1210保税进口和9610直购进口协同发展，发展保税仓直播销售等模式，打造跨境电商进口新零售首店；在综保区内建设跨境电商"1210全球中心仓"，优化退货流程，建立高效、安全、便捷的跨境电商出口退货渠道。三是推动海外仓高质量发展。利用华商华侨资源，摸排华商华侨海外仓，招引优质海外仓主体企业，引导龙头企业与华商华侨建立海外仓联盟；完善物流配套设施，打造与跨境电商发展相适应的公海铁空立体式物流通道，加快中欧班列集装箱临时堆场建设。

（四）改善营商环境，形成引进外资新机制

外商直接投资有助于扩大对外开放程度、融入全球价值链分工体系。一是以数字技术赋能营商环境。积极构建数字化引资平台，推动政策精准直达、高效兑现，大力提高引进外资工作效率，缩短外资进入时间，方便企业高效把握市场时机。二是建立外资项目数据库。对潜在项目或在途项目进行摸底，建立外资重点项目数据库，优先引进先进技术、管理与人才等要素，在项目谋划上下功夫，坚持以招大引强、招商引智和打造产业聚集为重点，不断加大招商力度。带动本土产业转型升级。三是创新引资方式。积极推进部门联合招商机制，通过推介会、走访意向企业等方式，参与各乡镇、各部门项目洽谈，充分发挥"媒介"作用，及时指定专人进行指导。

B.7
温州服务业发展形势分析
与预测（2022～2023年）

郑黎明*

摘　要： 2022年，受国内外疫情反复、国际局势变化、市场需求收缩显现等因素影响，温州服务业承压运行，总体延续恢复态势，新动能发展势头趋好。全市服务业增加值比上年增长3.8%，占GDP比重达55.7%。分行业来看，消费品市场逐步回稳，信息传输软件业增长较快，交通运输业低位徘徊，房地产业进入"凛冽寒冬"，营利性服务业增长亮眼。同时，温州服务业存在营收增长持续承压、行业内部明显分化、接触性消费恢复缓慢等亟待破解的问题。建议加快培育服务业新增长点，增强消费能力，改善消费条件，创新消费场景，加快发展现代服务业，有效发挥服务业压舱石与稳定器作用。

关键词： 服务业　消费市场　数字经济　温州

　　2022年，温州服务业承压运行，稳字当头、稳中有进、以进固稳，彰显了稳健的发展韧性，为2023年开好局起好步奠定了基础，打开了服务业高质量发展新通道。温州全市实现服务业增加值4472亿元，比上年增长3.8%，服务业增加值占GDP比重达55.7%，对经济增长的贡献率达

---

* 郑黎明，温州市统计局原党组副书记、副局长，中共温州市委党校智库特聘专家，高级统计师，主要研究方向为经济统计与分析。

57.1%，增速居全省第二位（详见图1），服务业延续稳和进的主基调、勇毅前行。

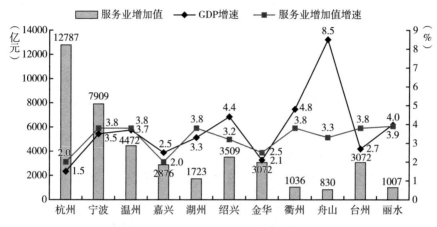

图1 2022年浙江省各设区市服务业增加值及其增速

资料来源：浙江省统计局《浙江经济数据要情（2022.12）》。

一 2022年温州服务业运行总体特征及主要行业发展状况

（一）服务业运行总体特征

1.金融业延续扩张势头

2022年，温州市金融业实现增加值648.9亿元，按可比价计算，比上年增长7.9%，分别比一季度、上半年提高0.3个和0.5个百分点。12月末，全市金融机构本外币存款余额为19140.4亿元，同比增长15.8%，增速居全省第五位；本外币贷款余额为18116.8元，增长14.5%，增速分别高于杭州、宁波3.8个和0.9个百分点，居全省第八位。12月末，全市金融机构不良贷款余额为113.1亿元，不良贷款率为0.63%，与全省持平。

2.新业态保持较快增长

2022 年，全市批发和零售业增加值为 1173.5 亿元，按可比价计算，比上年增长 4.7%。社会消费品零售总额为 3944.1 亿元，比上年增长 3.6%。其中限额以上按经营单位所在地分，城镇消费品零售额为 761.9 亿元，增长 8.8%；乡村消费品零售额为 55.0 亿元，增长 2.1%。全市实物商品网上零售额为 208.9 亿元，增长 25.4%；其中限额以上单位通过公共网络实现的零售额增长 8.1%。全年信息传输、软件和信息技术服务业增加值按可比价计算，比上年增长 18.7%。

3.服务业投资积势蓄能

为延续服务业运行提量增质、蓄势向好的发展态势，2022 年全市第三产业投资增长 6.6%，分别比上半年和前三季度回落 3.0 个、1.1 个百分点，低于全市平均水平 1.2 个百分点，占比为 81.1%。全市教育、卫生、文体等社会领域投资增长 9.9%，比全部投资高 2.1 个百分点。其中，卫生设施投资增长 54.7%，文化艺术业投资下降 28.9%。

4.消费场景能级加力向好

2022 年，温州市加快构建"一核、四轴、多商圈"的商业网点格局，消费新业态加快发展，新模式、新场景不断涌现。一是重点商圈聚人气。五马智慧商圈、乐清正大商圈、瑞安玉海商圈入选省级智慧商圈，印象南塘风貌街、瑞安忠义街获评省级高品质步行街，改造提升永嘉丽水历史文化商业街、文成苔湖侨乡风情商业街，全市特色商业街区增至 31 条。二是商贸项目强动能。积极打造城市新地标，印象城、亚运汽车公园、吾悦广场、万潮广场等标志性商业项目相继建成开业，居民消费环境显著改善。温州君康健康产业中心、鞋靴抖音产业直播基地等超亿元商贸项目落地推进，高端品牌聚集的新平台、新载体不断拓展。强化首店首发引育，累计落地兰博基尼等首店项目 203 个。三是提振夜间经济。擦亮"温州不夜城"金名片，提升解放街、梧田老街等一批具有温州标识的夜间经济标杆性项目，打造月光经济幸福生活周品牌，做热滨江大排档、五马后巷等夜间消费集聚区，鹿城、瓯海、瑞安先后创成省级夜间经济样板城市。四是做强会展经济。加快推进总用地766亩、总投资额85.2亿元的温州国际博览中心建设，克服疫情影响，全力办好眼镜展、工博会等各类展会，确保温州品牌展会不断档、不流失，连续两年获评"中国最具竞争力会展城市"。

（二）服务业主要行业运行情况

1.消费品市场逐步回稳

2022年，温州市实现社会消费品零售总额3944.1亿元，同比增长3.6%，增速列全省第7位；受新冠疫情影响，消费客户流动性大幅下降，消费需求明显减弱，12月，全市实现社会消费品零售总额366.5亿元，同比增长0.9%。一是从限额以上单位商品零售类值看，全市限额以上商品零售额占比前10类中，7类实现正增长（详见表1），前10类商品合计拉动全市限上社零总额增长8.8个百分点，支撑引领作用进一步凸显。二是汽车类商品销售十分亮眼。全市汽车类商品零售额占限额以上单位零售额的份额较大，高达42.0%，拉动全市限上商品销售额增长4.2个百分点。全市新能源汽车销售保持快速增长态势，1~12月汽车类销售额达469.3亿元，同比增长11.1%，其中新能源汽车零售额达127.7亿元，占全部汽车类比重达27.2%，同比增长94.4%。三是网络零售额平稳增长。据省商务厅统计，2022年全市网络零售额达2321.8亿元，同比增长5.5%，总量继续居全省各市第四位，但增速居全省末位。温州各县（市、区）在全省90个县（市、区）中，网络零售额总量排名比上年前移的有永嘉、龙湾、泰顺3个县（区），分列全省第24、29、74位；排名持平的有瓯海、平阳、洞头3个县（区），分列第21、28、88位；排名后移的有6个县（市、区），其中瑞安、鹿城、乐清分列第18、19、26位，2022年温州市各县（市、区）网络零售基本情况如图2所示。

表1 2022年温州限额以上单位主要商品零售类值数据

商品分类	绝对量（亿元）	占限上比重（%）	2022年累计增速（%）	累计拉动率（百分点）
汽车类	469.3	42.0	11.1	4.2
石油及制品类	189.1	16.9	10.4	1.6

续表

商品分类	绝对量 （亿元）	占限上比重 （%）	2022年累计增速 （%）	累计拉动率 （百分点）
服装、鞋帽、针纺织品类	86.3	8.4	18.9	1.5
粮油、食品类	68.5	6.1	5.9	0.3
中西药品类	41.7	3.7	11.0	0.4
烟酒类	30.8	2.8	-1.7	0.04
通信器材类	27.9	2.5	-16.3	-0.5
日用品类	26.1	2.3	34.2	0.6
家用电器和音像器材类	24.88	2.2	-20.1	-0.6
化妆品类	13.7	1.2	19.4	0.2

资料来源：温州市统计局《温州统计月报（2022.12）》。

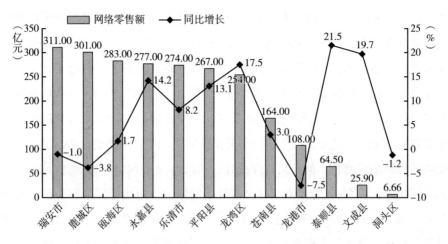

图2　2022年温州市各县（市、区）网络零售基本情况

资料来源：浙江省商务厅《浙江省2022年1-12月网络零售统计数据》。

2. 信息传输软件业增长较快

2022年，1~11月温州通信运营商的互联网、软件信息业务稳定运行，全市信息传输软件业增长较快。信息传输、软件和信息技术服务业实现增加值207.2亿元，同比增长18.7%。66家规上信息传输软件业企业实现营业收入217.9亿元，增长9.7%。其中移动、电信、联通三大运营商营业收入增长6.9%，互联网、软件信息服务业企业营业收入增长30.1%。

3. 交通运输业平稳恢复

2022年，全市交通运输相关业务基本恢复到上年同期水平。交通运输、仓储和邮政业实现增加值181.1亿元，同比下降3.2%。从企业经营情况看，全市173家规上交通运输业企业实现营业收入180.6亿元，同比下降1.9%。据交通、邮政等部门统计，全市实现货物周转量632.7亿吨公里，增长5.2%；快递业务总量16.8亿件，比上年下降0.2%。

4. 房地产业进入"凛冽寒冬"

2022年，全市商品房销售面积达673.3万平方米，同比下降24.0%，增速高于全省平均水平7.8个百分点。一是从6月开始连续7个月降幅收窄。商品房销售面积位次保持全省第3位，其中住宅销售面积570.3万平方米，下降25.8%；办公楼销售面积27.3万平方米，增长596.4%；商业营业用房和其他商品房销售面积75.7万平方米，下降33.7%。二是新建商品住宅网签成交量降幅较大。市住建部门网签数据显示，全年市区新建商品住宅（不含安置性商品房、人才住房及国企回购等房源）共销售116.8万平方米，同比下降62.3%。三是市区二手住宅总交易量为187.1万平方米，同比下降35.6%。其中3月为全年峰值，成交19.3万平方米，但同比仍下降53.2%，4~12月持续低位，月均交易量为15.2万平方米，与上年同期月均交易量（22.6万平方米）相比下降32.7%。

5. 其他服务业呈恢复性增长态势

规模以上商务服务业、科技服务业、公共设施管理业营业收入同比分别增长12.8%、2.4%、0.1%；规上居民服务业、文体娱乐业营业收入分别下降0.5%、12.7%。民营教育行业营收下降7.8%，民营医院等卫生行业营收增长12.5%。数字经济核心服务业营业收入增长8.4%。

二 2022年温州服务业发展值得关注的问题

2022年，温州市服务业温和恢复，但整体恢复速度慢于全国、全省平均水平。同时，服务业内部分化明显，其他营利性服务业发展滞后等情况，值得高度关注。

（一）规上服务业营收增长持续承压

2022 年，1~11 月全市共有规上服务业企业 1056 家，实现营业收入 742.73 亿元，同比增长 4.6%，比全省平均水平高 1.8 个百分点，比上年低 18.9 个百分点，居全省第 7 位。全年规上服务业营收增速呈现持续走低态势，1~11 月分别比 1~2 月、1~5 月、1~8 月低 11.5 个、5.1 个、3.7 个百分点（详见图 3）。

图 3　2022 年温州市规上服务业营业收入增速

资料来源：温州市统计局《温州统计月报（2022.12）》。

（二）接触性商贸消费恢复缓慢

2022 年全市实体商超、住宿、餐饮等接触性、聚集性消费行业复苏缓慢。温州市重点商超浙江温州银泰百货有限公司、浙江乐清银泰百货有限公司、温州时代广场购物中心有限公司、温州财富购物中心有限公司、温州开太百货有限公司商品销售额同比分别下降 6.2%、5.5%、51.2%、19.6% 和 31.6%，合计拉低全市限额以上零售业商品销售额增长 0.3 个百分点。12 月，全市住宿业、餐饮业受新冠疫情影响，营业额分别下降 10.0%、16.8%，行业恢复态势尚不稳定。

（三）服务业内部明显分化

从营收增速看，十大门类呈"五增四降一平"态势。增长较快的三大行业为租赁和商务服务业，信息传输、软件和信息技术服务业，卫生和社会工作；下降较快的3个行业为文化、体育和娱乐业，教育，房地产业（不含房地产开发经营）；从营收总量占比看，前三大行业为交通运输、仓储和邮政业，信息传输、软件和信息技术服务业，租赁和商务服务业，占规上服务业比重分别达29.7%、26.0%和17.2%，合计占比达73.0%。其中，信息传输、软件和信息技术服务业同比增加193.44亿元，租赁和商务服务业同比增加127.83亿元，两个行业合计拉动规上服务业营业收入增长4.5个百分点，贡献率为98.9%。2022年温州服务业分行业增加值增速如图4所示。

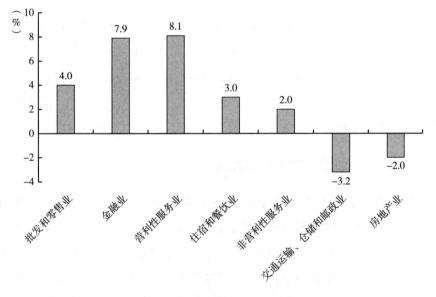

图4　2022年温州服务业分行业增加值增速

资料来源：温州市统计局《温州统计月报（2022.12）》。

（四）其他营利性服务业发展滞后

其他营利性服务业是温州市现代服务业的重要组成部分，也是温州市第三产业中对GDP增长贡献率较大的行业。从营收总量看，2022年，全市规上其他营利性服务业企业有490家，实现营收171.59亿元，占全省的2.6%，营

收不仅大幅落后于杭州（3260.38 亿元）、宁波（1922.80 亿元），也落后于嘉兴、金华、台州，居全省第 6 位，与锚定"全省第三极"定位差距过大。从营收增速看，与上年相比增长 7.1%，居全省第 8 位，增幅比全省平均低 4.6 个百分点，比前三季度回落 2.9 个百分点。非新增企业增长趋缓是温州市其他营利性服务业增速放缓的主要原因。2022 年全市非新增企业营收达 147.05 亿元，占全部其他营利性服务业的 85.7%，增长 4.1%，仅拉动其他营利性服务业增速 3.4 个百分点，拉动幅度比全省平均水平低 1.5 个百分点。

（五）民营服务业企业增势疲软

从控股情况看，由集体控股、私人控股和其他控股组成的民营企业有 883 家，占规上服务业企业总数的 83.6%，实现营收 390.86 亿元，占规上服务业营收总量的 52.6%。其中，私人控股企业 861 家，实现营收 395.37 亿元，与上年相比下降 0.3%，比全市平均水平低 4.9 个百分点。私人控股企业大多处于市场竞争较为充分的行业，受宏观环境影响更为明显。

（六）服务业企业经营压力加大

2022 年，全市规上服务业企业营业利润总计 56.4 亿元，同比下降 18.3%；企业亏损面达 32.2%，高于上年 2.2 个百分点；每百元营收中的管理费用、财务费用和销售费用达 16.5 元，同比增加 2.1 元；每百元营业收入中的营业成本达 78.4 元，同比增加 1.9 元。企业资产负债率合计为 59.0%，比上年高出 1.6 个百分点，其中，文化、体育和娱乐业（86.8%），房地产业（62.9%），交通运输、仓储和邮政业（59.2%），均高于全市平均水平。企业盈利能力较弱、运营压力较大。

三 2023年温州服务业发展展望和建议

2023 年温州市将以打造立足温州、辐射浙闽赣乃至长三角的区域消费中心城市为战略目标，加快建设更具活力的"千年商港、幸福温州"，努力在中国式现代化进程中续写"创新史"。全市服务业发展将进入"提质扩容"关键时期，预计全年服务业增加值增长6%左右。温州市要着力打造核心和重点商圈，不断创新消费模式和业态，挖掘消费需求潜力，积极打造数字丝绸之路战略节点城市，全力推动温州市区域消费中心城市创建快出成效和形象。

（一）强力提质扩容，巩固服务业发展基础

一要持续关注服务业经济结构性修复不均衡的态势。要坚持协同发力、一体推进服务消费、交通、金融、房地产等不同行业的发展，增强现代服务业与先进制造业、现代服务业与现代农业协同融合能力。二要继续加强助企纾困。全面落实纾困政策，拓宽惠企覆盖维度，增强政策延续性；要坚持流程优化，打通难点堵点，跑出政策兑现加速度。三要在扩大内需上持续发力。要把恢复和扩大消费摆上优先位置，增强消费能力，改善消费条件，创新消费场景，根据大众消费升级的新需求、新趋势，引导企业发展方向。一方面要稳住基本盘，稳住更多消费服务市场主体，扶持餐饮、零售、旅游、交通运输等行业；另一方面也要持续培育消费热点，推动医疗健康、文旅体育等消费提质扩容。

（二）保就业促增收，提高消费意愿

重点关注因三年疫情影响失业或收入明显下降群体的生活，给予临时性政策扶持或生活补助。调整政府消费支出结构，将政府公共支出更多向公共消费倾斜。加大医疗、教育、养老等社会保障投入，提高保障水平，增强居民消费信心，降低储蓄意愿、释放消费潜力，让城乡居民愿消费、敢消费、能消费。调整现有供给结构，推动衣食住行等领域的高品质产品供给，从供给侧打开消费需求空间，重点挖掘中等收入群体消费潜力，培育新增长点。

（三）优化产业结构，全力发展现代服务业

一是充分利用独特区位和资源优势，整合提升港口运输、现代物流、国际商务等综合功能，布局与重点产业链紧密衔接的基础设施建设，推进物流

大通道互联互通。二是积极引进信息传输、软件和信息技术等门类服务业企业，缓解对传统服务业的依赖。三是推进商务服务业发展。积极发展与温州市功能定位相适应的总部经济、会展经济、人力资源等服务业态，推动高端咨询、律师会计、人力资源等服务机构集聚集群发展，吸引专业服务头部机构进驻，提升商务服务业竞争力。

（四）拓展消费业态，发展品质消费

强力聚焦首发经济、品牌经济、夜间经济、直播经济等四大经济，奋力拓展新型消费、服务消费、汽车消费、绿色消费等四大消费。发展消费新业态新模式，推动线上线下融合，培育消费新增长点。提升电商、快递进农村综合水平和农产品流通现代化水平，出台适合农村市场的促消费政策，激发农村消费潜力。围绕本地旅游特色资源，开发休闲消费领域潜力，推动餐饮、住宿品质化发展，刺激市内外游客住宿需求，拓展周末经济和假期消费，以旅游业的复苏释放餐饮、住宿消费活力，促进消费回补和潜力释放。

（五）加强产业扶持，打通消费品市场循环

消费品市场处于社会生产的末端，与制造业和房地产等行业息息相关。一要持续推进供给侧结构性改革，加大消费品生产供应力度。提升消费品生产质量，丰富产品内容，增强国内国际竞争力，抢占市场份额。二要加快商业模式、技术手段的创新。推进产品升级换代，丰富服务内涵，提供更加安全适用、更为舒适美观、更有品位格调的产品，满足高层次、高品质的消费需求。三要加强需求侧引导，综合运用好房地产相关政策。因城施策支持居民刚需和改善性住房需求，保持房地产市场止跌企稳态势，稳定市场预期，加快家装、家具、家电等大宗消费品行业回暖。

（六）把握新型消费特点，发力壮大新增长点

发挥服务消费平台的数据和科技等优势，可加快实现线上和线下服务消费的深度融合，培育和发展更多的如智慧农贸市场、智慧超市、智慧餐厅、

智能体育、在线文娱等消费新模式新业态，打造便民数字生活服务网点和服务圈。鉴于当前消费时间碎片化的特征，以微博、微信等为主要媒介，增加多样化多元化服务供给，创新无接触式服务消费方式，建设新型数字消费服务平台，拓展线上服务消费路径，构建"互联网+"服务消费生态。

参考文献

《温州市人民政府关于进一步加快现代服务业高质量发展的若干政策意见》（温政发〔2023〕6号），2023年2月12日。

《温州着力打造时尚潮流消费引领地》，国家发改委网站，2023年3月25日。

B.8

温州地方财政运行形势分析
与预测（2022~2023年）*

温州市财政局课题组**

摘　要:　受政策性减收、疫情性减收和经济性减收"三叠加"影响，2022年温州实现财政总收入918.8亿元，同比下降2.7%。一般公共预算收入为573.9亿元，全年自然口径增速呈"U"形变化，二产税收韧性较强，三产税收承压回落；财政政策积极有为，符合政府性补助政策兑现资金112.4亿元，有效激发市场主体合力；民生支出持续增长，一般性政府支出进一步压减。2023年温州财政需聚焦提振信心、加力提效、共同富裕、厉行节约，加快构建具有温州特色的现代财政体系。

关键词:　财政运行　稳增长　防风险　温州

　　2022年，面对复杂严峻的国内外形势和多重超预期因素冲击，温州市财政部门在市委、市政府的坚强领导下，认真贯彻落实国家规模空前的组合式税费支持政策，财政运行经受住了超预期的冲击和挑战，全年财政收入稳步回升，财政支出保障有力，向上争取再创新高。但也要看到，外部环境更趋复杂严峻，防疫政策转换带来短期扰动，温州市税源基础恢复仍不稳固。下阶段，要聚焦

---

　* 本文如无特殊说明，数据均采用一般公共预算收入口径。
　** 温州市财政局课题组成员：陈宣安，温州市财政局党组书记、局长；叶晓东，温州市财政局党组成员、副局长；金童童，温州市财政局财税运行分析处处长；潘海涛，温州市财政局财税运行分析处副处长；夏程超，温州市财政局财税运行分析处。

推动高质量发展，更好统筹疫情防控和经济社会发展，更好统筹发展和安全，推动经济运行整体好转，实现财政收入质的有效提升和量的合理增长。

一 2022年温州地方财政运行基本情况

（一）一般公共预算执行情况

2022年，温州全市财政总收入918.8亿元，扣除留抵退税因素后（以下简称"同口径"）下降2.7%。其中，一般公共预算收入573.9亿元，同口径下降2.6%，按自然口径计算（以下简称"自然口径"）下降12.7%。一般公共预算收入中税收收入449.0亿元，同口径下降5.9%，自然口径下降18.3%，税占比为78.2%。全市一般公共预算支出1137.7亿元，同比增长6.6%。

（二）政府性基金预算执行情况

2022年，全市政府性基金收入1156.6亿元，同比下降22.5%，其中国有土地使用权出让收入719.0亿元，同比下降40.0%。全市政府性基金支出1425.1亿元，同比下降15.1%，其中国有土地使用权出让收入安排的支出606.0亿元，同比下降41.0%。

（三）国有资本经营预算收支执行情况

2022年，温州全市实现国有资本经营预算收入3.7亿元，同比增长7.9%。全市实现国有资本经营预算支出1.4亿元，同比下降22.9%。

二 2022年温州地方财政运行主要特点

（一）收入走势"U"形变化，收入质量逐月回升

从全年看，一般公共预算收入自然口径增速呈"U"形变化，具体分三个阶段（见图1）：一季度实现"开门红"，收入累计增幅在4%左右，财税

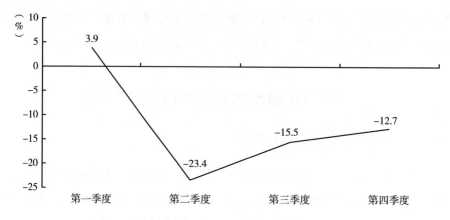

图1 2022年温州市财政收入增幅

资料来源：温州市财政局。

运行平稳有序；二季度深度下滑——4月、5月、6月收入累计增幅分别为-18.4%、-22.6%、-23.4%，主要是4月起受中央大规模增值税留抵退税政策，以及疫情形势严峻影响；从三、四季度起整体呈恢复态势，收入增速由-21.1%回升至-12.7%，主要是增值税留抵退税政策对财政收入影响收窄，以及国务院稳经济一揽子政策逐步见效。同时，税占比也随收入恢复呈逐月回升态势，由二季度的72.9%恢复至全年的78.2%。

（二）外部因素影响较大，主体税种呈负增长

受政策性减收、疫情性减收和经济性减收"三叠加"影响，地方财政相关的14个税种大多负增长，三大主体税种（增值税、企业所得税、个人所得税）占地方税收比重为59.5%，分别下降28.2%、9.3%和2.2%；其中增值税主要是受留抵退税和制造业缓税影响，扣除留抵退税因素后同比增长1.0%；企业所得税主要是受制造业缓缴以及企业利润下降影响，个人所得税主要是受利息股息红利所得、财产转让所得下降影响。土地和房地产相关税收中，土地增值税、耕地占用税、契税合计占比75.6%，分别同比下降36.0%、31.9%、11.8%，主要是房地产市场持续低迷，税收减收明显；只有房产税（32.0%）、城镇土地使用税（23.7%）受低基数影响实现正增长（见图2）。

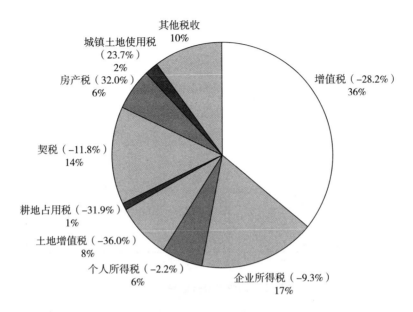

图2　2022年温州市主要税种占比

注：（ ）内为增速。

资料来源：温州市财政局。

（三）二产税收韧性较强，三产税收承压回落

2022年，二产税收占地方税收比重为45.30%，较上年同期提高3.4个百分点，行业同口径增幅（下降1.3%）比全行业税收收入平均增幅高4.6个百分点（见图3）。二产税收中主要是建筑业、制造业占比上升较多，分别提高1.7个、1.6个百分点。制造业增幅持续提高。制造业同口径增幅较上半年提高13.5个百分点；其中，电气机械和器材制造业，通用设备制造业，皮革、毛皮、羽毛及其制品和制鞋业下半年回升较快，同口径累计增幅较上半年分别提高16.1个、20.7个、9.0个百分点。建筑业保持良好态势。建筑业同口径增长3.6%，比全行业税收收入平均增幅高出6.2个百分点，下半年同口径累计增幅保持增长，分地区看主要是苍南、平阳、文成等地增长较快。三产税收深度承压，其中房地产业持续低迷，同口径下降33.0%，主要是购房需求不振（全市商品房销

售面积同比下降 31.8%）；批零业受疫情影响较为明显，同口径下降
6.7%。

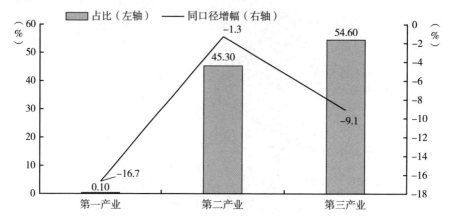

图3　2022年温州市分行业税收占比与增速

资料来源：温州市财政局。

（四）助企纾困协同发力，有效激发市场活力

按照"第一时间、全面顶格、精准高效"原则，全市财政部门实施积极的财政政策，充分发挥财税政策跨周期谋划和逆周期调节作用，打出"退、免、减、缓"组合拳，有效激发市场主体活力。2022年全市累计为企业提供近 500 亿元现金流，其中累计留抵退税 203.2 亿元（地方级 101.6 亿元），居全省（不含宁波）第三位，为上年的 2.85 倍，占全省留抵退税金额的 9%。全市涉企政府性补助政策兑现资金 112.4 亿元，兑现率达 100%。减免国有房屋租金 5.1 亿元，惠及市场主体 2.2 万户次。

（五）财政支出有保有压，疫情防控兜牢底线

一是民生保障加力增效。全市民生支出 853.5 亿元，同比增长 11.0%，高于一般公共预算支出增幅 4.4 个百分点，占比达 78.0%，较上年同期提高 3.0 个百分点。其中，科学技术支出、社会保障和就业支出、卫生健康支出分别增长 16.5%、20.9%、20.6%。二是一般性支出持续压减。全市一般公

共服务支出增长 1.6%，低于一般公共预算支出增幅 5.0 个百分点，占比较上年同期下降 0.6 个百分点。推进党政机关坚持过紧日子，全市全年压减非刚性、非重点项目支出 9.5 亿元。三是疫情支出保障有力。全市投入疫情防控资金 62.8 亿元保障疫苗接种、患者救治等刚性支出，其中核酸检测经费、疫情处置及防控能力提升相关经费分别支出 6.3 亿元、31.7 亿元。

（六）向上争取再创新高，财金协同助企发展

2022 年，全市争取上级资金要素 1205 亿元，再创历史新高，其中转移支付资金 491 亿元，地方政府债券 714.1 亿元（新增专项债券 473.4 亿元），债券总额及专项债额度均居全省第一，占全省比重达 18%，支持专项债券项目 295 个，带动扩大有效投资 3290 亿元。积极争取政策性开发性金融工具支持，全市累计 28 个项目入围国家发改委项目清单，投放金额达 43.6 亿元。成功获批全国首批中央财政支持普惠金融发展示范区，2022 年全市普惠型小微企业贷款余额为 4942.2 亿元，同比增长 20.2%，平均贷款利率降至 4.91%。

三 2023年温州财税形势展望

2023 年是全面贯彻落实党的二十大精神的开局之年，也是实施"十四五"规划承上启下的关键之年。尽管外部环境复杂严峻，世界经济滞胀风险上升，国内经济恢复基础尚不牢固，但是我国经济韧性强、潜力大、活力足、长期向好基本面没有改变，资源要素条件可支撑。随着疫情防控转入新阶段，各项政策不断落实落细，生产生活秩序有望加快恢复，经济增长内生动力将不断积聚增强，2023 年温州经济将会整体好转，带动财政运行回归合理区间。结合各类因素综合考虑，预计 2023 年全市一般公共预算收入将增长 6.5%左右。

（一）有利因素

1. 财税经济呈现恢复态势

一是后疫情时代财税经济呈现恢复发展态势。随着稳进提质政策持续发

力，已出台的稳经济一揽子存量政策效应将在2023年持续显现、逐步释放，叠加增量政策同向发力，预计2023年二季度经济活力会加速释放，对财政收入回升形成有效支撑。二是基础设施的不断改善夯实经济发展基础。温州市持续大规模投入基础设施建设，在区域空间、道路交通、能源设施、城市面貌等方面都大为改观，投资创业环境持续优化。三是新兴产业快速发展将成为转型升级动力。"核风光水蓄氢储"等新能源项目的引入，带动温州市产业结构出现积极变化，为摆脱传统路径依赖实现转型升级高质量发展提供了新动能。

2. 税费支持政策发挥调节作用

实践证明，财政政策是地方政府掌握的最直接、最灵活、最高效的政策工具，特别是减税降费能够直接有效地为企业提供现金流支持，激活市场主体活力。三年来，全市仅增值税留抵退税一项就为企业提供超280亿元的现金流，有助于企业减轻成本负担，节省企业购置原材料和固定资产的财务成本，有利于企业增加研发支出和设备投入，有效支持企业销售加速增长，同时在2023年经济恢复中逐步释放税收"回补"效应，推动财政收入稳步增长。

3. 专项债券带动扩大有效投资

面对严峻的财政收入形势，全市积极谋划项目、做实项目储备，专班蹲点对接财政部、省财政厅以及上级有关部门，精准把握上级政策导向和资金投向，全力争取更多政策和资金要素支持，2023年债券储备规模全省前列。全市已谋划储备2023年专项债项目466个、债券需求763亿元，形成梯队式滚动发行的储备项目库，随时响应上级部门的债券申报窗口，为后续额度争取奠定了坚实的基础，为温州扩大有效投资注入了强劲动能。

（二）不利因素

1. 收支紧平衡加剧，化债压力加大

经济恢复的基础尚不牢固，财政收入存在较大不确定性。中央经济工作会议强调，积极的财政政策要加力提效。财政部将继续完善税费优惠政策，增强精准性和针对性，财政收支压力进一步加大。与此同时，预计土地出让收入仍不乐观，全市 2022 年国有土地使用权出让收入同比下降 40.0%，不仅直接影响政府性基金支出，也影响调入一般公共预算的资金能力。房地产业占温州市税收比重较高，虽然中央和地方都出台了一系列稳定房地产的政策，但市场反馈并不明显，政策效应能否在短期内传导至土地市场，继而传导至地方财政仍有较大不确定性。此外，当前政府杠杆快速加大，部分市（县、区）政府债务已接近甚至超越警戒线，发债空间大幅压缩，进而将影响重大项目建设进度。

2. 居民收入放缓，多重因素抑制消费

受疫情冲击、预期不佳、居民消费能力和消费意愿下降等影响，消费恢复仍面临较大不确定性。2022 年，全市社会消费品零售总额同比增长 3.6%，低于全省平均（4.3%）0.7 个百分点，较上年同期下降 5.3 个百分点。实体消费市场受扰动较大，批零业税源受影响，2022 年同口径下降 5.1%。居民收入增速出现回落，2022 年，全体居民人均可支配收入同比增长 5.8%，增速低于上年（10.3%）4.5 个百分点，居民对未来收入预期下降，导致消费能力削弱，储蓄倾向上升，2022 年，全市金融机构定期存款及其他存款增速高达 26.2%，而住户短期消费贷款同比下降 0.3%。

3. 企业运行承压，市场需求预期不足

截至 2022 年 12 月，温州制造业采购经理指数（PMI）已经连续 9 个月处于收缩区间，市场需求不足已经成为制约经济发展的突出问题。而且 WTO 显示，2023 年全球货物贸易量增速将从 2022 年的 3.5% 放缓至 1.0%。市场需求保持收缩、出口预期下降，将加大当前温州经济下行压力。同时，受需求收缩、购销剪刀差影响，企业利润空间被持续挤压，全市规上工业利润总额同比下降 8.8%，规上工业营业收入利润率较上年同期下降 1.0 个百分点，受企业增产不增收和税收缓缴影响，制造业企业所得税下降 33.4%。此外，全市制造业投资仅增长 3.6%，低于全省 12.6 个百分点，表明温州市投资增长动力仍有待提升。

四　2023年温州财政发展政策建议

2023年，温州全市财政部门以习近平新时代中国特色社会主义思想为指导，全面贯彻落实党的二十大精神，坚持稳中求进工作总基调，把高质量发展作为首要任务，更好统筹疫情防控和经济社会发展，推动积极的财政政策加力提效，加快构建具有温州特色的现代财政体系，努力在中国式现代化进程中续写温州创新史贡献财政力量。

（一）聚焦提振信心，持续巩固经济向好态势

紧扣稳预期、强信心、增动能，深入实施经济稳进提质攻坚行动，统筹推进动能转化，推动经济企稳回升向好。精准承接好中央五大政策和省市"8+4"政策体系有效落地，全力保障一揽子稳经济政策高效精准实施，全年为市场主体减负300亿元以上。切实落实"两个毫不动摇"，促进"两个健康"，优化营商环境，突出对中小微企业、个体工商户以及困难行业的支持。实行政府债券资金"借、用、管、还"全生命周期闭环管理，加强债券资金使用进度的督促指导，推动尽快形成实物工作量和投资拉动力。通过发放助企消费券、消费贴息和保险保障等举措恢复信心，释放消费市场活力。

（二）聚焦加力提效，加快建设现代化产业体系

牢牢把握财政政策是五大政策之首、财政保障清单是四大要素保障清单第一单的重要地位，加强财政资源统筹，适当扩大财政支出规模，研究一揽子财政政策，增强经济发展动能。深化财政科技经费分配使用机制改革，统筹资金支持"315创新体系建设""415X先进制造业集群""现代服务业高质量发展"等，提升全市产业发展水平。大力推进制造业高质量发展，深入实施产业链链长制"十个一"机制，提速打造两大万亿级产业集群，做大做强新能源产业"核风光水蓄氢储"全链条，深入实施"专精特新加快

成长"行动。加大产业链招商力度，紧盯世界 500 强、头部企业和创新型、强链型、补链型项目开展精准招商，形成新的税收增长极。

（三）聚焦共同富裕，不断增进民生福祉

持续推进"钱随人走"制度体系改革，推进基本公共服务保障标准体系改革试点，建立"一清单三机制"，促进基本公共服务普惠均等。支持全面推进乡村振兴，变革重塑"大三农""8+1"政策体系框架，建立健全财政长效稳定保障机制。进一步完善基础教育经费保障机制，统筹财力保障"双减""民转公"等重大改革顺利推进，完善义务教育教师待遇和农村中小学教师生活补助金政策，并向偏远地区教师倾斜。健全基本养老、基本医疗保险筹资和待遇调整机制。全面做实基本医疗保险市级统筹，建立覆盖全民的长期护理保险制度，配合推进失业保险省级统筹。健全公共卫生体系，提高重大疫情早发现能力，加强重大疫情防控救治体系和应急能力建设。优化生育支持政策体系，降低生育、养育、教育成本。

（四）聚焦厉行节约，全面强化预算刚性约束

落实落细党政机关过紧日子要求，把过紧日子作为常态化纪律要求和预算编制长期坚持的基本原则，建立健全节约型财政保障机制，加强一般性支出和"三公"经费预算管理。全力保障民生支出，继续将财政支出的 2/3以上用于民生，让"幸福温州"成色更足。加快推进预算支出标准体系建设，因地制宜建立预算支出标准库，提高预算管理的科学化、标准化水平。将绩效理念和方法深度融入预算编制、执行、监督全过程，构建事前事中事后绩效管理闭环机制，加强新出台重大政策、项目事前绩效评估，有序推动部门整体支出绩效管理。健全财政资金监督机制，加强审计监督和财会监督，及时发现并全面整改违反财经纪律的行为。

（五）聚焦底线思维，有效防范化解财政风险

严格执行政府投资项目立项前财政承受能力和债务风险评估机制，全面

抓实项目资金保障、偿债资金来源和风险防控预警，坚决遏制新增隐性债务。紧盯局域隐性债务清零试点动向，深入实施"一债一策""一地一案"化债行动，拆解债务率核心指标，稳妥有序化解存量隐性债务。加强基层"三保"运行监控，落实市级帮扶责任，筑牢兜实"三保"底线。持续完善社保基金风险监测预警机制，滚动编制社保基金中期收支规划，做好跨周期谋划、长周期安排。稳步推进失业保险、工伤保险省级统筹，强化社保基金抗风险能力。守好国有金融资本管理边界，严格落实出资人职责，持续做强做大温州国有金融资本。

B.9
温州金融业运行情况分析与预测
（2022~2023年）

梁茜茜　周荣俊*

摘　要： 面对"三重压力"叠加"两大变量"的复杂局面和严峻挑战，温州全市金融运行总体平稳、稳中有进，新增社会融资规模高位增长，信贷投放"量增、面扩、价降"，各项存款增量创历史新高，重点领域支持精准有力，资产质量整体优良。但同时也要看到，国际形势愈加严峻，国内三重压力仍然较大，经济恢复基础尚不牢固，尤其是市场主体信心较为不足，出口增速由正转负，房地产市场持续低迷，实体融资需求较弱，金融潜在风险尚未解除等问题亟待关注。下阶段，全市金融系统要深入贯彻党的二十大精神，以实施市委、市政府的发展、改革、开放三大领域"一号工程"为牵引，扎实做好"稳增长、防风险、促改革、优服务"四篇文章。精准有力落实稳健的货币政策，保持全年信贷总量稳定增长；前瞻性防范化解金融风险，促进金融与房地产业良性循环，多措并举分类化解企业风险；落实落细支持共同富裕的各项金融政策和改革创新举措，着力提升对民营、小微和乡村振兴的金融服务能力，着力推进科创金融改革创新；深化跨境金融领域开放，持续提升跨境贸易投资便利化水平，提升支付服务实体经济质效，为全市做大做强"全省第三极"营造更加适宜的金融环境。

---

* 梁茜茜，中国人民银行温州市中心支行调查统计科副科长，高级经济师；周荣俊，中国人民银行温州市中心支行金融稳定科科长，高级经济师。

关键词： 金融 信贷 科创金融 温州

一 2022年温州金融业运行情况

2022年以来，温州全市金融系统积极贯彻落实稳健的货币政策要求，坚决支持稳住经济大盘，社会融资规模增量实现较快增长，信贷增量连续增长，各项存款复苏明显，融资成本稳中有降，金融服务水平持续提升，有效防范化解金融风险，为温州经济持续恢复发展提供了有力的金融支撑。

（一）新增社会融资规模保持增长

2022年以来，面对疫情冲击、经济下行等多重挑战，全市金融系统主动靠前发力，促进各项金融政策工具在温落地见效，为温州经济高质量发展营造了良好的货币金融环境。2022年，全市社会融资规模增量达3559.1亿元，在高基数的基础上同比多增128.2亿元，增量为近五年新高。分结构看，人民币贷款仍是增量主体。2022年，全市人民币贷款增加2255.0亿元，同比多增64.0亿元，占增量的63.4%。政府专项债券发行有所增加，主要是受基建投资快速增长影响，全年共发行473.4亿元，同比多增48.0亿元。企业股票融资增加93.5亿元，同比多增60.0亿元。在全面注册制稳步推进的背景下，温州新增上市过会企业、报会企业数量分别为11家和12家，均为历史同期最好水平。未贴现的银行承兑汇票增加268.4亿元，同比多增89.6亿元。

（二）信贷投放"量增、面扩、价降"

1. 信贷总量供给充足

2022年，各项结构性货币政策工具在温较快较好落地，金融支持稳企纾困力度不断加大，有效促进了全辖贷款的投放，贷款增量实现连续五年增长。2022年末，全市本外币各项贷款余额18116.8亿元，比年初新增2291.6亿元，同比多增105.5亿元；同比增长14.5%，低于上年同期1.6个百分点，和全省平均水平基本持平。

2. 信贷服务覆盖面持续改善

2022年，全辖累计增加首贷户12684户，累计新增户数创新高，较2021年多增743户。2019年至2022年末，全市已累计新增企业首贷户3.8万户，信贷服务拓展工作成效显著。2022年末，全市贷款企业户数7.5万户，同比增长26.8%；个体工商户经营性贷款户数和小微企业主经营性贷款户数共55.8万户，同比增长12.2%。

3. 企业融资成本稳步下降

落实降准、降息、普惠小微贷款阶段性减息等政策，2022年贷款利率呈现下降趋势。2022年1~12月，全市一般贷款加权平均利率5.05%，较年初下降67个BP，同比下降43个BP。12月，一般贷款加权平均利率4.76%，实现连续7个月下降，同比下降67个BP。同时，不折不扣落实银行账户和征信服务费用优惠政策，累计为全市56万家市场主体降费让利近9000万元。

（三）各项存款增量创历史新高

2022年末，全市本外币各项存款余额19140.4亿元，比年初增加2604.9亿元，增量创历史新高，较上年同期多增1339.8亿元；同比增长15.8%，高于上年同期7.5个百分点，较全省平均水平高0.8个百分点。从结构看，主要呈现两大特征。一是定期存款增长较好。12月末，全市定期存款余额9947.4亿元，比年初增加1957.7亿元，增量远大于活期存款增量（610.8亿元）。二是住户存款仍是增长的主要来源。2022年，住户存款比年初增加1883.1亿元，占全部存款增量的72.3%。之后为非金融企业存款，比年初增加685.4亿元，占全部存款增量的26.3%。

（四）重点领域支持精准有力

1. 重大项目及民生工程相关行业贷款对企业贷款增长贡献明显

2022年，温州基础设施建设实物量加快形成，政策性开发性金融工具支持效果较好，基建融资需求扩张明显。2022年末，全市政府性投资平台较为集中的三大行业①贷款余额3749.4亿元，比年初增加839.1亿元，增量占全部企业贷款增量的53.1%；同比增长28.8%，高于全市贷款增速14.3个百分点。

2. 对民营经济支持力度较大

2022年末，全市民营经济贷款7765.2亿元，同比增长16.5%，高出全市贷款平均水平2.0个百分点，比年初新增1098.6亿元，同比多增112.7亿元。其中民营企业贷款3991.2亿元，同比增长14.8%，高出全市贷款平均0.3个百分点，比年初新增513.8亿元，同比多增82.5亿元。

3. 新增制造业中长期贷款占比提升明显

全市制造业企业贷款余额2490.1亿元，同比增长16.6%；比年初新增353.7亿元，增量中中长期贷款占比为80.9%，较上年同期提升40.5个百分点。

4. 绿色信贷快速增长

各银行机构加大产品创新力度，先后落地全省（除宁波外）首单碳中和债、"节水贷"以及用能权、碳排放权等环境权益质押融资业务。2022年末，全市绿色贷款余额1698.5亿元，比年初增加568.4亿元，同比增长49.9%，比本外币各项贷款增速高35.4个百分点。

5. 普惠小微贷款持续增长

全市普惠口径小微贷款5043.9亿元，同比增长20.9%，增速连续四年超20%，高于全市贷款增速6.4个百分点。2022年末，全市联合建立金融服务站35个，累计为7000余人提供金融咨询服务；3.6万家市场主体通过贷款码获得贷款589.74亿元。

---

① 三大行业：交通运输、仓储和邮政业；租赁和商务服务业；水利、环境和公共设施管理业。

（五）信用风险总体可控

2022 年末，全市金融机构不良贷款余额 113.1 亿元，比年初增加 17.9 亿元，不良贷款率 0.63%，比年初上升 0.02 个百分点。关注类贷款余额 144.6 亿元，关注类贷款率 0.80%，分别比年初下降 23.3 亿元和 0.26 个百分点。出险企业数量和涉贷金额均有所上升，但总体数量不大。2022 年，全市新增出险企业 285 家，同比上升 67.6%；涉及银行贷款 44.1 亿元，同比增长 19.19%。

（六）金融市场走势持续分化

1. 证券交易额维持下跌

2022 年，全市累计证券交易额 35559.6 亿元，同比下降 18.9%，上年同期增速为 11%，占全国总交易额的 1.59%，占比下降 0.12 个百分点；托管市值 2532.6 亿元，同比下降 16.8%。资金净流入 156.5 亿元，同比下降 1.6%。资金开户数有所增加，12 月末，全市资金开户数 242.6 万户，同比增长 6.6%。全市期货交易额 28350.4 亿元，同比下降 2.4%。

2. 保费收入稳步回升

2022 年，全市保险业务稳健发展，全市实现保费收入 333.7 亿元，同比增长 8.1%，增速较上年快 3.1 个百分点。其中，人身险收入 225.1 亿元，同比增长 7.6%；财产险收入 108.5 亿元，同比增长 9.1%。保险赔付有所增加，累计保险赔付 101.0 亿元，同比增长 4.2%，增速较上年下降了 7.0 个百分点。其中，财产险公司赔付 67.5 亿元，同比增长 4.5%；人身险公司赔付 33.6 亿元，同比上升 3.4%。

3. 跨境收支规模持续增加

2022 年，温州市跨境收支总体规模 456.0 亿美元，同比上升 21.6%，规模创 2012 年以来新高。其中，收入 351.59 亿美元，同比增长 18.41%；支出 104.44 亿美元，同比增长 33.68%。收支顺差 247.2 亿美元，同比增长 12.96%。结售汇总额 343.9 亿美元，同比增长 17.8%，结售汇顺差 216.1 亿美元，同比扩大 17.5%。

二 2022年温州货币政策执行效果及需要关注的问题

（一）政策举措及主要效果

2022年，中国人民银行温州市中心支行认真贯彻落实稳健货币政策，按照高质量发展要求，立足新发展阶段，围绕金融支持共同富裕示范区建设主线，有效落实双支柱调控框架，做好金融支持稳企业保就业工作，强化民营和小微企业金融服务，持续优化信贷结构，不断提升金融服务实体经济质效，为区域经济高质量发展积极营造良好金融环境。

1. 金融支持经济大盘回稳向上

全市各金融机构把金融支持稳增长作为重要政治任务，积极落实稳经济一揽子政策及接续政策，实现社会融资规模创五年新高。一是实施精准货币政策工具。高效做好金融纾困工作，配合出台助企纾困12条、稳经济40项政策举措，开展"金融活水润百业暨共同富裕金融专员进千企走万户"活动，加大配套支持力度。2022年，对全市17个政策性开发性金融工具项目给予资本金支持43.6亿元，配套授信183亿元。普惠小微贷款支持工具激励资金发放8.58亿元，占全省15%、全国4.1%，撬动地方法人银行新增普惠小微贷款456亿元。阶段性下调普惠小微贷款利率1个百分点，地方法人银行为13万户市场主体减息2.65亿元。对24个项目发放碳减排支持工具贷款55.2亿元，发放符合科技创新再贷款条件的贷款550亿元，发放符合交通物流再贷款条件的贷款2.65亿元，发放符合普惠养老专项再贷款条件的贷款550万元，发放煤炭清洁高效利用领域贷款2.5亿元，对41个项目发放设备更新改造贷款6.03亿元。二是加大重点领域金融支持力度。建立小微金融服务"四贷"长效机制，联合六部门制定金融支持温州市"专精特新"暨人才创业企业培育提升一揽子举措专项行动方案，出台小微主体金融服务站全生命周期管理办法。2022年末，全市科技企业贷款、知识产权质押贷款、制造业贷款、普惠口径小微贷款分别同比增长23.5%、

26.3%、16.6%、20.9%；各银行机构加大产品创新力度，先后落地全省（除宁波外）首单碳中和债、"节水贷"以及用能权、碳排放权等环境权益质押融资业务。

2. 金融管理服务提质增效

一是助力优化营商环境。推动保证贷款登记系统与金综平台、银行业务系统互联互通，截至 2022 年末，累计保证金额 3.22 万亿元；发挥供应链核心企业增信支持作用，形成 178 条支柱产业供应链，在核心企业确权增信支持下，中小微企业成交 305 亿元。移动支付持续发力，全市移动支付交易笔数数量 9.24 亿笔，同比增长 11.98%，增速位列全省第二。有效保障政府预算安全高效执行，减税降费政策安全直达市场主体，全年累计办理增值税留抵退税业务 3.4 万笔（215.81 亿元），惠及企业 2.7 万户，退税规模居全省第三。二是房地产市场运行平稳。推动实施阶段性下调首套个人住房贷款利率下限至相应期限 LPR 减 50 个基点，全市新发放首套房贷款加权平均利率已降至 3.8%，为历史最低。发放首套房贷款 88 亿元，惠及户数 7200 余户。严格落实房地产金融 16 条政策，配合地方政府督促"保交楼"专项借款项目主体用好用足专项借款资金。2022 年末，全市房地产开发贷款累计新增 154.8 亿元，同比多增 34.5 亿元，增量居全省首位；首套个人住房贷款占比达 97.3%，较年初上升 6.9 个百分点。三是企业融资成本稳步下降。严格落实 LPR 定价机制，全面推进 LPR 在贷款定价中的应用，辖内 21 家法人金融机构已将 LPR 纳入 FTP 体系。下调 1 年期、5 年期 LPR 0.15 个、0.35 个百分点，金融机构合理降低贷款利率让利企业。2022 年末，全市贷款加权平均利率 4.76%，同比下降 0.67 个百分点，其中小微企业和普惠小微贷款利率分别为 4.4% 和 4.83%，同比分别下降 0.47 个和 0.63 个百分点，均处于历史低位。

3. 金融改革创新步稳蹄疾

贯彻落实中国人民银行等四部委联合浙江省政府出台的《关于金融支持浙江高质量发展建设共同富裕示范区的意见》（银发〔2022〕60 号），在实践中探索金融支持的有效路径。个人侨汇结汇便利化、数字人民币、本外币合一银行账户体系三项全国金融改革创新试点先后落地。一是金融支持共

同富裕示范区建设取得新进展。在全省率先发布 15 条金融支持举措，创新落地民宿经营权贷款、地理标志商标质押贷款、活禽质押贷款、农创客贷等系列金融产品。强化共富金融专员派驻机制，新增 4 家选派机构，累计派驻两批 2322 名共同富裕金融专员开展定向帮扶，累计为 1 万多户解决融资难问题，支持创业致富农户 6 万多户。提升"三位一体"信贷服务，联合市农业农村局建立含 4300 多户的新型农业经营主体白名单，开展常态化监测。鼓励瑞安农商行利用大数据技术搭建"三位一体"农户综合信息平台，创新"无本种田""无忧贷款"等特色产品。二是绿色金融改革取得新成效。完善绿色金融政策支持体系，组织辖内 23 家法人银行机构于 2022 年 8 月底前全部完成环境信息披露报告，成为浙江省首个非试点地区环境信息披露全覆盖的地市。数字化改革稳步推进。完成全省碳账户平台的上下贯通工作，持续推动碳账户平台方案设计、数据共享及金融应用场景建设；配合推进长三角绿色金融信息管理系统的环境信息披露模块建设，助力实现环境信息披露线上化。2022 年末，全市绿色贷款余额 1698.5 亿元，同比增长 49.9%。三是资本要素市场化改革取得新突破。本外币合一银行账户体系试点于2022 年 12 月正式落地温州，8 家银行机构 27 个网点部署开展试点。稳步推进数字人民币试点工作，截至 2022 年末，钱包开立数量（383.9 万个）、交易笔数（793.4 万笔）、规模（金额 244.9 亿元）均居全省前列。个人侨汇结汇便利化试点工作积极推进，截至 2022 年末，申请金额 7.74 亿美元，结汇金额 2315.67 万美元。稳慎推进合格境外有限合伙人（QFLP）试点。正泰集团获批跨国公司本外币一体化资金池试点。

（二）需要关注的问题

1. 市场主体信心有待增强

2022 年以来，内外部环境严峻复杂，对企业和居民日常生产生活造成较大冲击。从企业端看，全市工业生产景气度持续低位。12 月，温州制造业采购经理指数（PMI）为 45.8%，环比下降 1.4 个百分点，连续 9 个月处于收缩区间。从居民端看，全年面临就业形势不乐观、个体工商户经营不景气、收入增速下滑明显等较大挑战。城镇家庭储户调查显示，四季度的居民就业、收入感受指数为34.7和46.3，较上年四季度下降20%和10%，均处于较冷水平。房地产价格下行导致资产大幅缩水，居民主动降负债行为却有所增多。2022年温州市金融机构个人住房贷款提前还款556亿元，同比增长274.8%。从金融端看，居民预防性储蓄情况大幅增多，且月度走势呈现增强态势。全市定期存款同比增速自2月（16.9%）以来一路走高，12月末达26.2%，高出上年同期6.6个百分点。有效信贷需求不足现象愈发凸显，四季度全市贷款增量为185.8亿元，分别少于季度平均和上年同期增量387.1亿元和58.3亿元。在疫情管控措施优化后，虽然企业、居民预期略有转好，但仍需高度关注市场主体的信心恢复问题。

2. 内外市场需求有待释放

从当前形势看，内外部市场需求的支撑力有所不足。一方面，海外市场需求回落明显。当前全球通胀高企，引发"通胀—央行加息—需求收缩和投资放缓—全球经济下滑—海外需求不振—出口增速回落"系列反应。12月，全市规上工业出口交货值增速降至6.3%，比6月下跌16.3个百分点。2023年，全球经济增速放缓是大概率事件，出口高景气或难以延续。另一方面，国内消费复苏进程面临较多不确定性。2022年末，全市的消费修复程度与常态化水平仍有较大差距。据相关部门协会统计，2022年，全市商场超市客流量同比降幅超10%，餐饮酒店承接各类宴会场次下降32%，宾馆酒店客房入住数同比下降9.4%。2023年，疫情演变情况、房地产修复程度、政策支持效果等影响消费复苏的重要因素，依旧存在较大不确定性。

3. 房地产市场有待企稳

尽管2022年房地产领域得到诸多政策支持，但房地产产业仍旧低迷，导致全市房地产贷款增速连续10个月下滑，12月增速（-1.3%）由正转负。除自身行业风险外，房地产领域低迷也拖累了全市的财政收入、工业生产和投资增速。从财政收入方面看，房地产业作为温州市第二大税源（2021年占比22.8%）、近几年第一大增长贡献率行业（增收贡献率近六成），其持续下行对全市税收收入带来显著影响。房地产业税收下降10.6%

（还原留抵退税），拉低全市税收增幅 2.7 个百分点。从工业生产方面看，房地产下行压力沿产业链传导至关联行业，与房地产交易密切相关的水泥制品、砖瓦石材、玻璃等建筑原料制造行业开票销售同比下降 5.8%。建筑业开票销售同比仅增长 4%，增幅同比回落 32.6 个百分点。从投资方面看，1~12 月，全市房地产投资增速 6.9%，低于全部投资增速 0.9 个百分点。

4. 潜在金融风险有待关注

一是市场主体信用风险有所显现，资产质量存在下行压力。受三年疫情和经济增速持续下行影响，部分企业尤其是小微企业经营状况有所恶化，部分居民资金困难，信用风险有所上升。2022 年末，企业不良贷款余额 50.2 亿元，同比增长 28.6%；个人贷款（不包含个人经营性贷款）关注类贷款余额 21.7 亿元，同比上涨 24.3%。虽然目前不良、关注类贷款规模总体较小，但倘若延期还本付息等帮扶政策逐步退出或商业银行贷款投放政策发生转向，风险或进一步暴露。二是房地产领域没有明显改善，抵押品价值重估带来潜在风险。2022 年以来，温州陆续出现房地产企业债务违约或负面舆情，共涉及项目 43 个。尽管利好政策不断出台，房地产市场在需求端可能有所改善，但部分过度融资的房地产企业暴雷风险仍然存在。此外，房产实际价值较贷款准入时的价值有所变化，在房地产市场"量价齐跌"背景下，房产变现难度进一步加大，影响银行贷款信用风险缓释。

三　趋势及政策建议

（一）国际国内形势预测

2023 年，温州市经济运行总体延续恢复态势，部分经济指标呈现积极改善迹象，然而经济恢复的基础尚不牢固，经济发展过程中仍存在一些深层次矛盾和问题，需要予以高度关注。

从国际看，2022 年国际经济存在三大不确定性。一是发达国家通货膨胀率显著上升。通胀形势恶化迫使美、欧、英等的央行陆峭地加息缩表，进而导致全球金融市场动荡，一些新兴市场和发展中国家爆发金融危机。二是新冠疫情仍在持续。随着各国防疫政策的陆续调整，疫情对世界经济增长的影响正在消退，但疫情对全球供应链的冲击是持久的，供应链逐步区域化与本地化。三是俄乌冲突持续。俄乌冲突对全球大宗商品与国际地缘政治造成显著冲击。三大不确定性交互作用，导致2022年全球经济出现滞胀格局。2023年一季度随着中国经济快速复苏，各大机构纷纷上调2023年世界经济增长预期。2023年3月17日，经合组织预测2023年世界经济增长率为2.6%。但当前美欧通胀依然居高不下，3月硅谷银行、瑞信银行等接连暴雷，美欧经济衰退迹象愈发凸显，滞胀风险与金融风险存在相互交织、相互强化的可能性。展望下阶段，美联储连续加息动力大为减弱，欧元区通胀上行风险依然偏大，欧央行维持加息概率较大。

从国内看，2022年，随着稳经济一揽子政策和接续政策落地见效，四季度虽然国内疫情范围扩大，经济下行压力重新扩大，但全年总体延续恢复态势。2023年，随着疫情影响明显消退，稳经济政策靠前部署，国内经济持续恢复，生产和需求两端双双改善，就业和物价总体稳定，市场信心和预期显著好转。内需回升在一定程度上抵补外需放缓压力，经济总体运行呈现企稳回升态势。展望下阶段，在产业结构不断优化、消费需求持续释放、基建项目稳步推进和房地产市场企稳回升等因素的共同带动下，工业生产有望保持较强动能，经济稳中向好带动就业市场逐步好转，叠加地产、汽车销售改善，消费需求或将进一步释放。

（二）温州发展趋势

2022年温州地区生产总值增长3.7%，高于全国、全省水平。市两会提出2023年经济增长6%左右，这是一个不低的目标。2022年四季度以来，全市经济继续保持恢复态势，但受"三重压力"叠加"两大变量"等因素持续影响，"三驾马车"后劲总体不足。展望2023年，全市将继续重点围绕产业集群建设和重点产业链条完善，加强项目规划、招引、储备、实施，激发社会投资活力。加快传统产业改造升级和战略性新兴产业培育壮大，加

速推动企业智能化改造、数字化转型。通过发放消费券、主题促消费活动等多种形式进一步强化促消费回补。多举措助力外贸企业稳订单、拓市场，推动外贸订单稳定增长。金融方面，2020～2022年的贷款增量分别为2030亿元、2186亿元和2292亿元，保持较快增长。随着稳经济一揽子政策措施效果进一步显现以及疫情防控科学化精准化，有效信贷需求不足现象或将得到改善，2023年全市贷款增量进一步增长的概率较大。综合各因素，预计2023年全市经济金融持续回升。

（三）相关建议

2023年是全面贯彻落实党的二十大精神的开局之年，也是实施"八八战略"20周年。做好金融工作，要深入贯彻党的二十大精神，坚持以习近平新时代中国特色社会主义思想为指导，认真贯彻落实中央经济工作会议精神和温州市委、市政府的要求，在落实落细各项金融稳经济大盘政策上精准发力，保障金融有效供给，发挥结构性货币政策作用，优化对重点领域和薄弱环节的金融支持，全力维护辖区金融安全与稳定，进一步深化金融改革。

1. 保持金融总量有效供给

继续坚持稳字当头，稳中求进，强化金融逆周期调节作用，为区域经济稳步复苏和高质量发展提供有力金融支持。充分发挥好货币政策工具的总量和结构双重作用，强化稳健货币政策的精准落地实施，确保央行资金真正用于支持实体经济。全力推动政策性开发性金融工具投放和配套融资跟进，促进项目加快建设、顺利完工。切实抓住设备更新改造、交通物流专项再贷款、碳减排支持工具等政策窗口，加强相关项目储备和企业融资需求对接，快速及时满足符合条件的融资需求。发挥贷款利率市场化机制的重要作用，推动企业综合融资成本稳中有降，多措并举增强市场主体信心。

2. 优化重点领域和薄弱环节金融支持

聚焦"把恢复和扩大消费放在优先位置"要求，建立健全消费金融政策体系，围绕扩大消费金融支持领域、优化大宗消费品金融服务、降低个人消费信贷成本等方面，持续提升金融支持消费力度。围绕重大项目建设、重点产业链条完善、传统产业改造升级和战略性新兴产业培育壮大，加强金融服务创新和优化，加大信贷资源投入。以服务民营小微、乡村振兴、科技创新为重点，推进金融服务小微敢贷愿贷能贷会贷长效机制建设，创新契合科技企业全生命周期的金融产品，强化乡村振兴金融服务。持续探索金融支持共同富裕的有效路径，丰富环境权益融资产品，推进绿色债券发行，进一步提升金融服务"双碳"能力。

3. 不断提升风险监测、防范化解能力

坚持"房住不炒"定位，落实好新发放首套住房商业性个人住房贷款利率政策动态调整长效机制。扎实做好保交楼、保民生、保稳定各项工作，因城施策支持刚性和改善性住房需求，满足行业合理融资需求，维护住房消费者合法权益，确保房地产市场平稳发展。严格落实风险防范主体责任和企业风险监测制度，定期摸排大中型企业流动性风险，加强对小微企业等重点领域的风险监测，及时全面掌握企业风险底数。建立潜在风险应对机制，合理安排资源，分类分策化解风险，有序稳妥处置风险，全力维护区域金融稳定。

4. 深化金融改革，助力共同富裕和"两个先行"建设

落实经济绿色低碳转型发展要求，聚焦能源安全、保供收储、大型风光基地、减污降碳、节水节能等重点领域，加大贷款支持力度；围绕乡村振兴、农民共富等重点，积极推广农村承包土地的经营权、活体禽畜、养殖设施等抵质押贷款。探索建立农户"信用画像"，加大农户信用贷款投放力度；加强科创金融服务能力建设，创新科技金融产品，推动知识产权质押融资业务扩面增量。

B.10
温州数字经济发展报告（2022年）

夏择民　鲍金斌　徐丽芳*

摘　要： 数字经济已成为重组全球要素资源、重塑全球经济结构、改变全球竞争格局的关键力量。2022年，温州市深入实施数字经济"一号工程"升级版，加快数字经济集聚区建设，推动数字经济高质量发展，取得了一系列成绩。基于对《浙江省数字经济发展综合评价报告》的跨年度、跨地区分析，温州近五年来虽然稳居省内数字经济"一超三强"的"三强"之一，但要实现打造省内"第三极"的既定目标，仍存在不小的难度。在打造"第三极"的过程中，温州应辩证看待指标排名，充分发挥主观能动性，牢牢把握制造业数字化这一发展主线，坚持以点带面破局，在此基础上夯实制造业数字化发展基础，加强各项要素保障。

关键词： 数字经济　制造业数字化转型　温州

习近平总书记指出，"数字经济发展速度之快、辐射范围之广、影响程度之深前所未有，正在成为重组全球要素资源、重塑全球经济结构、改变全球竞争格局的关键力量。"[①] 浙江省历来重视信息经济与数字经济发展，2017年12月起将数字经济定为"一号工程"。温州市作为省内最先确立数

---

* 夏择民，中共温州市委党校经济学教研部副教授，主要研究方向为数字经济；鲍金斌，温州市经信局数字经济处副处长；徐丽芳，温州市经信局云计算与大数据产业处处长。

① 习近平：《不断做强做优做大我国数字经济》，《求是》2022年第1期。

字经济工作推进机制的地区之一，2022年再度发力，推出《温州市数字经济集聚区建设方案（2022—2024年）》，聚焦"培育千亿级数字经济产业集群，打造数字经济领跑区"这一目标，推动形成数字经济发展新优势，全面赋能温州经济社会高质量发展。

一 2022年温州数字经济发展概况

2022年，温州市深入实施数字经济"一号工程"升级版，推动数字经济高质量发展，在全国数字化发展能力50强城市中排名第24位（全省第三）[①]，位列中国数字经济发展百强城市第27位（全省第三）[②]。

（一）数字"新基建"扎实推进

全面提升"双千兆"网络覆盖能力。持续推进移动千兆网、宽带千兆网"双千兆"网络建设，累计建成5G基站超2万个，家庭千兆光纤网络覆盖率超150%，跻身全国"千兆"城市。

大力推进物联网布局。移动物联网发展呈现良好态势，入选全国移动物联网首批15座"物超人"领先城市。

（二）数字产业化稳中有升

全市数字经济核心产业增加值613.4亿元，居全省第四；占GDP比重7.6%，已连续4年居全省第三；其中规上数字经济核心产业制造业实现增加值266.65亿元，同比增长18.5%，高于全省7.8个百分点，增速居全省第四，创历史最好成绩；规上互联网、软件和信息技术服务业营业收入25.7亿元，同比增长19.2%，增速居全省第三。

重大项目、创新项目陆续落地。中国（温州）数安港、国际云软件谷

---

① 参见2022年世界互联网大会乌镇峰会上发布的《中国50强城市数字化发展能力指数（2022）》，2022年11月10日。

② 参见工信部赛迪顾问《2022中国数字经济发展研究报告》，2022年11月16日。

顺利开园，设立全国首家数据资源法庭，累计招引超亿元数字经济项目 42 个，其中瑞浦兰钧年产值突破百亿元。

（三）产业数字化锐意创新

产业大脑探索勇当排头兵。智能电气、皮革制鞋、纸包装、渔业等 4 个产业大脑入选省级数字经济系统产业大脑优秀案例，总数量居全省第一；智能电气、纸包装、皮革（制鞋）等 3 个产业大脑进入第一批全省推广名单，数量居全省第一。

智能制造争创省内领先。认定 3 个省级重点工业互联网平台和 6 个省级工业互联网平台，数量分别居全省第一、第二；新增 2 家省级未来工厂（累计 4 家）和 2 家省级未来工厂试点；4 个项目获评工信部示范试点；省智能工厂（数字化车间）24 家（累计 74 家），数量居全省第 2 位。

企业数字化改造方兴未艾。乐清、瑞安、永嘉入选首批省级中小企业数字化改造试点县（市、区），鹿城、龙湾、瓯海、平阳、龙港进入第二批试点培育名单，总数居全省第一。

（四）新模式新业态深化发展

数字化融合业态不断涌现。以数字化发展推动先进制造业与现代服务业深度融合，打造了一批服务型制造示范企业、平台及项目，获评工信部服务型制造示范城市；营造良好发展环境，促进以信息产品和信息服务为消费对象的经济活动，获评全国十大优秀信息消费示范城市。

数字化融合应用亮点频现。科企通、企业健康诊断应用、鹿城未来农贸等融合应用入选省数字经济系统最佳应用。

（五）数字化治理筑牢发展根基

顶层设计持续发力。2022 年 5 月，在《温州数字经济发展"十四五"规划》基础上，制定《温州市数字经济集聚区建设方案（2022—2024年）》，明确提出全力打造全省数字经济"第三极"的主攻方向和主要任务，加快推动数字经济集聚区建设，构建温州数字经济发展格局。

工作推进与制度建设屡创佳绩。全省经信系统工作目标责任制考核数字经济专项全省优秀，市级产业数据仓建设考评全省优秀，中国（温州）数安港首批五项制度等7个理论制度入选全省数字经济系统优秀成果，数量居全省第一。

二　2018～2022年温州数字经济相对发展水平分析

《温州市数字经济发展"十四五"规划》提出"全力做大做强全省数字经济'第三极'"，《温州市数字经济集聚区建设方案（2022—2024年）》表述稍作调整，提出"全力打造全省数字经济'第三极'"。可见省内"第三极"是温州数字经济发展的近期目标定位。那么温州数字经济在省内的相对发展水平是否符合"第三极"的目标定位？根据2022年《浙江省数字经济发展综合评价报告》（以下简称"综合评价"）[1]，温州市得87.5分，次于杭州（133.3分）、嘉兴（92.8分）、宁波（90.6分）居全省第4位，排名较上一年下降1位，"第三极"的地位似乎并不稳固。那么从时间维度考察，温州是在接近"第三极"，还是在远离？考虑到跨年度、跨地区比较的数据可得性，本报告将主要基于2018～2022年综合评价展开分析。五年来，杭州在综合评价中一直高居榜首，宁波、温州、嘉兴三地则轮流位列第2～4名，省内形成了数字经济"一超三强"的局面。为了更准确地评判发展趋势，本报告将按照综合评价的指标设计依次从数字基础设施、数字产业化、产业数字化、新模式新业态、政府和社会数字化五个方面对温州数字经济相对发展水平予以考察。

---

① 2018年起浙江省经信厅和浙江省统计局每年会发布《浙江省数字经济发展综合评价报告》，从数字基础设施、数字产业化、产业数字化、新模式新业态、政府和社会数字化等五个方面对浙江省各地区、各县（市、区）数字经济发展水平予以评价。

（一）数字基础设施上，温州稳居省内中游偏上水平，供给方面个别指标增长势头放缓，需求方面在全省靠前

2022综合评价显示，温州市数字基础设施得分89.2分，位列省内第五，与上年持平；全省来看，数字基础设施的格局比较稳定，杭州、嘉兴、宁波占据前3名，杭州是榜首常客，2022年嘉兴反超夺得第1，宁波稳居第三；温州、金华、舟山占据第4~6名，温州大部分年份是第5名，个别年份到过第4；湖州、绍兴、台州占据第7~9名；衢州和丽水分别稳居第10和第11。

1. 从基础设施供给视角考察

温州在量上属于省内中等偏上水平，但增长不够快，质量不够高。从网络基础设施总体来看，温州城域网出口带宽达到14372 Gbps，比上年增加5173 Gbps，次于金华（16066 Gbps），位列省内第二，与上年持平；五年来，温州一直保持在省内前三，2020年曾升至第一。从固定宽带来看，温州光纤宽带用户率达到92.5%，比上年下降1个百分点，连续4年位列全省第四。这一指标增长存在瓶颈，各地市历年数据大部分在85%~95%波动，没有明显的随时间增长的趋势。从移动网络来看，温州每平方公里拥有移动电话基站数量为6.6个，比上年增加0.3个，排名全省第五，与上年持平；受5G基站建设热潮影响，浙江省各地市的基站数量提升比较快，移动基站密度五年来提升了至少四成，其中杭州（76.1%）、嘉兴（75.8%）和丽水（70.0%）提升都在七成以上，温州提升43.5%，在省内仅高于宁波（41.3%）。从网络质量来看，温州固定宽带端口平均速率为252.6 Mbps，比上年增加47.5 Mbps，但兄弟城市增长都很迅猛，排名反而下跌4位到第七。五年来，各地市除嘉兴、金华、绍兴外，增幅都达到了50%以上，增幅最大的宁波增长了68.2%，温州增长50.3%，增速位列全省第八。

2. 从基础设施需求视角考察

温州无论水平还是增速在全省都比较靠前。固定互联网普及率达到每百人46.7户，比上年提升3.3户，比第一位的舟山（54.5户）少7.8户，位列全省第四，较上年上升 3 位；浙江省固定互联网普及较早，近五年来整体增长相对平缓，衢州增长最快，增长了 33.3%，舟山和丽水增长超过 20%，温州增长 19.7%，是省内第四快。5G 套餐用户数普及率①为每百人 47.6 户，与第一位的嘉兴（63.0 户）相差 15.4 户，位列全省第四，排名下降 1 位。2021~2022 年，全省各地市的 5G 普及率快速提高，至少都增长了六成，丽水从 10.6% 提升到 44.2%，增长了超 3 倍，嘉兴增长了 1.5 倍，杭州、宁波、温州都增长了 1 倍左右。付费数字电视普及率为每百户 182.8 户，比上年上升 7.5 户，比第一位的杭州少 78.6 户，位列全省第六，与上年持平；五年来，各地市增长了 0.5 倍至 1.6 倍不等，温州增长 1.4 倍，增速居全省第三。

总的来看，虽然过硬的数字基础设施是数字经济快速发展的底座，但是基础设施的强化在特定时间区间内存在极限，不可能无止境上升，凭借基础设施的超额投入来做大做强数字经济可行性不高。供给方面，光纤入户率最高就是 100%，考虑到部分老旧小区的现实情况，这一比例很难达到；移动基站密度考虑到效益，也不可能一直提升，2022 年 5G 基站的布设速度已经减缓，温州作为多山地区，提升基站密度的成本较浙北更高，难度自然更大。需求方面，固定互联网、5G 套餐、付费数字电视普及率的最高水平，就是人人皆上固网、上 5G、看数字电视，假设各地市每户家庭的平均人口数相近，那么这一部分到最后很难拉开距离。推进基础设施建设是必要的，但不适合作为数字经济的主攻方向。

（二）数字产业化上，温州稳居省内第三，吸纳劳动力能力较强，营造发展生态力度较大，但相对规模优势减弱，与头部城市比发展质量差距拉大，创收能力下滑

2022 综合评价显示，温州数字产业化得分 75.2 分，次于杭州（168.8 分）和嘉兴（89.7 分），连续第 4 年总体水平位列全省第三；从全省来看，除 2018 年宁波排在嘉兴前，"杭一嘉二温三甬四"的格局已经保持了 4 年。

---

① 这一指标为 2021 综合评价新增，只有两年数据。

1. 从量的视角考察

温州数字经济核心产业相对规模稳居全省第三极，但标兵渐远，"追兵"将至。温州数字经济核心产业占 GDP 比重①为 7.4%，位列全省第三，次于杭州（27.1%）、嘉兴（10.3%）；这一指标各地区历年的排名相对稳定，五年来一直由杭州、嘉兴、温州占据第 1~3 名；五年来，温州数字经济核心产业占比提高了 0.7 个百分点，嘉兴则提高了 3.3 个百分点，杭州提高了 3.9 个百分点，温州与头部城市的差距在快速拉大，同时，绍兴、金华、衢州、台州分别提高 1.6 个、1.5 个、1.3 个、0.8 个百分点，都比温州增长得快，其中金华已顶替宁波上升至省内第四，比温州只少 0.3 个百分点。

2. 从质的视角考察

温州数字经济核心产业发展质量不高，处于全省中下水平，且与先进城市的差距还存在扩大趋势。从创新成果来看，杭州人均拥有数字经济核心产业有效发明专利数以每万人 39.7 件遥遥领先，宁波（13.3）、湖州（11.4）、嘉兴（11.3）为省内第二梯队，温州以每万人 6.1 件被绍兴（6.3）超越，居省内第七，较上年下降 1 位；虽然温州已从 2018 年的每万人 2.7 件，提升了 3.4 件，但兄弟城市提升得也很快，例如杭州五年间每万人提升了 19.4 件，宁波提升了 5.1 件，绍兴提升了 4.1 件，故而温州在省内的相对位次反而从 2018 年的第五下降了两位。从产品创新程度来看，温州数字经济核心产业制造业新产品产值率为 48.5%，排名省内第十，较上年下降 1 位，与第一名金华（79.1%）的差距持续扩大；这一指标杭州、金华、嘉兴都获得过第一，但年度间的变动较大，例如杭州 2022 年指标值为 49.2%，与温州相差不大，仅列全省第八；不过大体可以分为"前六后五"两个梯队，宁波、温州、舟山、台州、丽水基本排在第 7~11 位，省内其他城市基本排在第 1~6 位。

3. 从社会效益视角考察

温州数字经济核心产业造富能力偏弱，但吸纳了剩余劳动力，同时亩均产出较高，贡献税收能力较强，与温州人均占地较少的市情相匹配，不过创

---

① 综合评价中凡涉及企业的统计数据，统计对象均为规上（限上）企业，不复赘述。

收能力在下降。从单位劳动力产出看，温州数字经济核心产业劳动生产率为人均 19.1 万元，排名连续第二年垫底，只是宁波五年前的水平；这一指标杭州一家独大，达到了人均 74.9 万元，是第二名绍兴（31.9）的 2.3 倍，值得注意的是，与温州生产组织方式相近的台州，这一项数值是人均 27.9 万元，位列全省第四；与 2018 年的人均 18.3 万元相比，温州数字经济核心产业劳动生产率提升了 4.4%，而省内排名前三的杭州、绍兴、衢州（28.7）分别提升了 28.5%、38.1%、53.5%，五年间提升最多的丽水从人均 13.2 万元提升到 20.3 万元，提升了 53.8%，在浙江省 11 个地区中，温州是除了负增长的金华外，提升最慢的，其他地区五年提升都在 10% 以上。从亩产效率来看，温州数字经济核心产业亩均税收 23.9 万元，连续第三年位列全省第二，但与第一名杭州（55.6）差距较大；这项数据五年来杭州一直高居榜首，温州除 2019 年是第三外，其余年份均位列全省第二；不过从全省来看，数字经济核心产业亩均税收五年来大体呈下降趋势，除杭州增长 9%、绍兴增长 50% 外，其余地区均为负增长，下降幅度最大的舟山、温州、金华分别下降了 47%、35%、25%。

4. 从发展生态视角考察

近年来温州大力实施创新驱动战略，鼓励企业研发投入，数字经济核心产业的研发强度在省内保持领先；数字经济核心产业投资和人才储备处省内中游。温州数字经济核心产业 R&D 经费占营收比重为 2.34%，超过嘉兴（2.15%）位列全省第二，较上年上升 1 位，仅次于绍兴（3.02%）；2019~2022 年，绍兴、温州、嘉兴包揽了省内研发强度前三名。温州数字经济核心产业人才占比[1] 39.2%，位列全省第五，比位列第一的杭州少 17.4 个百分点，比第二的丽水少 6.3 个百分点，低于 44.2% 的全省平均水平[2]。

---

[1] 这一指标为 2022 综合评价新增，属于"产业数字化"的二级指标，替代"企业每百人中信息技术人员数量"，指数字经济核心产业年末人才资源数量占数字经济核心产业从业人员期末人数的比重。人才资源指企业的经营管理人员、专业技术人员、高技能人员。实际上该指标只能反映数字经济核心产业的人才储备情况，无法反映产业数字化的水平，故本报告将这一指标置于"数字产业化"中予以分析。

[2] 全省平均水平主要是被杭州拉高，杭州数字经济核心产业在全省数字经济核心产业的比重接近 60%。

总的来看，温州数字产业化评分近年来稳居省内第三①，但其发展质量在省内并无明显优势。无论在发明专利数量、新产品产值率还是劳动生产率上，温州排名都不靠前。特别是劳动生产率一项，仅为杭州的1/4、绍兴的3/5，一个重要的原因就是，温州数字经济核心产业的一部分（如电子电气制造）脱胎于传统产业，劳动密集型特征明显，其能够纳入数字经济核心产业，主要归因于统计需要，而非得益于产业升级。更为细致地考察后会发现，在发展质量及提升速度上，靠前的地市除宁波外，基本都在环杭州地区。为何温州在数字产业化中面对环杭州地区处于竞争劣势？与数字经济发展要素禀赋不足息息相关。首先是人力资源不足。根据第七次全国人口普查数据，浙江省在人才吸引方面早已形成杭州"一超"和宁波、金华"两强"的局面；而数字经济方面的高端人才，则主要被以杭州阿里为核心的数字经济生态圈所虹吸，并辐射到环杭州地区。这几年温州在人才政策上下了一番苦功，但环杭州地区的人才待遇也不弱于温州，温州引进数字经济高端人才依然艰难。其次是科技金融支持乏力。温州本地有一些风投和私募，但规模不大、专业性不强。规模大、专业性强的风投集中在杭州，温州的数字经济初创项目想要获得前期投资、原地起飞非常难，实践中不少数字经济好项目获得融资的前提条件就是迁去杭州。最后是土地资源紧缺。部分数字经济核心制造业对空间要求较高，例如工业自动化设备制造，需要场地堆放半成品，而且不能上楼，温州土地资源和指标紧缺的状况，直接限制了此类产业的扩张式发展。

（三）产业数字化上，温州在全省排名靠后，企业信息化投入占比和普及率出现背离，发展生态较环杭州地区滞后

2022综合评价显示，温州产业数字化得分88.2分，排名下降1位至全省第八，湖州则以114.5分顶替连续四年第一的杭州成为榜首；五年来，温

---

① 部分得益于数字经济核心产业占GDP比重牢牢占据省内"第三极"地位，该项指标占数字产业化所有指标的权重为28.6%。

州先从全省第八上升到第六，2020年起连续两年下降，最终回归第八。

1. 从发展质量视角考察

温州在企业数字化投入和消费上居全省前列，但企业业务信息化普及率并不高。从数字化投入看，温州企业信息化投入占营业收入比重为0.253%，仅次于杭州（0.370%），位列全省第二，较上年上升1位；五年来，温州这一指标在省内的排名一直在第2~4名，比较靠前。从信息化普及率来看，企业购销存管理、生产制造管理和物流配送管理信息化普及率分别为57.8%、39.2%、14.4%，省内排名分别为第九、第九、第七，与第一名分别相差15.9个（衢州，73.7%）、22.1个（衢州，61.3%）、12.0个（湖州，26.4%）百分点，差距比较大。

2. 从发展生态视角考察

温州无论在人才储备上还是项目招引上仍难以与环杭州地区竞争，产业数字化发展生态堪忧。从人才储备来看，温州企业每百人中信息技术人员数量处于省内中下游水平，从2019年到2021年连续三年位列全省第七，2022年这一指标被数字经济核心产业人才占比替换，但料想不会有太大波动；同样稳定的还有杭州，在人才储备上年年都是第一，而环杭州的嘉兴、湖州、衢州排名都比较靠前。严格来说，用企业信息技术人员密度来衡量产业数字化人才储备也不准确，这一指标既包含数字产业化的人才储备，也包含产业数字化的人才储备，以全体作为部分的代理变量是不恰当的，不过考虑到省内除了杭州其他城市数字经济均以产业数字化为主体，同时产业数字化的确难以找到好的量化指标，以该指标代理产业数字化人才储备勉强能够接受①。杭州在此处排名第一也应存疑，可能是数字经济核心产业信息技术人员比例高，拉高了总体水平，不过温州处于省内中下游仍是一个可以接受的结论。从引培数字经济的力度看，温州数字经济投资占全部固定资产投资比重②为4.5%，位列全省第七，较上年上升1位，远落后于第一位的嘉兴（10.2%）、第二位

① "产业数字化"的所有指标都存在这一问题，不复赘述。

② 这一指标为2021综合评价新增，只有两年数据。

的湖州（7.4%）和第三位的金华（7.3%）；比上年增长1.2个百分点，增量位列全省第五，增量超过温州的地区包括湖州（2.6个百分点）、衢州（2.2个百分点）、嘉兴（1.7个百分点）、绍兴（1.3个百分点），都位于杭州周边。这一指标及其增幅一定程度上反映了地方政府引培数字经济相关产业的决心和能力，温州近年来在数字经济项目招引上花了大力气，但限于要素禀赋和区位条件，与环杭州地区仍存在较大差距，与排头兵的距离也在拉远。

总的来看，温州产业数字化排名与温州制造业基础相背离。产业数字化发展离不开数字化人才、数字化配套服务以及相关金融支持，而上述数字化要素都依靠良好的数字生态来温养。根据综合评价，温州企业每百人中信息技术人员数量和数字经济投资占全部固定资产投资比重这两项指标在省内均排名第七，说明温州产业数字化发展的大环境在省内只能排在中下游，而环杭州地区因为背靠杭州，在数字化发展生态上较温州有得天独厚的优势。在缺乏良好数字经济生态的背景下，温州制造业数字化转型出现了两极分化的现象，头部企业资金实力雄厚，能够支撑得起自己的技术团队，能够负担购买优质第三方服务的费用，具有顺畅的融资渠道并有一定的风险承受能力，很早便开始数字化转型的布局，而产业群落中大量的中小微企业则始终难以跨出那一步。温州企业信息化投入占比和普及率出现背离，原因可能就在于此：头部企业在数字化理念和实践上领先于省内除杭州外的各个地区，拉高了温州信息化投入水平，但非头部的规上企业在数字化上则在省内相对落后，各项具体应用都比较滞后。

（四）新业态新模式上，温州稳步上升，居全省前列，电子商务从人均看位于全省中游，但工业企业电商销售活跃度较高，移动支付普及率与使用强度出现背离

2022综合评价显示，温州市新业态新模式①得分92.8分，低于杭州（158.1分），位列省内第二，较上一年上升1位；五年来，杭州在新业态新

---

① 综合评价中主要指电子商务和移动金融。

模式上包揽了历年第一，温州由 2018 年、2019 年的第四上升到第二，
2020~2022 年和丽水交替位居第二和第三。

1. 从电商发展视角考察

温州网络零售总量在全省靠前，但由于人口基数大，人均值处于全省中
游，电商发展相对水平处于全省下游，不过工业企业电商销售相对较活跃。
温州人均电子商务销售额为 10347.0 元，较上年小幅增长，位列全省第五，
与上年持平；五年来，杭州稳居第一，宁波、丽水基本分占第二、第三[①]，
温州除 2019 年升至第四，其余年份稳居第五；五年来，宁波增长最快，增
长了 106.1%，之后是湖州（95.1%）、杭州（82.2%）、舟山（73.1%），
温州位列第五，增长了 69.0%。电商大户金华该项指标仅为 5859.9 元，全
省垫底，原因在于这里的统计口径只限于规上（限上）企业，而金华大量
电商销售额由小微主体[②]完成。如果根据浙江省商务厅各地市网络零售数
据[③]的口径来计算人均电子商务销售额，省内前三则变成杭州、嘉兴、金
华，宁波降到第四，温州降到第六。杭州总量和人均都是当之无愧的第一；
嘉兴总量排在全省第五，但年末常住人口不到金华一半，约为温州的 1/3，
计算人均后排名迅速上升；宁波总量排在金华之后，位列省内第三，可能因
为其网络销售由规上企业完成的比例较高，小微主体销售额在头部城市中相
对较少，因此人均值排名下降；温州总量位列省内第四，但因为人口较多影
响了人均排名。温州网络零售额占社会消费品零售总额比重为 57.8%，与
上年基本持平，位列省内第八，较上年下降 2 位；杭州（147.6%）和金华
（137.2%）这一比例都超过 100%，连续第 3 年分列省内第一、第二，说明
此二地市网络销售异常活跃，客户非本地化程度非常高；五年来，舟山该指
标增速最快，增长了 1.76 倍，衢州（1.10 倍）和杭州（0.96 倍）增长 1
倍左右，宁波（0.77 倍）、丽水（0.76 倍）、湖州（0.74 倍）、嘉兴（0.61

---

① 除了 2020 年，湖州异军突起位列第三，丽水位列第四。
② 小微企业、个体工商户甚至个人。
③ 该数据为从各大电商平台抓取后汇总，囊括了各类型企业和个人的网络零售数据，但也可
能遗漏部分电商平台，如风靡一时的微商和最近快速发展的抖音电商。

倍）增长超过60%，温州增长0.22倍，落后于金华（0.28倍），位列省内第九。温州工业企业电子商务销售额占营收比重为5.11%，仅次于丽水（5.3%），明显高于排名第三的杭州（3%）；五年来，丽水、温州、杭州一直占据前三名，排名也不曾变化。

2. 从移动金融发展视角考察

温州移动支付普及率较高，但使用强度在全省垫底。温州移动支付活跃用户普及率①为78.8%，仅次于杭州（121.4%），位列省内第二，与上年持平；2020~2022年，增速最快的仍是杭州和温州，分别增长了0.65倍和0.53倍。温州人均移动支付业务量②为98.2笔，仅为榜首杭州（796.1）的12.3%，位居全省末席，较上年下降1位；温州这一指标增长了45.1%，增速居全省第九，由于增长较慢，温州在省内排名每年下降1位。

总的来看，近五年来温州在新业态新模式上的排名呈上升趋势，具有一定竞争优势，不过这种优势并不充分。表面上看，温州是电商大市，2022年淘宝村数量位居全省第二，但仔细剖析会发现电子商务领域温州在省内并不具备绝对实力。温州网络零售总量自从2020年被宁波超越变成全省第四后一直保持这一位次，但与第五名嘉兴拉开的差距连年缩小，目前仅比嘉兴高5%，计算人均值后排名进一步下降。温州电商的造血能力也不如杭州、金华，后两者网络零售的外向型程度远远超过温州，也就是说它们从全国（甚至全世界）赚钱的能力远超温州；网络零售的发展速度也不如环杭州地区，出现增长后劲不足的问题。移动金融领域同样存在"表里不一"的情况。表面看温州移动支付普及率省内第二，但人均移动支付业务量在全省垫底，说明温州使用移动支付的人多，深度用户却不够多。可能与温州外来人口主要从事劳动密集型行业，受教育程度不高，受数字鸿沟影响采用移动支付频率不高有关。

---

① 这一指标为2020综合评价新增，只有三年数据。反映区域内每月至少发生一笔移动渠道资金转移的用户数量占该区域常住人口数量的比重。由于分子包括外来人口，因此该项数据可能大于100%。例如杭州有大量外来年轻人口居住、工作，其指标值就大于100%。

② 这一指标虽然从2018年起就有，但统计口径相同的只有近三年数据。

（五）政府和社会数字化上，温州稳定在全省中游偏上水平，社会民生大部分指标增长较快，政府数字化水平全省领先

2022 综合评价显示，温州市政府和社会数字化得分 102.0 分，位列全省第四，与上年持平；从全省来看，杭州一直位居第一，第二、第三前四年一直是宁波和金华轮流占据，2022 年湖州顶替金华成为第三，而温州则在第四和第五之间轮换。

1. 从社会民生视角考察

温州各项指标都居浙江省中上游水平，大部分指标五年来增长都比较快，个别指标近两年出现倒退。温州人均移动互联网接入流量为 216.1GB，比上年增加 55.9GB，比第一名宁波（230.1）少 14GB，居全省第五；五年来，这一指标排名一直比较稳定，杭州、宁波、金华稳居全省前三，嘉兴和温州一直分别是第四和第五；五年来，随着各地网络基础设施的完善和移动终端发展，各地市移动流量增长基本在 7 倍以上，温州增长了 9 倍，仅次于舟山（10.2 倍）。温州高速公路入口 ETC 使用率为 71.3%，比上年下降 4.3 个百分点，比第一的宁波（77.7%）低 6.4 个百分点，位居全省第六，较上年下降 3 位；五年来，各地市该指标基本增长了 70% 以上，杭州、湖州、金华、衢州都增长了 1 倍以上，温州则增长了 81.9%，位列全省第九。温州生均教育信息化经费①投入为 1049.5 元，比上年下降 7.6 元，比第一的湖州少 537 元，位居全省第六，较上年下降 1 位；2020~2022 年，湖州增长了 1 倍有余，台州、绍兴和温州由高至低增长了 15% 至 18% 不等，舟山和丽水几乎没有增长，其余五地市则出现了负增长。温州区域医院门诊智慧结算率②为 88.0%，比上年增长 3.9 个百分点，仅次于杭州（90.0%）、宁波（89.2%），位列全省第三，"杭一甬二温三"的格局已维持两年；2019~2022 年，温州该指标只增长了 8.1 个百分点，是除湖州（0.2 个百分点）

---

① 这一指标为 2020 综合评价新增，只有三年数据。
② 这一指标为 2019 综合评价新增，只有四年数据。智慧结算包括自助机结算、诊间结算和移动终端结算等。

外增长最小的地市，头部的杭州四年增长了15.3个百分点，宁波13.2个百分点，都快于温州，衢州更是猛冲40.9个百分点达到84.8%，排名从全省第十冲至全省第四。

2. 从政府数字化视角考察

温州人均数据共享接口调用量①335.7次，次于杭州（474.6）、宁波（429.2），居全省第三，较上年上升1位。由于浙江省数字化改革的推进，各地市的人均数据共享接口调用量都呈现井喷态势，增长最少的嘉兴增长了5倍，最多的绍兴增长了12.9倍，温州增长了9.1倍，在省内处于中游水平。浙政钉应用水平上，温州和宁波、衢州、台州、丽水五地市连续第二年获得满分，居全省领先水平，杭州和环杭州地区（除衢州）表现则不尽人意，杭州只有9.38分、位列第八，嘉兴以9.00分居末席。依申请政务服务事项"一网通办"率全省各地市均达到100%。

温州的政府和社会数字化情况总体令人满意，但还需努力争取进入省内前三。政府数字化方面，温州跃居全省前列，但在社会数字化如教育信息化、医疗智慧结算率等方面还存在短板，有提升空间。

三 温州数字经济高质量发展的对策建议

不论从数字经济体量来看，还是从综合评价来看，温州与省内"第三极"的目标定位还存在差距。杭州、宁波以及环杭州地区在数字经济发展上的要素禀赋强于温州，温州要在各项指标上与兄弟城市展开全面竞争，冲刺"第三极"，难度是比较大的。温州该如何破局？

（一）辩证看待指标，调动地方积极性

"第三极"的含义往往指向总量指标第三，或者综合评价指标第三，在此意义上，温州的确很难破局。为了迎合统计指标或考核指标，平均分配有

---

① 温州居于全省领先水平。这一指标为2021综合评价新增，只有两年数据。

限的资源，最后很可能导致发展失焦。不妨转变思路，辩证看待指标。

1. 明确指标只是手段，手段应让位于目的

发展数字经济的初心，不是为了拉高指标，打造政绩，而是为了发展地区经济，增进人民福祉，实现共同富裕。在此过程中，指标提供了一种观察进度、寻找短板、制定战略的工具。如果冲刺指标会影响地方长期均衡和共同富裕，不如不要指标或修正指标。

2. 应结合地方特色选择性参考指标

浙江省数字经济综合评价指标是省经信厅和统计局联合发布，立足浙江省情，贴合数字经济发展实际，有其合理性，可以为强化温州数字经济发展提供指导。但在参考指标的同时，也要结合地区特点，按图索骥可能会丧失地方的比较优势。例如在综合评价中，数字产业化的比重高于产业数字化，机械遵循指标指引，地方就会更加重视数字产业化，对以产业数字化为数字经济主体的温州[①]来说，长此以往将弱化产业数字化的发展潜力。又如，综合评价中精准反映产业数字化发展水平的指标并不多，只看综合评价，难以准确评估温州产业数字化发展水平，工作推进中也容易缺乏抓手。

3. 超越指标看指标，发挥地方主观能动性

温州要做大做强数字经济，既要看综合评价，又要超越综合评价，在于合理范围内做好综合评价指向的各项工作基础上，还要充分发挥地方主观能动性，找准比较优势，牢牢把握发展主线，打造温州特色的数字经济"第三极"。

（二）把握发展主线，以点带面破局

当务之急，温州应进一步明确数字经济发展主线。《温州市数字经济集聚区建设方案（2022—2024年）》就温州数字经济主攻方向提出了11个细分领域，其中物联网、嵌入式软件和工业软件、新型电子材料及元器件与温

---

① 温州产业数字化的体量是数字产业化的4倍左右，参见夏择民、鲍金斌、徐丽芳《温州数字经济发展报告（2020）》，载王健、王春光、金浩主编《2021年温州经济社会形势分析与预测》，社会科学文献出版社，2021。

州本地产业集群关系紧密，云计算与大数据、网络通信、智能计算、区块链、数字文化创意仅由零星亮点企业支撑，元宇宙、集成电路、人工智能几乎没有基础或引进企业立足未稳，可以说后两个领域温州基础薄弱，与原有产业关联不强，作为主攻方向将会事倍功半，分散温州有限的发展资源。温州数字经济缺乏龙头企业和头部项目牵引，产业集聚度普遍不高，与其贪大求全，不如集中有限力量攻其一点，坚持走一条以制造业数字化为主、数字产业化为辅的数字经济发展路径。

短期来看，立足优势产业，以制造业产品数字化和企业信息化为抓手，推进产业数字化。发展与本地产业密切相关的智能家居、智能穿戴、数字医疗、能源电子等融合型产业，兼顾发展物联网、嵌入式软件和工业软件、高端电子等产业。通过企业上云、工业互联网等重点工作，进一步提高企业信息化普及率。

中期来看，立足产业数字化优势，营造制造业数字化产业生态，把温州打造成为有全国影响力的制造业数字化转型标杆城市。具体来说，可择2~3个与数字经济密切相关的传统制造产业类目，优先支持其完成从产品到生产流程到管理模式的整体数字化转型。比如电子电气，既脱胎于传统产业，又归属于数字经济，优先发展等于同时推进了数字产业化与产业数字化。类似的还有智能泵阀、激光光电、智能锁等产业。同时，鼓励和扶持温州已有基础的制造业数字化转型项目（如鞋服数字化、包装产业链智能化、特色预制菜自动化解决方案等）进行深度开发和复制推广，在区域乃至全国提高知名度。其目标是营造良性的、可持续的制造业数字化产业生态，吸引全国的制造业数字化专业人才、项目、投资机构到温州来，为打造有全国影响力的制造业数字化转型标杆城市创造条件。数字经济项目招引同样围绕这一发展路径，发挥为本地制造业数字化补链、强链、延链的作用。

长期来看，制造业数字化优势逐步向数字经济其他领域渗透扩散。制造业数字化转型标杆城市打造过程中及初具规模后，积累的人力资源优势与产业生态优势，逐步向制造业数字化以外的产业领域溢出，带动数字经济全面提升。这并不是说要等到标杆城市打造完毕才发展数字经济其他方面，为打造标杆城市而着力构建的数字经济发展生态，会持续地溢出到数字基础设施、数字产业化、服务业和农业数字化、新业态新模式中去。换言之，着力推进制造业数字化，不仅制造业数字化发展了，数字技术与实体经济方面面的融合应用也或多或少地发展了，最终量变引起质变。

（三）夯实发展基础，加强要素保障

制造业数字化转型非一日之功，温州应打造传统制造业数字化转型系统工程，夯实制造业数字化发展基础，加强土地、人才、金融等各方面要素支撑。

1.厚植传统制造业数字化转型根基

梳理传统支柱制造业产业链图谱，弥补缺链、弱链环节，支持高能耗、高污染、高危险关键环节的优化改进和回流再造。梳理传统支柱制造业数字化转型生态图谱，通过招引、合作等方式补齐制造业数字化转型的缺链、弱链环节，打造顺畅、低成本的制造业数字化转型全流程体系。大力培育本地软件与信息技术服务业，按需加强芯片设计产业，支撑数字经济健康发展。将智能诊断服务推广到小微制造业企业，系统降低数字化转型成本。

2.加强制造业数字化转型创新支撑

优化产业创新服务综合体建设，提高产业集群创新效率。充分发挥行业头部企业和专精特新小巨人的带头示范作用，加快数字化创新成果向产业集群扩散，形成可复制可推广的行业数字化整体解决方案。这方面的典型案例包括正泰的智能制造、东经科技的包装全流程数字化方案、百珍堂的预制菜自动化流水线等。对照优势产业数字化转型需求引进创新平台，引导高能级创新平台和高校支持温州特色数字经济创新发展。

3.强化制造业数字化转型要素保障

在土地配置上，优先供应已完成数字化转型的制造业企业和因数字化转型确需增加用地的制造业企业。尽快形成一批功能多元、配套完善的数字化产业园区。围绕产业集群布局制造业数字化支持产业园区或楼宇。在人才引培上，持续完善人才政策，提升数字经济领域引才精准度和产业适配度。重

视产教融合，鼓励龙头企业组建职业教育集团或产教融合联盟，按需培养产业数字化人才。依托高校、科研院所、创新平台构建产学研联盟，加强技术人员培养，深入推进校企合作培养模式。在金融支持上，政府在产业创新上要主动作为，强化政府引导基金作用，设计合理的容错机制和利益让渡机制，大力扶持传统制造业向新兴制造业转型的前期项目。通过打响温州制造业数字化转型的品牌，构建一流的风险投资环境，撬动全国资本汇聚温州，加快温州制造向温州智造转变。

社 会 篇
Social Reports

B.11
2022年温州城乡居民收入
与消费状况分析报告

程宗迪 王 梵 傅一特[*]

摘 要： 2022年温州全市经济运行呈现稳进提质的良好态势，民生福祉持续增进，城乡居民实现良好增收，消费潜力持续释放，全年全体居民人均可支配收入同比增长5.8%，消费同比增长7.3%。其中，农村居民收支恢复均快于城镇居民，城乡居民收支相对差距进一步缩小。但是可持续性增收动力有待挖掘、收入来源稳定性有待巩固、区域发展协调性有待提升、增长动力较为单一、城乡消费差距明显、优质消费供给不足等问题仍然存在。要实现更高质效的收支增长，加速巩固共同富裕成效，切实提升居民幸福感，建议加快夯实经济发展基础，加快构建新型橄榄社会，加快补齐收入差距短板，加快提升居民消

---

* 程宗迪，国家统计局温州调查队党组书记、队长，高级统计师；王梵，国家统计局温州调查队办公室主任；傅一特，国家统计局温州调查队住户调查处副处长。

费意愿，加快释放内在消费潜力，加快优化整体消费供给。

关键词： 居民收入　消费　共同富裕　温州

2022 年，温州市深入学习宣传贯彻党的二十大精神，认真落实中央、省委、省政府决策部署，坚定扛起忠实践行"八八战略"、奋力打造"重要窗口"的使命担当，奋力续写创新史、走好共富路，全面推进都市振兴、乡村振兴、产业振兴、文化振兴，加快建设更具活力的"千年商港、幸福温州"，打造高质量发展建设共同富裕示范区市域样板，争创社会主义现代化先行市，全市整体经济运行呈现稳进提质的良好态势，民生福祉持续增进，城乡居民实现良好增收，消费潜力持续释放，但仍存在可持续性增收动力有待挖掘、收入来源稳定性有待巩固、区域发展协调性有待提升、增长动力较为单一、城乡消费差距明显、优质消费供给不足等问题，需引起关注。

一　2022 年温州居民收入的主要情况

（一）增速位次提档进位，农村增长快于城镇

如表 1 所示，全年，温州全市全体居民人均可支配收入同比增长 5.8%，增速列全省第 2 位，位次较上年同期前移 4 位。按常住地分，城镇居民人均可支配收入同比增长 5.2%，列全省第 2 位，位次较上年同期前移 1 位；农村居民人均可支配收入同比增长 7.4%，列全省第 3 位，位次较上年同期前移 2 位。农村居民人均可支配收入增速快于城镇居民 2.2 个百分点，城乡居民收入比从 1.94（2021 年）缩小到 1.91，收窄 0.03。

表1　2022年浙江全省及各设区市居民人均可支配收入增速

单位：%

项目	全体居民	城镇	农村
全省	4.8	4.1	6.6
杭州	3.8	3.1	5.8
宁波	4.5	3.8	5.9
温州	5.8	5.2	7.4
嘉兴	4.3	3.2	6.1
湖州	5.3	4.5	6.8
绍兴	5.2	4.2	7.2
金华	3.9	3.3	5.7
衢州	6.1	5.3	7.5
舟山	4.9	4.1	6.9
台州	4.6	3.9	6.4
丽水	5.7	4.7	7.9

资料来源：浙江省统计局。

（二）收入平稳增长，总量高于全省平均

如表2所示，全年，全市全体居民人均可支配收入63033元，居全省第5位，位次较上年同期前移1位，自2013年城乡住户调查一体化改革以来首次超越嘉兴（62626元），比全省平均水平高2731元。按常住地分，城镇居民人均可支配收入73326元，高出全省城镇居民平均水平2058元，居全省第4位，位次较上年同期前移1位；农村居民人均可支配收入38482元，高出全省农村居民平均水平917元，居全省第7位，位次与上年同期持平。

表2　2022年浙江全省及各设区市居民人均可支配收入

单位：元

项目	全体居民	城镇	农村
全省	60302	71268	37565
杭州	70281	77043	45183
宁波	68348	76690	45487

项目	全体居民	城镇	农村
温州	63033	73326	38482
嘉兴	62626	72096	46276
湖州	60554	71044	44112
绍兴	65760	76199	45709
金华	58080	69626	35630
衢州	45276	57465	31468
舟山	63848	71965	45924
台州	58040	70737	37700
丽水	44450	55784	28470

资料来源：：2022年度浙江省居民收支及生活状况调查。

（三）县域差距持续缩小，山区五县发展提速

如表3所示，从县域全体居民人均可支配收入情况来看，各县（市、区）均保持稳步增长，地区人均可支配收入最高最低收入倍差由2.26（2021年）缩小至2.24。分城乡看，城镇居民人均可支配收入总量最高的是鹿城区，达到81666元，高出总量最低的泰顺县（49175元）32491元，增速最快的为洞头区，达到6.2%，高出增速最慢的龙湾区（4.2%）2个百分点；农村居民人均可支配收入总量最高的是龙湾区，达到47610元，高出总量最低的泰顺县（24375元）23235元，增速最快的为洞头区，达到8.6%，高出增速最慢的泰顺县和乐清市（两地均为7.0%）1.6个百分点。从山区五县平均收入来看，全体、城镇、农村居民人均可支配收入分别为46336元、57964元和30075元，同比增长6.4%、5.6%和7.6%，分别高于全市平均0.6个、0.4个和0.2个百分点，高于全省平均1.6个、1.5个和1个百分点。

表3　2022年温州市各县（市、区）居民收入情况

单位：元，%

地区	全体		城镇		农村	
	绝对值	增速	绝对值	增速	绝对值	增速
鹿城区	79203	4.9	81666	4.6	46176	7.7
龙湾区	69059	4.4	72953	4.2	47610	7.2
瓯海区	70950	6.2	76147	5.6	46623	7.3
洞头区	50639	7.2	60315	6.2	39091	8.6
永嘉县	48828	6.3	60206	5.6	31333	7.4
平阳县	49339	6.5	61447	5.5	32215	8.5
苍南县	47669	6.0	57465	5.4	30322	7.1
文成县	35983	6.9	50327	5.9	24400	8.1
泰顺县	35420	6.1	49175	5.1	24375	7.0
瑞安市	66628	5.4	77254	4.7	42247	7.2
乐清市	66508	5.7	77058	5.1	44916	7.0
龙港市	53982	6.6	64327	6.0	35370	7.9

资料来源：2022年度温州市居民收支及生活状况调查。

二　2022年温州居民收入的结构特点

（一）政策累积效应有力支撑工资性收入增长

全年，全市居民人均工资性收入为33500元，同比增长6.0%，占人均可支配收入的53.1%，是居民增收的第一动力。其中，城镇和农村居民分别为38087元和22560元，同比增长5.5%和7.5%（见表4），对收入增长的贡献率为54.1%和59.5%，工资性收入的持续性增长巩固了收入增幅回升态势。城乡居民工资性收入增长主要得益于：2022年以来，全市加力落实稳经济一揽子政策和接续政策措施，成效逐步显现，经济运行恢复态势良好，疫情影响得到有效控制，生产生活秩序加快恢复，生产需求稳中有升，各类重要基建项目陆续开工，有效帮助本地务工人员实现稳定就业，保障工资性收入实现增长。

（二）精准帮扶有力支撑经营净收入增长

全年，全市居民人均经营净收入为 11586 元，同比增长 6.3%，占人均可支配收入的 18.4%，是收入结构中的第二大组成部分。其中，城镇和农村居民分别为 12577 元和 9221 元，同比分别增长 5.9% 和 7.0%（见表 4）。城乡居民经营净收入稳定增长主要得益于：2022 年全市出台两轮纾困解难"30 条举措""稳经济 40 条"等一揽子帮扶政策，在金融支持、营商环境等方面精准发力，企业降本增效成果明显；同时，随着"两带两园"建设持续深入，乡村产业加速融合，乡村民宿、乡村特色夜市、农家乐夜餐厅等新型业态持续释放活力，加之全市精准发放文旅、乡村等系列消费券，有效带动本地乡村旅游的热度提升，稳步促进居民经营净收入增长。

（三）资源整合优化有力支撑财产净收入增长

全年，全市居民人均财产净收入为 9705 元，同比增长 5.7%，占人均可支配收入的 15.4%，为城乡居民收入的增长注入活力。其中，城镇和农村居民分别为 12947 元和 1970 元，分别增长 5.3% 和 6.8%（见表 4）。城乡居民财产净收入增长主要得益于：全市经济稳步恢复以及金融市场的发展和创新给城乡居民提供更多的投资机会，城乡居民倾向于将个人积蓄进行各种投资理财获得长期可靠的回报；同时，随着全市深入推进以集体经济为核心的强村富民乡村集成改革，以及闲置宅基地、闲置农房"双激活"等举措落地，切实惠及农村居民，改革红利持续释放，有效激活农村各类要素资源，支撑城乡居民财产净收入得以稳定增长。

（四）保障提质扩面有力支撑转移净收入增长

全年，全市居民人均转移净收入为 8243 元，同比增长 4.3%，占人均可支配收入的 13.1%。其中，城镇和农村居民分别为 9714 元和 4732 元，分别增长 3.4% 和 7.7%（见表 4）。城乡居民转移净收入增长主要得益于：全市高度重视民生保障工作，城乡社会保障提质扩面，养老金和低保标准持续提升，为转移净收入的稳定提升提供支撑；但受疫情影响，在外温商尤其是华侨返温流量较其他年份有所减少，在一定程度上造成了寄带回收入和赡养收入的减少，导致一直作为四大项收入中增速领跑者的转移净收入增长有所放缓，未能恢复至疫情前水平。

表4　2022年温州市居民收入结构情况

单位：元，%

指标	全体		城镇		农村	
	绝对值	增幅	绝对值	增幅	绝对值	增幅
可支配收入	63033	5.8	73326	5.2	38482	7.4
工资性收入	33500	6.0	38087	5.5	22560	7.5
经营净收入	11586	6.3	12577	5.9	9221	7.0
财产净收入	9705	5.7	12947	5.3	1970	6.8
转移净收入	8243	4.3	9714	3.4	4732	7.7

注：表中数据为四舍五入值。

三　2022年温州居民消费的主要情况

（一）居民消费增速快于收入，总体呈现稳中向好态势

消费在居民收入增加、消费环境改善、政策效应释放等因素的合力推动下稳步回暖，全年全市居民人均消费支出42809元，同比增长7.3%，支出增速快于居民收入增速（5.8%）1.5个百分点。

（二）农村居民消费增速快于城镇，城乡消费支出比收窄

按常住地分，全年全市城镇居民人均生活消费支出49176元，同比增长6.6%；农村居民人均生活消费支出27623元，同比增长9.6%，增速比城镇居民快3.0个百分点。城乡居民人均生活消费支出增速较上年虽有所回落，但城乡居民消费支出比收窄至1.78∶1，较上年收窄0.05。

（三）总量增幅均居全省前列，与头部地区差距缩小

从消费总量看，如表5所示，全年全市居民人均消费支出在全省11个设区市中居第三位，与第一位的杭州市（46440元）相差3631元，差距比上年缩小1078元；从消费增速看，温州居民人均消费支出同比增长7.3%，在11个设区市中居第三位，位次较上年大幅前移7位。

表5　2021~2022年浙江省各设区市居民消费支出情况

单位：元，%

项目	全体居民消费支出		同比增幅
	2022年	2021年	
杭州	46440	44609	4.1
宁波	42997	40478	6.2
温州	42809	39900	7.3
嘉兴	39146	37158	5.3
湖州	38322	35874	6.8
绍兴	40371	37448	7.8
金华	38371	36471	5.2
衢州	26981	25048	7.7
舟山	39710	37561	5.7
台州	38330	36227	5.8
丽水	32586	30390	7.2
温州排名	3	3	3

四　温州居民消费的结构特点

八大类生活消费支出呈现"六升二降"态势，其中其他用品和服务、交通通信、生活用品及服务增幅居前（见表6）。

表6　温州居民人均生活消费支出情况

单位：元，%

指标名称	2022 年	2021 年	同比增幅	占比
人均生活消费支出	42809	39900	7.3	100.0
食品烟酒	12301	11556	6.4	28.7
衣着	2497	2504	−0.3	5.8
居住	10583	10207	3.7	24.7
生活用品及服务	3424	2979	14.9	8.0
交通通信	5523	3972	39.0	12.9
教育文化娱乐	4542	5286	−14.1	10.6
医疗保健	2229	2174	2.5	5.2
其他用品和服务	1711	1222	40.0	4.0

（一）食品烟酒支出稳步增长，支出占比进一步降低

全年，全市居民人均食品烟酒支出 12301 元，同比增长 6.4%。其中，城镇居民人均食品烟酒支出 13384 元，同比增长 5.1%；农村居民人均食品烟酒支出 9716 元，同比增长 10.6%。食品烟酒支出稳步增长，但慢于生活消费支出总体增长速度 0.9 个百分点，占消费支出比重为 28.7%，较上年下降 0.3 个百分点，反映了居民消费升级的大趋势。随着温州居民收入水平持续上升，生活质量进一步提高，消费结构趋于优化，食品支出占比逐年下降。

（二）其他用品和服务、生活用品及服务支出增速靠前

全年，全市居民人均其他用品和服务支出 1711 元，占消费支出的 4.0%，同比增长 40.0%，增速领跑八大项支出。主要受俄乌冲突等外部因素影响，黄金饰品消费量快速增长。

全年，全市居民人均生活用品及服务支出 3424 元，占消费支出的 8.0%，同比增长 14.9%，增幅居八大项支出第三位。近年住房的大量交付，带动家用器具、家具及室内装饰品消费支出快速增长，这成为生活用品及服务支出增长主要动力。

（三）交通通信支出快速增长

全年，全市居民人均交通通信支出 5523 元，占消费支出的 12.9%，同比增长 39.0%。其中，人均交通类支出 4234 元，同比增长 57.4%；人均通信类支出 1289 元，同比增长 0.6%。近年来，随着新能源技术的快速发展，居民交通和通信方式都发生了深刻变化，新能源汽车发展态势良好，同时受非标电动自行车提前淘汰置换政策影响，全市人均交通工具支出显著提高。

（四）教育文化娱乐、衣着消费有待恢复

全年，全市居民人均教育文化娱乐支出 4542 元，占消费支出的 10.6%，同比减少 14.1%。随着 2022 年"双减"政策全面落地，居民学前、小学、初中人均教育支出均显著下降。此外，"非必要不出省、不离市"等阶段性要求以及密闭文体场所、旅游景点等仍为重点防控场所未能全面开放，对居民文化娱乐消费造成较大影响。受疫情影响，全年全市居民人均衣着支出 2497 元，占消费支出的 5.8%，同比减少 0.3%。

（五）医疗保健、居住支出有所增长

全年，全市居民人均医疗保健支出 2229 元，占消费支出的 5.2%，同比增长 2.5%。疫情下居民囤积药品与口罩的意识增强，全市居民人均医疗器具及药品消费 795 元，同比增长 6.9%。

全年，全市居民人均居住支出 10583 元，占消费支出的 24.7%，同比增长 3.7%。其中，人均住房维修及管理支出 2432 元，同比增长 46.7%，主要受近年住房大量交付影响，居民人均住房装潢消费显著增长，拉动人均住房维修及管理支出快速增长。

五 需关注的问题

（一）可持续性增收动力有待挖掘

全市全体居民人均可支配收入总量自 2013 年城乡住户调查一体化改革

以来首次超越嘉兴，在全省 11 个设区市中的排名从 2021 年第 6 位提升至 2022 年第 5 位，但领先嘉兴仅 407 元，与第 1 位的杭州差距仍有 7248 元，总量相对落后以及与靠前设区市差距的扩大，一定程度反映了温州居民收入增长不够充分的问题。同时，居民收入体量的持续扩大与收入持续较快增长之间的矛盾逐步显现，全年全体常住居民人均可支配收入已达 63033 元，每增长 1 个百分点需人均收入增加约 630 元，居民收入可持续性增长压力不断加大，增收动能有待进一步挖掘。

（二）收入来源稳定性有待巩固

从收入来源看，劳动力转移就业作为居民增收主要来源的长期趋势并未改变，工资性收入占全体居民可支配收入的比重自 2014 年以来一直超过 50%。但受限于温州产业层次整体偏低，吸纳就业的主体为处于产业链、价值链中低端环节的劳动密集型产业，所在产业的抗风险能力相对薄弱也意味着从业人员增收渠道的不稳定，尤其是农村居民可支配收入中的工资性收入占比高达 58.6%，而农村居民受自身低文化、低技能限制，就业层次和薪酬水平更是相对偏低，就业的不稳定因素也更多，农村居民收入增长的来源局限性相较城镇居民更大。作为可支配收入来源的主动力，工资性收入增长的稳定性有待进一步巩固。

（三）区域发展协调性有待提升

从省内横向看，2022 年温州居民城乡收入比为 1.91，在全省 11 个设区市中居第 9 位，与上年同期持平，与其他城乡收入较为均衡的设区市如杭州（1.71）、宁波（1.69）、绍兴（1.67）、嘉兴（1.56）等地比较，差距明显，赶超很难。从城乡差距看，温州城乡收入绝对差距进一步拉大，从 2021 年的 33834 元扩大至 2022 年的 34844 元。从县（市、区）情况看，城乡收入比最小的龙湾区（1.53）比最大的文成县（2.06）低 0.53 个点，城乡收入绝对差距最大的鹿城区（35490 元）比最小的洞头区（21224 元）高

出 14266 元。区域和城乡收入差距偏大，在一定程度上将制约共同富裕"三大差距"缩小的进程，发展协调性有待进一步提升。

（四）消费增长动力较为单一

全市居民人均消费支出名义和实际分别同比增长 7.3%和 5.4%，比上年同期下降 9.1 个和 9.4 个百分点。全省各设区市比较来看，温州居民人均消费总量和增速均居全省前列，但全年消费增长主要靠交通通信支出拉动。2022 年适逢新能源汽车国补发放最后一年以及全市非标电动自行车提前淘汰置换，政策性因素对于该块消费的促进作用明显，预计 2023 年交通通信消费将显著回落，消费增长结构亟待优化。

（五）城乡消费差距明显

对比城乡居民消费情况发现，2022 年全市城乡居民消费水平相对差异为 1.78∶1，虽比上年有所收窄，且为近几年来的最小差距，但城乡差异仍然大大超出全省平均（1.62∶1），为全省 11 个设区市中最大。由于温州城乡发展不均衡，农村消费市场规模和水平的差距难以在短时间内赶上，农村地区现代商业服务、流通设施不完善以及市场有效供给不足等消费基础短板，抑制了农村消费水平的提升和消费潜力的释放。同时，温州农村居民消费总体水平仍然偏低，人均消费支出 27623 元，在全省 11 个设区市中居第八位，与上年持平。从消费支出构成看，温州农村居民人均消费支出的35.2%用于食品烟酒，而教育文娱、医疗保健等消费仅占到 16.9%。近三年来，虽然全市农村消费恢复速度快于城镇，但主要集中于较低水平的刚性需求拉动，而农村内部的消费增长缺乏向城市流通的推动力，城乡融合消费潜力尚待挖掘。

（六）优质消费供给不足

当前，温州大力培育发展新消费，加快打造区域消费中心城市，并以此为契机带动本土消费产业转型升级和促进居民消费。但是从优质消费产品供给情况看，目前本地居民对本土品牌认同度有限或仍保留本土产品缺乏创新的固有印象，温州企业在开发和挖掘特色优质商品上仍有局限，本土适应消费升级需求的新兴服务和中高端产品供给不足，品牌的培育和营销能力需进一步加强。此外，温州有丰厚的山水文化资源，但从目前文旅融合消费产品供给看，多数产品跟风雷同，缺乏特色和辨识度，追求短期"流量"，难以形成长期稳定的产业效益。从消费平台培育情况看，温州尚缺乏有全国影响力的标志性核心商圈平台，以温州最知名的五马商圈为例，总体消费层次偏低，业态趋于老化，尚不足以辐射周边成为培育新型消费发展的主要平台。

六　对策建议

（一）兴产业、提能级、优环境，加快夯实经济发展基础

一是加快振兴产业。聚焦培育传统支柱产业、新兴主导产业两大万亿级产业集群，系统推进传统优势产业"锻长板"以及传统产业的转型升级，在充分发挥龙头企业链主作用的同时带动本地量大面广的中小微企业实现整体提档。二是提升都市能级。加快融入长三角一体化和粤闽浙沿海城市群发展，高水平建设瓯江新城，构建"一轴一带一区"城市发展新格局，加快生产性服务业集聚发展，进一步扩大市场，吸引更多民间主体进入教育、医疗、车辆检测、美容、养老等服务业，有效激活消费经济。三是优化营商环境。持续深化新时代"两个健康"先行区创建，聚焦办事体验、应用场景和流程再造等方面的改革创新，不断优化营商环境。加快探索数字化转型，进一步整合资源，形成一站式、集成化、全生命周期涉企线上服务与监管，切实提升便利化水平。

（二）稳就业、调分配、精帮扶，加快构建新型橄榄社会

一是全力稳定就业。抢抓转型升级和产业布局契机，推动传统劳动密集

型产业向高新技术产业转变，创造新的就业机会。有效激活和培育各类市场主体，如支持微商电商、网络直播等多样化自主就业、分时就业，推动发展具有本地特色的小店经济等，吸纳更多的就业群体。二是合力调节分配。全面落实提高个人所得税起征点、扩大中低档税率覆盖面、小微企业普惠性税收减免等税收支持政策，减轻中低收入群体和小微企业税收负担。着力建立现代慈善组织制度，搭建高收入人群和企业包括在外温商、温企投身慈善反哺家乡的平台，促进慈善资源有效流向群众需求。三是加强精准帮扶。构建"全面覆盖+精准画像"的群体结构数据库，精准监测不同收入群体数量及分布，瞄准增收潜力大、带动能力强的"扩中"重点群体和收入水平低、发展能力弱的"提低"重点群体，进一步采取差别化精准激励政策。

（三）活动能、拓渠道、强协同，加快补齐收入差距短板

一是激活增收动能。进一步提升"两带两园"的虹吸效应和强农富农功能，促进特色产业向产业平台集聚、向优势产区集中，推动高端要素向农村集聚辐射，充分整合并发挥农村生态资源优势，培育休闲农业、森林人家、康养基地等新兴产业，强化产业链各环节对农民的增收效果。二是拓宽增收渠道。进一步规范资本市场，通过创新金融体系、强化投资理财渠道监管、规范交易方式等为居民创造更为完善、成熟的投资理财环境，在提高居民收益分配权的同时有效拓宽其收入渠道。三是强化区域协同。充分发挥"三区两市"经济强市（区）的引领带动作用，加快探索山海协作新路径，全面发力落实"飞地协作""产业协作""人才协作"等联动协作，培育壮大一批起点高、规模大、带动能力强的龙头企业和企业集群，就近吸纳农村劳动人口就业创业，实现稳定增收，促进城乡以及区域间差距缩小。

（四）拓空间、优政策、保权益，加快提升居民消费意愿

一是拓宽消费空间。把握疫情防控措施优化调整、新能源汽车国补取消等契机，升级加码促消费的有效政策，指向性优化消费增长结构，部署更多支持举措，持续发展"首店经济""月光经济""小店经济"等多元化商服

形态，缓解社会就业压力，提升消费承载空间。二是强化政策支撑。适时出台相关政策措施，不断完善促进共同富裕的制度政策体系，通过鼓励增加新型业态、创新劳动就业模式等方式进一步拓宽居民增收渠道，深化实施"扩中""提低"行动，持续推进中等收入群体规模扩大，创新就业、收入分配和消费全链条良性循环互促共进机制，以城乡居民收入普遍增长切实增强消费能力，支撑消费持续扩大。三是保障消费权益。依托数字化改革，全面实施市场智慧监管，细化市场监管节点，强化消费者权益保护，筑牢消费市场健康发展基础，营造良好消费氛围和消费环境，让消费者消费不必瞻前顾后。

（五）活市场、促融合、强保障，加快释放内在消费潜力

一是激活农村市场。将农村消费作为挖掘消费潜力的重要着力点，开展绿色智能家电下乡、汽车下乡和以旧换新等活动，以扩大县域乡镇消费为抓手带动农村消费，全面激活农村消费大市场。二是促进城乡融合。加强县域乡镇商贸设施和到村物流站点以及生活消费服务综合体建设，畅通城乡双向流通渠道，形成贯通城乡的消费体系，以农村消费升级推动城乡消费联动增长，促进城市和农村消费扩容提质。加速电子商务、直播带货向农村覆盖，重塑农村社会的消费模式，通过数字消费联通城乡消费大市场，加速城乡消费互动融合，推动城乡生产与消费的有效衔接。三是提供金融保障。适度发展农村信贷消费，完善农村金融信贷政策，构建无障碍金融信贷流程机制，对农民提供小额信贷，鼓励农民当期消费，全面激发农村居民消费潜力。

（六）提质量、育载体、强变革，加快优化整体消费供给

一是提升供给质量。把扩大消费同改善人民生活品质、满足人民美好生活需要结合起来，打造内容丰富、品质精良、结构合理的高质量消费供给体系。引导企业通过大数据、数字孪生等前沿技术实现精准研发、精细生产和精心营销来满足消费者个性化、多元化的细分需求。二是培育消费载体。利用温州打造区域消费中心城市和"千年商港"的契机，对标国际消费中心

城市和著名商港的建设，深入实施"五大工程"，培育新型消费发展载体，充分拓展消费场景。三是强化方式变革。加快消费方式变革，发展共享消费、定制消费、体验消费等新模式和线上线下协同的新零售形式，加快培育利用虚拟现实或增强现实等新技术的体验式消费新场景，加快布局智慧商超、无人便利店等设施，拓展无接触交易服务，激发智慧零售活力。

B.12

2022年温州就业形势分析
与2023年展望[*]

杨美凤[**]

摘　要： 2022年是新冠疫情发生以来的第三个年头，温州的社会经济和全球一样遭遇了疫情的巨大冲击，温州的就业也不可避免地受到了一定的影响。温州就业形势主要面临以下问题和挑战：就业形势依然严峻；就业结构性过剩和短缺现象并存；企业稳岗难度加大；就业相关配套设施供给不足。对此建议：提升引才"精准度"；打造引才"强磁场"；创新温州职教模式，推进产教融合；加大对重点行业、中小微企业政策扶持力度；加强就业监测和重点人群帮扶；加强新就业形态的培育与支持；加强温州就业良好氛围的营造。

关键词： 就业形势　失业　温州

就业是民生之本，也是社会安定的压舱石。一个国家和地区的就业既取决于当地的社会经济发展状况，也是反映社会经济发展的重要变量。2022年是新冠疫情发生以来的第三个年头，温州的社会经济和全球一样遭遇了疫情的巨大冲击，温州的就业也不可避免地受到了一定的影响。为了客观全面地反映温州的就业状况，现结合社会经济的发展进行初步分析如下。

---

* 本文数据均来自温州市人力社保局。
** 杨美凤，中共温州市委党校文化与社会学教研部讲师。

一 2022年温州就业形势

（一）温州城镇就业人员基本情况

2022年温州市实现城镇新增就业10.24万人，完成全年任务（9万人）的113.78%。实现城镇就业困难人员再就业8506人、城镇失业人员再就业4.07万人，分别完成全年任务（5720人、1万人）的148.71%、407%。全市失业保险参保人数166.17万人，比上年末增加6.5%。

（二）温州就业重点人群基本情况

2022年以来，温州市在温高校毕业生总量增加，就业压力趋大；退役军人就业形势基本稳定。

1. 在温高校毕业生总量增加，留温率有所下降

2022年在温高校毕业生共36448人，较上年同期增加6927人、增长23.46%。截至7月25日，在温高校毕业生就业率81.92%；留温率32.97%，同比下降4.98个百分点。其中，就业创业人数22256人，同比增加117人，基本与上年保持一致；升学、入伍、出国出境人数7598人，同比增加1660人、增长27.95%。

2. 退役军人就业情况基本稳定

截至2022年7月25日，温州市现有18~60岁退役军人82842人，其中复学在读1859人，已就业66913人，创业13332人，未就业738人（其中有就业意愿556人，无就业意愿182人）。三年来定向招录687名优秀退役军人进入公务员、事业单位、国企、社工队伍，推荐2096名（其中兵支书395名）进入村社"两委"班子，教育培训23970人次。举办各类政策宣贯会、沙龙讲座54场次，走访军创企业（个体工商户）1211家，帮助军创企业解决税费减免、土地要素、资金瓶颈等问题。与11家在温金融机构合作，面向退役军人推出创业贷、拥军贷、信用贷、优惠贷等金融产品，累计发放定向贷款7.3亿元。

（三）温州不同行业从业基本情况

从总体上看，受疫情、"双减"①、经济下行等因素影响，温州市人社局抽样调查温州市 12.74 万家用人单位，结果显示，"餐饮""住宿""教培"等部分劳动密集型产业就业吸纳作用减弱。部分制造业企业发展势头强劲，用工需求持续增加。

1. 部分行业从业人数减少

以"从业人数超 2 万"为标准，全市共有 25 个行业为"较大行业"，其中 15 个行业从业人数减少，商务服务业、餐饮业从业人数降幅超过 5%；10 个行业从业人数增加，电气机械和器材制造业，其他制造业，金属制品、机械和设备修理业从业人数涨幅超 5%。

2. 行业就业从业人数分化

在拥有 1000 家以上单位的行业中，科技推广和应用服务业，其他制造业，金属制品、机械和设备修理业，电气机械和器材制造业从业人数增长较快，增长率分别为 20.18%、5.94%、5.44%、5.07%；从业人数减少 1% 以上的有 12 个行业，其中商务服务业、房地产业、餐饮业降幅最大，分别达 10.90%、7.65%、6.95%。用工需求中技能型的需求在不断增加。

3. 行业用工岗位需求呈现新变化

2022 年上半年参加招聘会的用人单位数居前三的行业分别是机械设备行业、汽车零部件行业、鞋服行业，其他行业较 2021 年底均有不同程度减少。教育培训行业步入调整期、下降幅度最大，排名降至第 4 位。2022 年上半年用人单位需求职位数居前三的行业分别是生产与质控、销售与客服、网络与通信。与上年底相比，生产与质控行业职位需求增长强劲，位居榜首。

---

① "双减"指有效减轻义务教育阶段学生过重作业负担和校外培训负担。

二 2022年温州就业领域面临的困境和问题

在国内外形势更加复杂、不确定性加大、世界经济增长趋缓、国内经济增速减弱的情况下，当前温州就业领域面临以下问题和挑战，需要予以关注。

（一）就业形势依然严峻

一是经济下行形势复杂。全球经济增长预期不乐观，通胀仍处高位，局部冲突、国际贸易保护主义盛行，经济复苏仍存变数，当前经济发展面临需求收缩、预期转弱、供给冲击三重压力。二是部分行业恢复仍需时日。当前，部分行业企业生产经营仍未恢复到疫情前的水平。如受疫情影响，温州市餐饮、住宿、纺织行业不景气，用工人数分别下降4.29%、4.17%、3.79%。

（二）就业结构性过剩和短缺现象依然并存

随着制造业持续快速发展，高质量劳动者、技术性人才数量不足以及人才结构不合理等问题越发明显，"有人无岗"和"有岗无人"的技能错配现象依然存在，主要有以下原因。一是中西部经济梯度进阶带动就近就业。中西部地区大开发、大建设带来大批新增岗位，与东部地区工资收入日渐趋同，削弱了温州吸引力。同等付出条件下，外来劳动者在温还需背负异地基本生活成本、远离家乡亲情成本、往来高额路费成本、疫情潜在阻断成本，故而更倾向就近就业。二是温州城市能级及竞争力制约吸引力。在全国抢人大战背景下，温州城市能级及竞争力制约了对高校毕业生的吸引力，同等条件下，高校毕业生、高技能人才等更倾向于在杭、沪、深等地工作，以获取更高职业薪酬及更大职业发展空间。三是技能人才培养供给不足。当前一些职业院校人才培养与企业需求还不相适应，专业设置与产业发展匹配度还不高。一些企业缺少对技能人才的培养和投入，无论是一线普工还是部分技术工人皆供给不足。企业反馈它们更喜欢雇用熟练工，除了培养经费外，过去出现过内部一些员工积累技术经验后频繁跳槽或单干现象，影响了企业的正常运转，这也是企业不敢全力培养的原因。

（三）企业稳岗难度加大

一是招工难和用工成本上升。一些企业反馈疫情下企业订单不正常，间断性上班，很多工人打工还亏本了；一些工人提前回家后，明年不想过来了。企业招工难和用工贵问题较为突出。二是低技能劳动者基数较大。部分务工人员学历层次和技能水平达不到岗位需求，且对岗位期望值过高，造成用工供需不匹配。同时，部分务工人员看重短期工资收入跳槽频繁，无法沉下心来积累技术、提升能力。三是劳动者择业观念发生变化。年轻一代务工者思想更加活跃，对生活配套特别是住宿、文娱等方面要求更高，更加青睐自由度大、性价比高的工种，不愿意留在枯燥、高压的工作岗位。

（四）就业相关配套设施供给不足

一是各大工业园区衣、食、住、行、学、医等基础配套仍然匮乏。员工工作之余无处可去、无处可玩，特别是休闲、教育、医疗等资源不匹配，导致务工人员子女入学难等问题，造成大批外来员工无法安心扎根温州。二是职业教育体系需加快完善。目前温州中高职教育基础能力仍较为薄弱，高职院校难培养出对口定制型技能人才，传统职业教育体系存在技术技能人才培养通道不畅等问题，多依靠企业在岗就地培育。三是部分企业用工环境及配套差。温州相当部分企业存在用工环境不佳、劳动强度较大、工资待遇不高、晋升空间狭小、配套设施落后、文化生活单调、福利保障不够、企业关爱不够等问题，整体用工环境与员工预期差距较大，难以长时间留住员工。

三　2023年温州就业形势展望与政策建议

总体来看，针对当前阶段就业领域面临的问题，要坚持实施就业优

先战略和更加积极的就业政策，锚定更加充分更高质量就业，全方位加强就业支持和服务，以担当、实干、奋进争先列、谋跨越。为此，提出以下对策建议。

（一）提升引才"精准度"

为实现精准有效引进人才，需加强未来一段时期人才缺口预测、外来人才需求分析，以及现有政策的有效性和可持续性的绩效评估，并构建温州市就业指数，真正实现"招得来""用得好""留得住"，为此，建议如下。一是做好温州紧缺、急需人才预测。结合温州城市功能定位、产业发展方向，发布"温州人才专业需求目录"和温州发展蓝图，让来温高校学生有方向、有奔头。如行业用工需求呈现新变化。2022年上半年参加招聘会的用人单位数居前三的行业分别是机械设备行业、汽车零部件行业、鞋服行业，其他行业较2021年底均有不同程度的减少。教育培训行业步入调整期、下降幅度最大，排名降至第4位。根据当前行业变化等特征进行招才引才。二是做好迁入人才服务需求分析。密切关注人才实际流入情况，尤其是对人才流入较多的中心城区、产业集聚区，组成联合调研组，分析公共服务需求，制订应对的计划方案，合理规划布局，着力补齐基础设施短板，提升公共服务水平，为留住人才营造良好的环境。三是做好现有人才政策评估。对已实施引才政策进行定期评估和绩效评价，通过全面细致评估政策的整体效益和实际效果，及时调整和完善财政支持方式，提高财政专项资金的使用效率，减少财政资金浪费，保障政策的针对性和有效性。四是密集"数智协同"用工监测。打造公共就业大数据分析监控平台。坚持"数据说话、数据管理、数据评价"，高密开展用工监测，指导规上工业企业、重点外贸企业、计划裁员企业、缺工企业做好"四张清单"管理，摸清全市就业底数以及需求指数，有效招才引才。

（二）打造引才"强磁场"

一是创新人才投入机制。近几年来，各大城市都舍得真金白银，最大力度地增强对人才的吸引力，最大限度激发和释放人才创新创业活力。在人才投入理念上也逐步由"政府直接投入"向引导鼓励"全社会多元投入"转变，充分发挥财政资金的杠杆作用，带动社会资本加大投入，加快形成以企业为主体、政府引导、全社会共同关注的人才创新体系。二是优化公共服务配套。如通过开展共有产权试点建设，用于满足高校毕业生来温应聘以及在温就业的居住需求，让合理的房价和房租成为吸引人才来温留温的重要因素。推进更加符合高校毕业生和技能人才住房需求的未来社区、人才社区和大学生主题社区建设，提高居住品质，解决高校毕业生和技能人才的住房和孩子就学问题。

（三）创新温州职教模式，推动产教融合

一是支持并倡导市县合作共建制造业人才培养计划。通过政府引导，优质企业提供生产性实训基地、设备及部分资金，针对温州制造业等的需要培养人才。二是建立"厂中校"与专业教师制度。推动"职教主动，吸引产业融入"向"产业主动，吸引职教融入"转型，充分利用县域高职与县域产业的空间便利条件，开展人才培养和生产实践真正融合的"厂中校"试点，将高职院校的思政教育、课程体系、实训安排与师资系统嵌入企业，将学生派进生产一线，实现"双元育人"。同时，为保障"厂中校"试点深化，同步建立"一师一企"专业教师驻企服务制度，即1名专业教师长期驻点1家企业，开展"厂中校"学生日常管理并组织专业教育、企业员工培训，与企业工程师共同开展教材开发、技术研发、专利发明、职业标准制定等。三是建立实训设备共建共享机制。将高职院校实训设备与企业共建共享，在符合财经纪律大前提下大胆创新、敢于尝试。高职院校提供实训设备、生源，企业提供原材料、工艺流程，支付学生实习补贴，并承担学校水电等能耗支出，生产成品销售后收入一定比例归高职院校。双方共同组织学生开展实训设备专业实践培养，切实提高学生实践动手能力、实训设备使用率和职教对产业的助推力。

（四）加大对重点行业、中小微企业的政策扶持力度

坚持经济发展就业导向，加大针对重点行业、中小微企业的政策扶持力度。一是保障电力供应。2022年受电力资源紧张影响，一些企业生产设备耗电量大，无法自行发电生产，部分订单延期，有些订单由于延期而违约，损失惨重。通过进一步做好规划，保障生产用电的有序供应，确保企业生产正常开展。二是降低小微企业综合融资成本。部分企业因新冠疫情影响，销售额下降、利润不足，银行根据其经营状况和风险程度，不再追加贷款，或者压缩贷款额度。要进一步扩大普惠性贷款规模，扩大普惠金融覆盖面，尤其是对生产经营遇到困难的小微企业，提供差异化优惠的金融服务和信贷支持，开发符合小微企业"短、小、频、急"融资需求的金融产品。

（五）加强就业监测和重点人群帮扶

一是跟踪地区就业形势，切实完善就业失业调查监测体系，开展就业岗位需求调查。持续开展重点企业、重点行业、重点群体就业动态监测，着力防范规模性失业风险。二是加强重点人群就业帮扶。对于本地高校应届毕业生、就业困难等人群，制定并实施专门的支持措施。加大鼓励毕业生基层就业创业政策力度，拓宽基层就业空间，加强高校毕业生就业创业服务，提高市场培训效率。支持农村劳动力就近就业，完善劳动力市场，推动公共服务均等化。加大兜底保障力度，通过开展"岗位挖掘"行动，加大岗位供给。如退役军人、大龄失业人员等群体就业稳定性和意愿低，部分就业困难人员由于自身年龄大、技能低、学历低，其岗位适应性不足，存在畏难情绪。加强对就业困难群体的社会保护和职业技能培训，提高就业能力和适配性。

（六）加大对新就业形态的培育与支持

一是加快培育壮大线上经济、数字经济等新业态。在现有政策下，继续提供必要安全保障，促进企业信息化、数字化、智能化，加快推进企业数字化转型进程。二是建立与新就业形态相适应的多样化标准规范体系。继续健全共享用工制度，扩大各类社会保险、技能提升培训对灵活就业人员的覆盖面。三是实现税收规范管理。通过税务部门接入平台，或者让平台代收，按照不同品种商品的经营额进行科学征税，最好是自动扣税，同时有抵扣渠道用于抵扣部分合法税额，这样电商平台的经营业主就不用担心自己因偷税漏税被处罚了，同时也能让税收管理更加规范。

（七）加强温州就业良好氛围的营造

一是开展就业主题的系列活动。开展"温州就业宣传语""我为温州就业献一策"等金点子征集活动。引导企业家、助企服务员、网民代表等群体，以多种形式为温州市就业发展提建议、献良策。二是做好提前宣传招聘工作。全面学习考察外地先进经验，主动组织相关行业有实力和潜力企业，提前到本地和外地知名高校入驻宣传和招聘人才。三是讲好温州就业创业故事。开展就业创业活动，深入挖掘就业文化资源，开展就业文化研讨等活动，培育富有地方特色和时代精神的就业文化氛围。四是"赋位"技能工人，改变社会传统就业观念。"赋能"并且"赋位"技能工人，设法创办技工学校，推进校企合作，结合企业需求推进"订单式"技能人才培养，提高技能型人才"两代表一委员"参与比例，提高技能工人的社会地位，并通过打造"幸福工厂"等系列载体，逐渐改变对制造业陈旧的就业观念。

参考文献

晁罡、万佳佳、王磊、常赛超：《传统文化培训强度对员工工作投入的影响机制研究》，《管理学报》2021年第8期。

何勤、杨宜勇、程雅馨、杨泽坤：《共享经济下平台型灵活就业劳动者就业选择影

响因素差异研究——以"微工网"为案例》,《宏观经济研究》2019年第8期。

蒋岩波、朱格锋:《共享经济模式下网约车平台与司机法律关系的辨析与认定》,《河南财经政法大学学报》2019年第5期。

王家宝、满赛赛、敦帅、谢智敏、厉杰:《基于分享经济与零工经济双重视角的企业创新用工模式构建研究》,《管理现代化》2020年第5期。

王桢、陈乐妮、李旭培:《变革型领导与工作投入:基于情感视角的调节中介模型》,《管理评论》2015年第9期。

B.13
2022年温州社会治安形势分析

黄建春*

摘　要： 2022年温州社会治安继续保持平稳有序态势。"两抢"类和盗窃类案件立案数呈现断崖式下降，人民群众的安全感不断提升。电信网络诈骗案件迎来了发案数量与涉案金额双下降的拐点，但仍是当前社会治安面临的突出问题。扫黑除恶工作进入常态化的制度建设阶段。养老诈骗专项整治启动后成效明显。今后一段时间应关注和应对疫情常态化下各类社会治安新风险，运用好社会治安领域累积的相关数据，在深挖与拓展数据赋能社会治安治理的同时，还需要保障好数据上负载个人信息主体的法定权益和数据安全。

关键词： 社会治安　社会治理　数字化　温州

一　2022年温州社会治安形势

2022年温州社会治安态势平稳向好，成功获评全省平安城市，实现平安温州"八连创"。特别是近年来随着"两抢"类和盗窃类案件立案数断崖式下降，人民群众的安全感与获得感不断提升。

（一）传统治安类案件发案数持续下降

2022年，温州全市刑事立案数以及"两抢"、盗窃类发案数继续下降，

---

* 黄建春，温州市委党校政法与统战教研部副教授。

全市刑事案件立案数同比下降22.2%，盗窃类案件立案数下降26.9%。十年来，温州的刑事案件数总量下降了41.92%，特别是公安部门打击成效的不断提升，对此类型案件起到强力震慑作用。截至2022年11月，全市发生的22起"两抢"类案件全部成功告破。发生在2020年3月23日洞头区的有史以来最大金额黄金盗窃案件经过办案人员长达两年多的不懈努力得以顺利侦破。温州传统治安类案件发案数量的逐年下降除了归功于公安部门破案能力不断提高产生的威慑之外，还与科技的发展有密切关联，即一方面得益于数字经济的快速发展，商业交易大都通过线上完成，使此类案件作案的空间不断被紧压；另一方面得益于依托"雪亮工程"建设，温州布局了一张融合视频监控、物联传感器、移动终端设备，覆盖市域"圈、层、点、线、面"的公共安全综合感知网，正是这些无处不在、全时段在岗的"云端哨兵"，使犯罪分子"无身能藏、无形能隐"，为城市织就了一张无形的平安大网。

（二）电信网络诈骗发案迎来拐点

2022年温州网络诈骗案件迎来了发案数量与涉案金额双下降的可喜变化，但网络诈骗案件频发仍然是威胁温州社会治安最为突出的问题，主要呈现以下特点。

1. 案件类型

2022年温州电信网络诈骗案件中，以足不出户、轻松赚钱为幌子诱导受害人做任务的刷单诈骗类案件发案数高居首位，以"无抵押、放贷快"吸引受害者，诱其转"保证金"或是"解冻费"的贷款类诈骗，冒充电商客服类诈骗，虚假征信类诈骗也是发案数较多的案件类型。

2. 受骗群体

从受骗人群的性别看，在电信网络诈骗案件的受害人群体中，男女受骗人数相差不大，女性群体数量稍高于男性群体。但不同性别的受骗案件类型差异明显，男性易陷入网络招嫖类诈骗，即相关平台以要求交纳定金、保证金作为提供"服务"的前提；刷单兼职类诈骗更易使女性群体受骗，而离异女性更易因网恋交友而被实施"杀猪盘"诈骗。从受骗人群的年龄看，"90后"受骗人数占比最高，之后是"80后""00后"，即年轻群体更容易受骗；从受骗群体的职业分布看，教师、医生以及从事财务工作等的人员更容易成为诈骗实施者下手的目标。

3. 诈骗模式

电信网络诈骗案件具体种类多样，组织程度高和专业化强是其共有特点。每一起诈骗案件背后都有分工明确、业务专业的完整链条团伙，各"分团伙"之间可能是隶属关系，也可能为互利互惠关系，还有可能是单项服务关系。

4. 诈骗手段

当前刷单诈骗已逐步成为变种最多、变化最快的诈骗类型，并与其他电信网络诈骗手法相互"融合"，成为主要引流方式。该类诈骗手段一般先是前期引流，通过各类渠道发布广告，以诱人条件招募刷单人员，有人一旦上钩，即被拉入"任务"群；接着通过小额返利获取潜在受害者信任，进而引导其下载诈骗专用 APP，骗取其垫资或充值；最后在受害人提现上设置障碍，进而诱其加大投入，而当骗局被识破时即时切断一切联系。

（三）扫黑除恶常态化推进

为保障人民安居乐业、社会安定有序、国家长治久安，2018 年 1 月中央部署开展为期三年的扫黑除恶专项行动，2021 年进入收官之年的同时也正式开启扫黑除恶常态化工作。2022 年，温州根据全国扫黑办部署，围绕金融放贷、市场流通等领域继续开展整治。金融放贷领域主要是打击"套路贷"、非法放贷、暴力催收等违法犯罪行为，以及互联网信贷业务乱象。市场流通领域重点打击欺行霸市、强迫交易等违法犯罪行为，强化对一些重点市场的监管。温州在继续保持对扫黑除恶的高压态势之外，更加注重机制完善与制度提炼，具体涉及健全银检协同防控金融风险、工程招投标"评定分离"、"警会共建"平安小区、网络交易智能监测等 80 余项机制。温州法院创新扫黑除恶案件"审判战法"，即基于优化司法资源配置考量，以推

进认罪认罚从宽制度来推动案件繁简分流，实现案件办理质量与效果提升目的。如瓯海法院审理的以张某某为首的涉黑系列案，该案涉及 20 余节违法犯罪事实、7 个罪名，23 名被告人普遍有前科劣迹且具有较强反侦查能力。法院运用上述战法，仅用 43 个工作日的审理时长实现全案"认罪认罚"，做到"快审快判"。此案也是全省首例全案认罪认罚的涉黑案件，其做法得到省高院的肯定并在全省予以推广。此外，温州的数字扫黑也在常态化扫黑除恶中发挥积极作用，集"线索摸排""核查打击""源头治理"三大子场景的数字化扫黑应用的运行，实现线索研判集成、风险实时感知、线上线下融合闭环，提升了打击的精准度与实效性。近几年，温州的扫黑除恶整体工作成效连续位居全省第一，为社会和谐稳定和良好营商环境营造提供了有力保障。

（四）养老诈骗专项重点整治

近年来，温州养老诈骗发案数呈现一定攀升态势，2021 年温州全市 55 岁以上被骗的共计 385 人，被骗金额共计 4423 万元，给受害者本人及其家庭带来了严重的影响。老年群体在数字化场景普遍运用的当下面临着一定的"数字鸿沟"，也给诈骗分子实施诈骗带来可乘之机。为此，2022 年 4 月，温州启动了为期半年的养老诈骗专项整治打击行动，重点聚焦与老年群体日常消费密切相关的领域，即针对非法宣称具有"保健"功能的食品、器材、用品、用具等产品的违法案件进行查处。如瑞安查办的老年人高价购买"治病特效"保健电器诈骗案件，电器系成本不到 100 元的普通电器，却被包装宣传成可以包治颈椎病、"三高"等顽疾的特效治疗仪，售价虚高到 499 元。该诈骗团伙从 2019 年 9 月起在温州各县市流窜作案十几起，涉及诈骗金额共计 10 余万元。经过半年的整治打击，温州共侦破养老诈骗案 28 起，涉案金额 1500 余万元，挽回经济损失 131.5 万元。根据已查办的案件统计，受害人年龄主要在 55 岁至 65 岁，一般基于对身体保健和养老金增值的共性诉求而陷入骗局；案件类型主要涉及生产伪劣产品类、销售养老保健品类和理财类；作案手段除了编造产品"包治百病"、盈小失大"购物返利"之外，还辅以一定情感关怀进行诱导与迷惑，从而提高诈骗成功率。

二 2022年温州社会治安新态势

针对当前社会治安的状况，2022年温州在社会治安风险的防范工作上也不断强化和持续创新。

（一）社会风险防控新态势

新冠疫情带来的出行减少与消费场景受限给不少市场经营主体带来冲击，也让社会治安呈现不少错综复杂新态势。

1.涉稳金融风险预警防范强化

对社会治安产生影响的金融类案件主要集中在非法集资、企业"两链"、互联网金融领域。此类案件一般以资金链断裂为初始，以引发一定规模的群众不安、集聚为表现，一旦事发，即使处置及时得当，局面仍是被动，一方面涉案群众的重大经济损失挽回有限，另一方面由司法兜底的处置手段虽能实现案结，但事态的平息需要大量行政与司法成本的付出。因此，近年来温州在立足于前期金融改革成果的基础上，逐渐将改革重心从事后风险处置转向事前预警防范体系的建构。持续的疫情使市场的不确定因素增加，摸清涉稳金融风险主体的底数难度也相应加大，同时与金融风险相关的违法手段具有一定的隐蔽性，这些都给风险防范带来难度。温州在金融风险的防小防早上进行不断探索，也走出了特色路径，其中集监测预警、核查化解、司法打击、追赃挽损、维稳综治五大功能于一体，联结多系统、联动多部门的"金融风险防范与处置"应用将温州市7万余家涉金融企业纳入监测范围，一旦分析出现涉稳金融风险，该应用就会发布不同等级的风险预警。截至2022年11月，温州相关职能部门根据该监测系统提示的风险信息，处置线索840条，有效遏制各类风险苗头。

2.房地产领域风险日渐抬头

新一轮的房地产市场调控导致房价呈现下行波动，再加上疫情的影响，市场观望氛围进一步加重，陆续出现个别开发商资不抵债、资金链断裂等问

题，此类问题得以妥善化解自然成为关切社会稳定的重要因素。截止到2022年11月，温州法院受理涉及房地产"停贷""停工"案件422件，具体涉及：一是因施工进度问题，购房者认为存在烂尾风险而拒绝办理按揭支付剩余尾款，此类案件意味着购房者对银行的违约产生批量的征信问题或被银行起诉等可能影响社会稳定；二是部分房地产企业因资金链断裂，不仅影响施工进度，而且会引发施工企业和工人对债权与工资维权事件，如可能以工地停工、讨薪维权等影响社会稳定的方式对房地产企业进行施压，此类型案件也是法院受理案件占比最高的案件类型；三是部分购房者将责任指向相关的监管部门履责不力上，即认为职能部门对预售资金监管不力，目前此类案件一般以申请政府信息公开形式启动，从而有可能将矛盾转为行政争议类型。上述房地产领域的风险由于涉及银行、房地产企业、施工企业、施工工人、建材供应商和一定规模的购房者等多方利益群体，牵涉的资金量高，且司法处置往往是事后介入，成本与效果均非最佳，因此今后一段时间需重点关注该领域的风险，开展提前研判，完善相关预案。

3. 疫情常态化下的社会治安风险动态化

2022年全国疫情呈现"点多、面广"特点，温州的疫情防控任务也与其他地方一样艰巨繁重。虽然不同阶段的疫情防控政策在内容上有所不同，但对具体防控措施的科学性与精准性要求都是一样的，在实践中也难免在个别环节以简单化的"一刀切"或层层加码等过度防疫来践行之，给社会治安带来一定的压力。2022年，温州各个社区在疫情防控中均承担着大量事务性工作，其中不乏具有一定强制性的任务，然而社区组织只是群众自治组织，不具有行政权力行使权能，在具体防控实施上存在由误解引发一定矛盾的风险。同时，由于社区身居疫情防控一线，疲于应对重任，在其他社区实际事务中难以发挥主观能动性。此外，参与疫情防控的保安和志愿者也承担若干具体职责，虽然应然职责是协助配合，但在具体履职过程中采取一些强硬措施是难以避免的，从而容易与普通民众产生摩擦与争执。上述特定阶段影响社会治安的风险随着2022年末疫情防控措施的调整而随之大幅降低，社会逐渐恢复正常生产生活节奏。

（二）电信网络诈骗防范打击实效提升明显

2022 年温州电信网络诈骗类案件发案数迎来拐点，发案数同比下降 29.9%。温州在 2020 年开展"断卡"行动之后，针对此类案件团伙规模庞大、任务分工明确、境外实施作案等特点，仅仅打击链条的某一环节，并不能从源头上减少犯罪的发生，因此又陆续部署开展"断流""断链"等专项行动，即切断境外团伙窝点招募人员的链条与通道。只有开展全链条打击，才能在源头上减少此类诈骗行为。2022 年，温州共破获电信网络诈骗案件 600 余起，抓获犯罪嫌疑人 1800 余人。除了在打击上取得一定成效之外，实现止案于案前是降低发案、保障人民群众财产安全的关键，数字化反诈在这方面显现强大功能。如"温州反诈大脑"的"风阻"模块，即受骗人员精准预警、拦截劝阻模块，依托近些年受骗群众通话特征，通过数据，在线计算出"正在咬钩上当"的人员，通过市、县（市、区）、基层派出所三级联动回访劝阻、反诈民警和网格员兜底上门见面劝阻等手段，精准有效劝阻正在遭遇诈骗的高危群众。已组建成立三级预警电话回访队伍，总人数达 200 余人，日均回访上万群众。截至 2022 年 9 月底，对大数据分析得出的易被诈骗的"高危人员"进行见面劝阻 65 万余人次，其中包括正在给骗子汇款的 9983 人，直接挽回损失 6548.13 万元。

（三）社会治安整体防控体系日渐完善

温州立体化、信息化社会治安防控体系日趋完善。一是对标"市域社会治理试点城市"和"全国社会治安防控体系建设示范城市"创建任务中明确的"建立不低于常住人口 1‰的专兼职平安巡防队伍"目标，温州相关职能部门以协同共建形式动员社会力量参与平安共建，2022 年共发展平安类社会组织 226 个，全市 162 个派出所发展平安志愿者队伍 1060 支。二是温州各县（市、区）结合本地实际，以提升基层治安治理水平为目标，推出各具特色的治安防控措施。鹿城区针对辖区小微企业、个体户多的实际，创新推出警企平安合作模式，以"警灯工程"岗亭为中心，在小区、企业、

工业园区重点打造 120 个平安哨卡，建立街区巡防队，织密治安防控网络。洞头区结合地域海岛特点，打造"溢香警企共建中心"，设立海上救援、处突应急、平安巡防、消防义务协助、后勤保障等 5 支队伍，建立 24 小时值班备勤制度、快速反应工作机制。在山区的文成县，基于警力有限实际，发动群众积极参与自治，目前具有 986 人规模的"鹤城大姐"巾帼志愿者服务队，每月常规化开展至少 4 次交通劝导、治安宣传、矛盾化解等志愿活动，其成效被《中国妇女报》和浙江省学习强国平台宣传报道。三是数字化助推群防群治新发展。温州依托覆盖市、县、所三级的要素管控驾驶舱应用，开展群防群治信息采集核录，确保数据全面、鲜活、准确，为全市群防群治工作信息化提供支撑。此外，进一步优化、完善"温警智巡""平安乐巡""平安联盟""龙城平安众队"等各类群防群治 APP 微平台建设，如注册人数已突破 20 万人的"平安乐巡"APP 推出智能抢单式巡逻模式，极大限度激发了群众参与自治热情；"龙城平安众队"APP 推行治安巡逻"咕咚"网上巡查制、治安巡逻计时制、志愿服务积分制等 9 个项目，促进志愿服务工作从"无序"向"有序"转向。

三 相关对策建议

近年来，温州社会治安环境的不断改善主要归功于社会治安防控体系的日益完善。社会治安防控体系已成为推进社会治理现代化和保障城市安全的基础性工程。温州在"全国社会治安防控体系建设示范城市"创建过程中，已打造了以"四维"防控为核心的立体化、信息化社会治安防控体系，即综合治理"人防"、安心工程"物防"、现代创新"技防"、为民服务"心防"，现代化治安防控体系日趋完善，特别是体现智治的"物防"与"技防"在治安防控中的作用更加凸显，如"公安大脑"应用场景创新推出，"大数据+巡逻"警务机制在实战应用中提升改善，"一体化"警务运行体系顺畅运行，等等。因此，在今后一段时间，温州仍将围绕公安部大数据智能化战略和浙江省数字化改革要求，把建设有一定辨识度且运行有效的社会治安防控体系继续作为"平安温州"建设的主体工程。

同时，在浙江省数字化改革的推动下，温州近年来已经在社会治安领域积累了巨量的数据，因此，不断挖掘与拓展数据潜力应作为社会治安智治效能提升新的突破点。一是基于社会治安是系统工作的实际，在确保数据安全的前提下，依据《浙江省公共数据条例》实现风险防控领域公安治安数据和其他部门数据的互联互通。一方面，公安治安数据有助于基层及时找到纠纷多发源头，即通过相关数据推送，对具有一定共性的高频纠纷，基层可以实现提早介入，将矛盾化解在萌芽阶段。如杭州余杭区将矛调协同、欠薪预警、110联动等10个省市区级业务信息系统打通，实现全区矛盾纠纷"一本账"的做法值得效仿。另一方面，各职能部门监管数据对于公安部门而言，也能起到提前预警特定治安风险的作用。由于社会各类风险都存在传递至社会治安领域的可能，因此，部门监管数据以及基于上述数据的预警提示，应与公安部门实现一定方式的共享，目前运行相对成熟的跨部门数据共享协作的金融风险防范与处置机制可供借鉴。二是当前大数据应用已逐步深入社会治安的全场景、全流程，并为社会稳定发挥日益重要的作用。未来除了根据实践需要不断开发创新应用场景之外，重点是要提升已有海量数据的应用效能。即通过数据发现问题的能力，从数据的直观性拓展到关联性、整体性研判，从服务具体案件、场景向动态预警和服务党委、政府的决策延伸，为科学决策、机制创新和制度构建提供支撑。三是在社会治安大数据应用中充分保护个人信息权益。相关职能部门在履职中收集的数据会涉及大量个人信息，甚至包括个人敏感信息。因此，在数据处理中要严格遵守个人信息保护法律规定，确保目的与手段合法，在涉及非公共安全的其他场景应用时应依法对个人信息脱敏、去标识化、匿名化，适时出台并动态更新"治安数据应用负面清单"。四是构建数据伦理审查机制。在运用大数据进行模型构建、流程再造时，客观评析技术存在的局限与风险，摆脱技术把持全流程的机械与片面思维，发挥好人的主体性，运用好审查、纠偏功能，畅通技术失败的申诉途径，构建以人为主体、以技为辅助的合理的人技关系。

B.14
温州残疾人事业发展报告（2022年）

朱康对　朱呈访　姚淑君*

摘　要： 近年来，温州市残疾人就业帮扶深入推进，残疾人精准康复服务全面实施，特殊教育事业快速发展，文体助残事业取得佳绩，无障碍环境建设稳步推进，权益保障工作扎实开展，公共服务效能明显提升，基层组织建设更加规范，助残服务氛围日益浓厚。但是，残健群体收入差距依旧较大，残疾人融合平等参与社会生活障碍仍存，地方助残公共服务能力差距不小，无障碍建设欠账较多，全市残疾人事业发展尚有很大的空间。下阶段重点：需要进一步提高残疾人的基本保障水平；优化残疾人就业创业环境；强化残疾人托养庇护网络建设；加强新发疑似残疾人的康复服务帮扶；大力推进信息无障碍建设；统筹施策，多措并举，提升助残服务水平，营造浓厚的全社会助残氛围。

关键词： 残疾人事业　残疾人康复　残疾人就业　温州

残疾人是需要格外关心、格外关注的特殊弱势群体。残疾人的生活状况直接关系到共同富裕目标实现。发展残疾人事业，加强残疾人康复服务和特殊教育，提高其就业质量和收入水平，是政府民生工作的重要内容，也是需要全社会重点聚焦关注的现实问题。为了反映温州市残疾人和残疾人事业的

---

* 朱康对，中共温州市委党校经济学教研部教授；朱呈访，中共温州市委党校经济学教研部副教授；姚淑君，中共温州市委党校经济学教研部助教。

发展状况，现根据 2022 年全市持证残疾人的调查数据①，对相关情况进行初步总结和分析。

一　温州持证残疾人基本情况

根据温州市残联 2022 年对温州市户籍的持有中华人民共和国残疾人证的残疾人的调查，基本情况如下。

从性别比例看，受调查的 173517 位持证残疾人中，男性 108944 人，占62.79%；女性 64573 人，占 37.21%。从年龄比例看，受调查的 173517 位持证残疾人中，0~16（不含）周岁的持证残疾人 6860 人，16（含）~60（含）周岁的持证残疾人 97122 人，60（不含）周岁以上的持证残疾人69535 人（见表 1）。

表 1　温州持证残疾人分年龄段分类别分布

单位：人

年龄段	合计	视力残疾	听力残疾	言语残疾	肢体残疾	智力残疾	精神残疾	多重残疾
0~16（不含）周岁	6860	100	719	53	791	3419	851	927
16（含）~60（含）周岁	97122	4954	8938	1390	39656	15793	19843	6548
60（不含）周岁以上	69535	5430	16009	597	37829	2268	5020	2382
合计	173517	10484	25666	2040	78276	21480	25714	9857

从残疾类别看，全市 173517 位持证残疾人中，视力残疾 10484 人，占6.04%；听力残疾 25666 人，占 14.79%；言语残疾 2040 人，占 1.18%；肢体残疾 78276 人，占 45.11%；智力残疾 21480 人，占 12.38%；精神残疾25714 人，占 14.82%，多重残疾 9857 人，占 5.68%。其中，肢体残疾比例最高，详细情况见表 2。

---

① 本文数据和材料由温州市残联提供，谨此致谢。受持证残疾人问卷填报能力所限，问卷填报完整度参差不一，故各个分析维度的有效样本量各不相同，特此说明。

表 2　2022 年温州残疾类别统计

单位：人、%

残疾类别	性别	合计		残疾一级		残疾二级		残疾三级		残疾四级	
		人数	占比	人数	占比	人数	占比	人数	占比	人数	占比
视力	小计	10484	6.04	4582	2.64	1782	1.03	1032	0.59	3088	1.78
	男	6198	59.12	2567	41.42	1035	16.70	595	9.60	2001	32.28
	女	4286	40.88	2015	47.01	747	17.43	437	10.20	1087	25.36
听力	小计	25666	14.79	5841	3.37	3825	2.20	9005	5.19	6995	4.03
	男	15152	59.04	3372	22.25	2374	15.67	5471	36.11	3935	25.97
	女	10514	40.96	2469	23.48	1451	13.80	3534	33.61	3060	29.10
言语	小计	2040	1.18	839	0.48	351	0.20	353	0.20	497	0.29
	男	1337	65.54	528	39.49	235	17.58	258	19.30	316	23.64
	女	703	34.46	311	44.24	116	16.50	95	13.51	181	25.75
肢体	小计	78276	45.11	7042	4.06	13549	7.81	20661	11.91	37024	21.34
	男	52186	66.67	4486	8.60	8478	16.25	14024	26.87	25198	48.28
	女	26090	33.33	2556	9.80	5071	19.44	6637	25.44	11826	45.33
智力	小计	21480	12.38	2214	1.28	5156	2.97	7816	4.50	6294	3.63
	男	13318	62.00	1381	10.37	3232	24.27	4687	35.19	4018	30.17
	女	8162	38.00	833	10.21	1924	23.57	3129	38.34	2276	27.89
精神	小计	25714	14.82	3296	1.90	10558	6.08	8783	5.06	3077	1.77
	男	14536	56.53	2081	14.32	5996	41.25	4774	32.84	1685	11.59
	女	11178	43.47	1215	10.87	4562	40.81	4009	35.87	1392	12.45

续表

残疾类别	性别	合计		残疾一级		残疾二级		残疾三级		残疾四级	
		人数	占比	人数	占比	人数	占比	人数	占比	人数	占比
多重	小计	9857	5.68	4784	2.76	2675	1.54	1835	1.06	563	0.32
	男	6217	63.07	2889	46.47	1748	28.12	1198	19.27	382	6.14
	女	3640	36.93	1895	52.06	927	25.47	637	17.50	181	4.97
合计	小计	173517	100.00	28598	16.48	37896	21.84	49485	28.52	57538	33.16
	男	108944	62.79	17304	15.88	23098	21.20	31007	28.46	37535	34.45
	女	64573	37.21	11294	17.49	14798	22.92	18478	28.62	20003	30.98

从残疾人的婚配情况看，164215位持证残疾人中，未婚33050人，占20.13%；已婚有配偶111518人，占67.91%；离婚7578人，占4.61%；丧偶12069人，占7.35%。从未婚人员情况看，智力残疾人员占比最高，达54.77%；之后是多重残疾和精神残疾，分别达38.82%、35.24%。同时残疾人总体的离婚比例不高，占比为4.61%（见表3）。

表3　温州持证残疾人婚姻状况

单位：人，%

残疾类别	小计	未婚		已婚有配偶		离婚		丧偶	
		人数	占比	人数	占比	人数	占比	人数	占比
视力	10302	1161	11.27	7676	74.51	443	4.30	1022	9.92
听力	24701	2066	8.36	18722	75.79	764	3.09	3149	12.75
言语	1938	422	21.78	1350	69.66	51	2.63	115	5.93
肢体	77008	8076	10.49	60584	78.67	3045	3.95	5303	6.89
智力	16915	9264	54.77	6475	38.28	518	3.06	658	3.89
精神	24743	8719	35.24	12261	49.55	2388	9.65	1375	5.56
多重	8608	3342	38.82	4450	51.70	369	4.29	447	5.19
合计	164215	33050	20.13	111518	67.91	7578	4.61	12069	7.35

从残疾人受教育情况看，残疾人受教育程度低于平均水平，如表4所示，持证残疾人中，初中以下文化程度高达60.65%，而全市平均为41.13%。大学专科及以上比例3.16%，远低于全市12.64%平均水平①。同时残疾类别对受教育程度影响也较大，如智力残疾的未上过学的比例高达21.22%，明显高于智力残疾人在残疾人总数中的占比。

表4　温州不同等级残疾人受教育情况统计

单位：人，%

受教育程度	合计	残疾一级		残疾二级		残疾三级		残疾四级	
	人数	人数	占比	人数	占比	人数	占比	人数	占比
从未上过学	25834	6474	25.06	6029	23.34	6848	26.51	6483	25.09
小学	75641	11515	15.22	16368	21.64	21377	28.26	26381	34.88

---

① 以上两个全市平均数是2020年第七次全国人口普查数据。

受教育程度	合计	残疾一级		残疾二级		残疾三级		残疾四级	
	人数	人数	占比	人数	占比	人数	占比	人数	占比
初中	46663	6516	13.96	10071	21.58	13373	28.66	16703	35.79
高中(中专)	13824	2108	15.25	3189	23.07	4180	30.24	4347	31.45
大学专科	3602	535	14.85	706	19.6	1061	29.46	1300	36.09
大学本科	1639	232	14.15	276	16.84	471	28.74	660	40.27
研究生	97	12	12.37	10	10.31	28	28.87	47	48.45
合计	167300	27392	16.37	36649	21.91	47338	28.3	55921	33.43

从残疾人的家庭住房情况看，全市78.17%的持证残疾人居住在自建房里，14.14%居住在商品房里，2.11%居住在保障性住房里（见图1）。

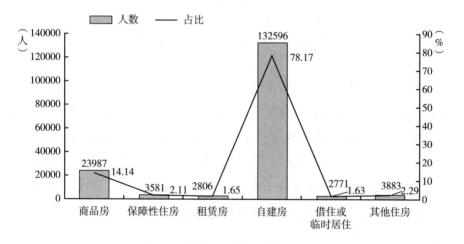

图1　温州持证残疾人家庭住房情况

从残疾人的就业情况看，已就业占63.49%，其中按比例就业占8.59%、集中就业占2.18%、个体就业（含创业）占7.16%、公益性岗位就业占0.85%、辅助性就业占2.73%、农村种养加就业占10.87%、灵活就业占31.1%，未就业占36.50%。平阳县就业率最高，为71.71%，之后是龙港市，为69.47%（见表5）。

表5 温州各县（市、区）持证残疾人就业情况

单位：人，%

地区	就业		未就业	
	人数	占比	人数	占比
合计	54579	63.49	31384	36.50
鹿城区	3532	60.58	2298	39.42
龙湾区	1901	61.48	1191	38.83
瓯海区	2342	56.06	1836	59.86
洞头区	1225	64.04	688	37.65
永嘉县	7309	61.78	4521	38.72
平阳县	6842	71.71	2699	28.61
苍南县	8111	63.55	4653	37.15
文成县	2982	67.74	1420	31.93
泰顺县	2740	61.43	1720	39.54
瑞安市	7319	61.46	4590	39.22
乐清市	7309	62.08	4464	38.84
龙港市	2967	69.47	1304	31.47

从残疾人文体活动参与情况看，持证残疾人中过去一年参加文体活动的残疾人为113576人，占86.90%。未参加文体活动的残疾人为17121人，占13.10%。未参加文体活动的残疾人中，2186人认为没有适合自己的项目，占12.77%；认为没有适合的场所和设施的残疾人为412人，占2.41%；认为没有人组织指导的残疾人为195人，占1.14%。87.29%的残疾人因"其他"原因未参加文体活动，各种详细情况见表6。

表6 温州市残疾人过去一年文体活动参与情况调查结果

单位：人，%

文体活动参与情况		合计	残疾一级		残疾二级		残疾三级		残疾四级	
			人数	占比	人数	占比	人数	占比	人数	占比
过去一年内是否参加文体活动	合计	130697	21191	16.21	28994	22.18	37040	28.34	43472	33.26
	是	113576	16004	14.09	23323	20.54	33584	29.57	40665	35.8
	否	17121	5187	30.3	5671	33.12	3456	20.19	2807	16.4

续表

文体活动参与情况		合计	残疾一级		残疾二级		残疾三级		残疾四级	
			人数	占比	人数	占比	人数	占比	人数	占比
不能参加文体活动原因	没有适合自己的项目	2186	597	27.31	648	29.64	471	21.55	470	21.5
	没有适合的场所和设施	412	104	25.24	121	29.37	102	24.76	85	20.63
	没人组织指导	195	38	19.49	63	32.31	63	32.31	31	15.9
	其他	14945	4589	30.71	5049	33.78	2971	19.88	2336	15.63

从各县（市、区）持证残疾人康复服务情况看，73902 人有康复服务需求，其中 73887 人得到服务，服务率达 99.98%；1651 人有辅具适配服务需求，1651 人得到辅具适配服务，服务率达 100%（见表7）。

表7　温州各县（市、区）残疾人康复服务率和辅具服务率统计

单位：人，%

地区	康复服务			辅具适配服务		
	实际有需求人数	得到服务人数	服务率	实际有需求人数	得到服务人数	服务率
合计	73902	73887	99.98	1651	1651	100

二　温州市残疾人事业发展状况

2018~2022 年，温州市委、市政府出台了《关于全面推进残疾人事业高质量发展　促进残疾人共同富裕的实施意见》，制定并发布了《温州市残疾人事业发展"十四五"规划》《关于对残疾人参加温州市区城乡居民基本养老保险给予个人缴费补贴的通知》《温州市残疾儿童定点康复机构规范化提升工作方案》《关于做好温州市盲人医疗按摩管理工作的通知》等文件，

在残疾人康复、教育、就业、文体、无障碍环境、权益保障、公共服务等方面均取得较大成就。

第一，精准康复服务扩面增效。持证残疾人纳入基层责任医生签约服务政策全面实施。各县（市、区）财政全额承担残疾人个人签约服务费。联合温州医科大学附属第二医院、育婴儿童医院合作共建温州市康复医院，打造一流康复服务品牌，服务资源辐射浙南、闽北、赣东地区。2018～2022年，全市残疾康复人数从5.8万人增长至7.3万余人，残疾人得到助明、助听、助行等免费康复服务，发放各类辅助器具3.5万件，7000人次残疾儿童得到抢救性康复，4万名困难精神残疾人服用基本抗精神病药物费用得到全额补助。特殊儿童（孤独症儿童）康复训练补助达全省最高标准，并将生活补助范围从困难残疾儿童家庭扩大到全市所有参加康复训练的残疾儿童家庭。

第二，残疾人教育事业持续发展。大力促进融合教育，积极探索卫星班普特合作模式，实施资源教师执证上岗制度，创新送教上门服务机制，加速发展特殊教育。建立健全残疾学生及贫困残疾人家庭子女的助学机制，为24390名残疾学生及残疾人家庭子女提供助学补助。全市适龄残疾儿童少年入学人数2018～2022年从2962人增长至7401人，其中学前教育779人，义务教育4880人，高中段教育1742人；学前教育入园率94.72%，义务教育入学率99.64%，高中段入学率88.15%。落实残疾大学生学费、住宿费免除政策，率先实施"残疾学生及残疾人家庭子女助学补助提标升级专项行动计划"，鼓励支持残疾学生及家庭子女提升学历层次。全市4900名残疾学生及残疾人家庭子女领取助学补助，人均补助增加1000元。

第三，残疾人就业帮扶不断加强。推进就业创业平台搭建，进一步促进残疾人就业创业增收。2018～2022年，全市37家党政机关、事业单位、国有企业单位专设岗位招录残疾人公务员、事业编制和国企员工41名，全市累计新增残疾人就业13160人。同时扶持了部分残疾人参与非遗传承、传统手工艺等就业项目，以培训、竞赛等形式提升残疾人创业就业技能。开展各类残疾人职业技能培训736场，累计培训残疾人15726人次。巩固残疾人扶贫基地 72 家，辐射带动 2600 户残疾人家庭致富增收。举办全市首届就业招聘直播活动。残疾人就业保障金征缴近年来逐年增加，征收总额从 2018 年的 2.91 亿元增长至 2022 年的 7.7 亿元，增长率达 164%。

第四，残疾人共富政策全面推进。出台了综合性帮扶政策文件《全面推进残疾人事业高质量发展　促进残疾人共同富裕意见》。投入 237 万元为全市残疾人实施慈善危房改造，帮助 1393 户城镇残疾人家庭获得了廉租房、安置房。困难残疾人生活补贴、重度残疾人护理补贴人数达到 29.5 万人和 34.28 万人，累计发放资金总数达 17.49 亿元，目标人群覆盖率达 100%。全市 15.74 万名残疾人参加养老保险，16.92 万名残疾人参加医疗保险，16.87 万名残疾人参加意外伤害保险，基本实现残疾人城乡养老保险、城乡医疗保险和残疾人意外伤害险全覆盖。低收入残疾人家庭精准帮扶率达到 100%，残疾人住房困难救助比例达到 99.65%。全市共投入残疾人事业经费 31.4 亿元，残疾人民生帮扶持续加强。

第五，残疾人文体事业取得佳绩。成功举办了温州市第九届残疾人艺术汇演。浙江省第九届残疾人艺术汇演中，温州成绩居全省第一。成立了全省首家青少年特殊艺术团——温州市星光少年特殊艺术团，全市县级残疾人艺术团建设覆盖率达 75%。组织开展特殊艺术进农村文化礼堂巡演 362 场次，推动实施文化助残"五个一"工程，惠及农村困难和重度残疾人 24541 人。在东京残奥会、全国残运会等国际、国家级、省级残疾人文体赛事中，温州代表队共获得 70 枚金牌、42 枚银牌、21 枚铜牌。温州聋人足球队代表浙江征战全国第十一届残运会，获得 11 人制足球男子组银牌、5 人制足球女子组金牌的历史最好成绩，省体育代表团向市委、市政府特发感谢信，省政府给予温州市残联行政嘉奖。

第六，残疾人无障碍环境建设稳步推进。建成全省首个金融机构全方位无障碍环境体验中心，采用"硬件+软件、线上+线下"模式，为特殊群体安全便利使用金融网点各种设施、办理各种业务提供保障。成功创建 62 个省级无障碍社区，累计为 8502 户残疾人家庭实施无障碍设施改造，改造户满意率达 100%。

第七，残疾人权益保障工作扎实开展。组织残疾人保障法实施 30 周年系列活动，积极开展志愿助残、残疾预防等宣传活动，动员全市 200 余家单位，参与人数达 10 万余人次。推动残疾人信访工作纳入各县（市、区）社会治理中心，每年定期组织开展残疾人依法信访主题宣传月、法制宣传周等活动，全市残疾人信访维稳工作成效显著。

第八，残疾人公共服务效能明显提升。总投资 2.85 亿元、用地面积约 40 亩、总建筑面积约 3.9 万平方米，全省地市级规模最大的残疾人综合服务中心温州市残疾人综合服务中心项目投入使用。服务设施功能包括残疾人康复训练、康复医疗、就业服务、文体娱乐等。全市共建成残疾人康复、托养及综合服务设施 18 个，建筑面积达 10 万平方米，有床位 2440 张。全市各县（市、区）均已出台补助"残疾人之家"的相关政策。"残疾人之家"的基本功能得到强化。全市已提升建设"残疾人之家"182 家，提供庇护照料服务累计 1.1 万人次，服务覆盖率逐步提升。创新庇护照料机构就业安置和奖励政策，鼓励残疾人托养庇护机构优先录用具有管理服务能力的残疾人及其家属。

第九，数字赋能助残联动发力，深入推进数字化改革。市残联会同市人社局共同打造"残疾人证与社保卡功能互通"应用，在全省推广使用。目前已为全市 17.2 万名持证残疾人提供身份识别"一键验证"、养老及医疗社保"无感办理"、惠残补助"一键直领"、公共服务"一卡享受"等智能化助残服务。已完成 10 万名持证残疾人电子证照申领，通过系统发放助残补贴，惠及残疾人 283.8 万人次，兑现金额 10.1 亿元，12 个县（市、区）均已实现残疾人凭社保卡（码）免费乘坐公共交通。

第十，基层组织建设日趋规范化。12 个县（市、区）184 个乡镇（街道）完成残联换届工作。加强县（市、区）残联领导班子建设，指导做好县级残联"两挂一兼"配备，全市县级残联配备挂职副理事长 17 人，兼职副理事长 13 人。共有 41 名残疾人和残疾人工作者担任省、市、县人大代表、政协委员，乡镇（街道）残联理事长、村（社区）残疾人专职委员基本实现全覆盖。残疾人各类专门协会的作用充分发挥。各级残疾人专门协会开展丰富多彩的协会活动，凝聚力、向心力、归属感不断增强。各地均成立县级孤独症人士及亲友协会和乡镇（街道）残疾人协会，实现乡镇（街道）残疾人协会全覆盖。

此外，为了营造良好的助残氛围，全市开展了形式多样的残疾人事业宣传活动。每年开展"最美"系列寻访宣传活动，开办电视台手语新闻专栏《爱在温州》。率先实现市两会手语直播翻译，成功举办全市首届全国助残日·温州市首届孤独症儿童当代艺术展，网络新媒体宣传多方发力，宣传内容成功登上"小红书"网络热搜榜单，吸引参观人数超1.2万人次。建设宣传全省首批残疾人共同富裕试点，成立浙江省公益慈善助残先行区雁荡站，推出助残共富"十百千万"工程。

五年来，3个残工委成员单位及助残组织先后被授予全国、省助残先进集体荣誉称号；4人获全国残疾人工作先进个人、省助残先进个人称号，2名残疾人获评全省自强模范。5个集体获"十三五"期间浙江省残疾人工作成绩突出集体荣誉称号，残疾人工作者、相关单位工作人员等12人获"十三五"期间浙江省残疾人工作成绩突出个人荣誉称号，助残表彰宣传由点及面、全线铺开。

三　温州市残疾人事业发展的提升空间

近年来，温州市在残疾人基本保障、就业创业、托养庇护等方面，已经开展了大量切实有效的工作。尤其在共同富裕示范区建设以来，相关部门秉持残疾人"一个不掉队"的原则，全力推进各项残疾人事业的高质量发展。但是，残疾人依然是较为弱势的群体，需进一步加大群体帮扶和服务的深度和力度，残疾人事业各项工作仍存在较大的提升潜力。

一是残疾人收入水平依然相对较低。近年来残疾人家庭人均可支配收入有了不同程度的提高，但残疾人可支配收入与健全人还有差距。据统计，残疾人人均可支配收入仅为全市人均可支配收入的70%。当前和今后，残疾人仍然是政府和社会需加大力度予以帮助的群体。

二是残疾人融入和平等参与社会活动的难度仍然较大。残疾人平等充分参与社会生活、共享社会发展成果是实现共同富裕的重要前提。在当前信息化、数字化快速发展的时代，残疾人在数字信息接收处理、数字应用实践推广、"数字鸿沟"跨越等方面难度更大。如何加大"信息无障碍"建设的力度，帮助残疾人跨越数字化和信息化鸿沟，是信息网络时代亟待研究和解决的难题。

三是各地助残公共服务能力存在差异。各县（市、区）残疾人事业发展状况不均衡，对残疾人工作的重视程度，人力、物力、财力的配置和投入等均存在差异。尤其体现在助残公共服务领域，如托养设施建设等，部分地区建设进度仍然偏慢。

四是无障碍设施建设的历史欠账较多。除了新建大型建筑相对规范以外，很多市政设施的无障碍设施建设极不规范，有的尽管也有象征性的无障碍设施，但是不具备实际使用功能。尤其是许多建设较早的老旧小区，根本没有针对残疾人规划无障碍实施。

四　温州残疾人事业发展建议

为了进一步满足残疾人发展需求，提高服务残疾人能力，《温州市残疾人事业发展"十四五"规划》明确提出了残疾人事业的发展目标，也制定了相应的措施。为了更好地实现"十四五"规划目标，建议下阶段温州市的残疾人事业着重在以下几个方面发力。

第一，完善有关残疾人的各项制度，提高残疾人的基本保障水平。进一步健全和落实残疾人基本生活保障制度、医疗救助制度、社会保险制度、专项福利补贴制度和专项补贴监督管理机制，确保残疾人"应保尽保"，提升残疾人这一弱势群体的基本保障水平。加大对困难残疾人的临时救助力度，在残疾人遭遇突发的临时性困难时，予以积极帮助。

第二，动员全社会力量，进一步优化残疾人就业创业环境。全面落实各级政府有关残疾人就业创业各项优惠政策和残疾人按比例就业规定，对超比例安置残疾人就业的企业予以奖励。腾出一定的公益性岗位，优先安置残疾人就业。鼓励山区农村发展适合残疾人就业的来料加工项目，帮助残疾人就地就业。适当加大对残疾人职业技能培训的补贴力度，支持职业培训机构和用工单位开展残疾人职业技能培训工作。建立规范化的残疾人职业培训机构项目公示和评价制度，提高残疾人职业培训的有效性，确保有需求的残疾人能够免费得到培训。

第三，强化残疾人托养庇护网络，为残疾人提供更好的照护服务。进一步完善现有多层次的残疾人托养庇护服务体系，增加有效的服务供给，为符合条件的残疾人提供所需的照护服务。鼓励有条件的相关机构设立"残疾人之家"，同时通过标准化的管理制度、规范化的检查评估体系以及相应的激励制度建设，进一步提高"残疾人之家"的服务质量，提高其社会助残功能，满足残疾人多样化的服务需求。

第四，整合医保和其他救助资源，加强新发疑似残疾人的康复服务帮扶。形成政府、部门和社会联动机制，强化新生儿疾病和未成年人残疾的早期筛查、诊断、治疗和康复服务。建立健全残疾儿童定点康复机构管理制度，形成有效的市场准入、跟踪管理和退出机制，重点培养具备医疗条件和教育资质的残疾儿童康复机构，全面提升温州市康复服务能力。

第五，在加强无障碍硬件设施建设的同时，重点要推进信息无障碍建设。人性化的无障碍环境建设体系完备度，是反映城市文明程度的重要标志。下阶段温州在文明城市建设过程中，要将无障碍设施建设纳入相应的考核标准。尤其在老旧小区改造建设过程中，要把它与其他公共设施规划、设计、施工、验收同步推进。结合残疾人家庭的个性化需求和实际情况，精心设计无障碍改造方案，合理配发无障碍辅助器具，确保能覆盖全部困难残疾人家庭。要重点推进信息无障碍建设。加大手语翻译和服务工作力度。市级两会、县级以上电视手语新闻节目和残疾人专题节目要实现直播加配手语翻译全覆盖。同时加大推进政府网站、政务服务平台的信息无障碍建设和适残化改造力度。

第六，统筹施策，多措并举，提升助残服务水平，营造全社会的助残氛

围。在进一步健全各级残联组织基础上，积极培育各类助残社会组织，加大政府购买残疾人服务力度，积极引进社会力量参与助残服务。采取积极措施，全面推进残疾人教育文体事业发展，精细组织各种残疾人文体活动和赛事，全力维护和保障残疾人合法权益，切实提升智能化助残服务水平，大力宣传残疾人自强奋斗精神和全社会扶残助残风尚，营造浓厚的扶残助残社会氛围。

文 化 篇
Cultural Reports

B.15
2022年温州文化发展报告

陈中权*

摘　要： 2022年，温州市积极推进"三年百项文化工程"，在建设中国民办博物馆之城、弘扬千年瓯越文化、考古发掘宋元古港遗址、发展数字文化产业、开展"东亚文化之都·温州活动年"等方面取得了较好成效，为加快建设"千年商港、幸福温州"提供了精神动力和智力支撑。但还存在着群众性文化活动不够丰富、文化遗产挖掘和利用不够充分、文旅产业核心竞争力不够强、对外文化传播影响力不够大等问题。2023年，温州应在打造公共文化新型空间、加强千年瓯越文化寻根溯源、推进文旅深度融合发展、增强城市文化传播力和影响力等方面取得新进展。

关键词： 公共文化　文化遗产　文旅融合　东亚文化之都　温州

---

* 陈中权，中共温州市委党校（温州市行政学院）文化与社会学教研部副教授，主要研究方向为文化学。

一　2022年温州文化发展基本情况

2022年，温州市根据党中央建设文化强国和省委新时代文化浙江建设的决策部署，坚持举旗帜、聚民心、育新人、兴文化、展形象，以增强城市文化软实力、竞争力和影响力为主攻方向，努力克服新冠疫情带来的巨大压力，积极推进"三年百项文化工程"，在建设中国民办博物馆之城、弘扬千年瓯越文化、考古发掘宋元古港遗址、发展数字文化产业、开展"东亚文化之都·温州活动年"等方面取得了较好成效，为加快建设"千年商港、幸福温州"提供了精神动力和智力支撑。

（一）公共文化服务体系建设稳步推进

2022年，温州市积极推进国家公共文化服务体系示范区创新发展，努力为全省构建以"人"为核心的共富型高品质公共文化服务体系提供"温州样板"。

大力推进中国民办博物馆之城建设。2022年，围绕"千年商港、幸福温州"城市定位，温州市委提出打造中国民办博物馆之城，把民办博物馆建设融入全市经济社会发展大局，加快构建覆盖市、县、镇街、村（社区）四级，融合国有、民办、城区、乡村四类的博物馆网络体系。率全省之先出台《温州市促进民办博物馆发展扶持办法》，鼓励社会力量利用闲置的文物建筑与历史建筑兴办博物馆，对符合条件的民办博物馆将给予最高300万元的一次性建设补助；乡村博物馆建设列入省、市两级"政府民生实事"项目，全年共建成60家市级乡村博物馆，其中省级48家，涵盖乡土乡情、红色印记、农耕文明、非遗体验、民俗风情等主题内容；温瑞塘河沿岸5个民办博物馆全部对外开放，成为温州文化新地标。

开工建设温州美术馆。在温州书画院成立30周年之际，社会各界呼吁了多年的温州美术馆建设有了实质性进展。2022年9月，以温州美术馆为主体的温州文化展示中心工程开工，该中心总建筑面积约2.2万平方米，总投入约 7.5 亿元。总占地 346 亩、建筑面积约 18 万平方米、总投资约 17 亿元的平阳县文化中心一期工程对外开放。以"大部制、扁平化"为改革特点的龙港市，半年建成了 4 个城市书房、2 个农家精品书局、1 个乡村博物馆、1 个非遗博物馆，在文化场馆建设方面跑出了"龙港速度"。经文化和旅游部评估定级，全市 12 家文化馆全部上榜国家一级文化馆。

初步形成"15 分钟阅读服务圈"。市委全会提出打造"书香社会、墨香城市、阅读温州"品牌。在 2021 年获得中国作协授予全国首个"全民阅读示范城"称号、全省地级市首部立法《温州市全民阅读促进条例》的基础上，2022 年，以"10＋100＋N"的形式，即集中组织开展十大主题活动，各县（市、区）联动举办百项阅读活动，广泛开展 N 项特色活动，创新打造"全民阅读示范城"，形成了以县级以上公共图书馆为主阵地，城市书房、农家书屋为特色，城市书巢、流动书吧为辅助，特色实体书店为补充，"数字云阅读"为亮点的全民阅读体系，"15 分钟阅读服务圈"初步形成。

（二）文化遗产保护和利用取得显著成就

2022 年，温州市非常重视厚植城市文化底蕴，把"宋韵瓯风文化传世工程"摆上突出位置，成立市文物考古研究所，启动《温州大典》研究编纂工作，力促千年"宋韵"在瓯越大地"流动"起来，以文化自信激发创新创造活力。

宋元古港遗址考古重大发现。经浙江省文物考古研究所与温州市文物考古研究所联合考古勘探与发掘，在温州市区朔门古港遗址发现古城水、陆城门相关建筑遗存、8 座码头、1 条木栈道、多组干栏式建筑、成片房址、水井等，并出土沉船 2 艘和数以 10 吨计的宋元瓷片以及漆木器、琉璃、砖雕等大量遗物，各类遗存年代跨度从北宋延续至民国，以宋元为主。朔门古港遗址是国内外海上丝绸之路港口遗址最为重要的考古发现，在世界航海史上具有突出价值，是海丝申遗工程的经典样本和支撑性遗产点，入选"2022年度全国十大考古新发现"。朔门古港遗址重现了宋元时期温州港的繁华景象，成为温州打造"千年商港"的有力佐证，并助力温州成功加入全国海

上丝绸之路申报世界文化遗产城市联盟（简称"海丝申遗城市联盟"）。

非物质文化遗产保护利用走在前列。"南戏故里"品牌进一步打响，中央广播电视总台2023年春节戏曲晚会"回乡寻根"，开办33年来，首次走出北京，移步户外，选择在中国历史上最早的成熟戏曲形态"南戏"的诞生地温州录制，以中国现存最早的完整戏曲剧本《张协状元》的编撰地九山书会为主舞台，南戏文化和温州元素精彩闪耀。工艺美术行业喜事连连，市委全会提出打造"中国工艺美术之都"，由中国工艺美术学会组织发起的"手工艺50人论坛"在温州首创举办，首次组团并以专馆形式参加第二届中国工艺美术博览会，温州工艺美术学院成立，温州石雕博物馆、叶萌春艺术馆等开馆，2人获中国工艺美术大师称号。市级非遗保护发展指数连续5年位列全省第一，"非遗在社区"全国工作经验交流会议在温州召开。南塘中医药特色街区入选全国非遗和旅游融合发展优选项目。

历史文化街区保护和改造提升工作有序开展。2022年8月，总投资约1.6亿元、涉及用地面积2.72公顷的墨池—东瓯王庙—县学前改造提升工程开工。9月，总面积为12.38公顷、投资额约1亿元的龙湾区寺前街历史文化街区提升改造工程开工。总用地面积4万平方米、总投资53000万元的瓯海区梧田老街一期工程基本完工。乐清市北大街历史文化街区有机更新工作紧锣密鼓。平阳县坡南历史文化街区保护提升与旅游开发项目提上议事日程。

"古系列保护·云端守护"文物保护利用平台上线。"古系列保护·云端守护"文物保护利用平台融合物联感知、AI分析、数字孪生等技术，打造古迹全览、安全监管、保护落实、活化利用等四个特色模块，实现文物保护"监测、预警、分析、处置、反馈"的全流程业务闭环监管，为全市26类18152处"古资源"提供"数智守卫"，获"2022年浙江省改革突破奖金奖"。

（三）文旅融合发展逐步加强

2022年，受新冠疫情影响，文化产业和旅游业发展承受了巨大压力，但也在积蓄复苏力量，文旅融合发展趋势也明显加强。

重大文旅项目积极推进。坚持"项目为王"理念，深化重大文旅项目挂钩服务机制，积极推动中青旅、华侨城等头部企业项目落地温州，推进苍南168黄金海岸线旅游产业带项目、天顶湖国际旅游度假区、云岭山地温泉省级旅游度假区等10亿元以上重大文旅项目建设。全市全年纳入全国旅游重点项目库的文旅项目595个，总投资2282.92亿元，当年计划投资662.19亿元，实际完成投资686.06亿元，计划完成率达103.6%。出台《2022年度市文化产业重点建设项目计划》，加快推进全市投资额5000万元以上的41个文化产业重点项目建设。鹿城区、龙湾区、瓯海区、永嘉县共获得2023~2025年浙江省文化产业发展专项资金1.2亿元，将带动一批引领型重点文旅产业项目发展。

文旅消费市场渐趋活跃。发布《推进国家文化和旅游消费试点城市2022年行动方案》，提出打造"十大市集"等"10个十"系列文旅特色消费品牌，提升消费能级和文旅消费品牌，力争实现从"试点城市"向"示范城市"的新跨越。泰顺廊桥—氡泉旅游度假区成为浙南闽东首个国家级旅游度假区，全年接待游客160.2万人次，旅游总收入近13亿元。五马历史文化街区入选第二批国家级夜间文旅消费集聚区。中国历史文化名村——苍南县福德湾村入选全国乡村旅游重点村。打造青灯市集全国美学大会、楠溪江音乐节等"网红"节会。遴选命名首批10家五星级"侨家乐"品牌民宿，打响"侨家乐"品牌。

数字文化产业渐成规模。环大罗山科创走廊集聚了一批数字文化产业，已初步形成数字文化产业集聚区。2022年5月，投资10亿元的中国（温州）数安港启动开园，浙江省大数据联合计算中心、浙江大数据交易中心温州基地成立，其中文化数据服务业的单项交易金额就超过8000万元。数字化赋能传统文化制造业取得成效，浙江东经科技股份有限公司投资1亿多元建设包装产业互联网平台——"东经易网"，为全国包装行业提供一站式的数字服务，2022年交易额超过35亿元。

2021年，全市实现文化及相关产业增加值401.6亿元，占GDP比重5.24%。现有国家广告产业园1个，省级文化产业园区4个、省级文化创意

街区 11 个。1 家文化企业深市上市，10 家挂牌新三板。有规限上文化企业 611 家。4 家企业入选省重点文化企业（含数字文化企业），85 家企业入选省成长型文化企业。2022 年，接待国内外游客 4696.9 万人次，同比下降 5.3%；实现旅游总收入 625.4 亿元，同比下降 3.2%。

（四）文艺创作丰富多彩

2022 年，温州市实施文艺人才培养"新峰计划"，以师徒结对的形式对培养对象开展个性化培养，率先在全省建立市级文化艺术发展基金，出台《温州文化艺术发展基金项目资助和经费管理暂行办法》，文艺创作丰富多彩。

涌现一批文艺精品。《乐清首饰龙灯》获第十五届中国民间文艺山花奖；舞蹈作品《擂鼓声声迎归帆》获第十九届群星奖；《瓯越之华》入选优秀纪录片作品库，并获第六届"丹桂奖"、"美好中国"浙江短视频优秀作品奖；4 部作品入选浙江省优秀文学作品奖（2018～2020 年）；10 余件作品入选由中国美协主办的国家级美展。6 件作品获浙江民间文艺"映山红"奖；13 件作品获中国工艺美术"百花杯"奖项，其中 3 件获金奖；原创民族歌剧《五星红旗》获国家艺术基金 2022 年度传播交流推广资助项目。

举办系列文艺活动。举办林斤澜短篇小说奖、谢灵运诗歌奖、"罗峰奖"非虚构散文大赛等文学奖项的评选活动，打造了一批"从温州走出来的全国文学奖"，成为具有全国性影响力的文学奖项集聚区。在杭州高规格举办"雁荡的山"美术研究作品展、山川美育—瓯江山水诗路影像艺术大展。举办第二十三届温州市文学周、温州市第三届摄影艺术节、第二届"墨香温州"成果展、第四届全国新钢笔画学术展（温州站）、"菱华杯"摄影大赛、第十三届中小学生书法教育成果展、温州女画家作品展、宋韵瓯风——艺术名家作品交流展、第五届青年歌唱家大赛等。

开展"艺术乡建"。积极开展"艺术乡建"，鼓励文艺家写农村、拍农村、画农村，务实推动文艺惠民，设立省级采风创作基地 3 个、市级艺术家创作基地 8 个，建成省级"艺术乡建"示范村 2 个、市级 20 个，推动乡村文艺发展和繁荣。平阳县南雁村、永嘉县桅峰村和苍坡村入选浙江省首批美育示范村，入选数居全省首位。永嘉县上日川村以箬溪画廊、书法馆等为载体，引入"当巴黎遇上温州——中法艺术家温州写生与展览""当伦敦遇上温州——中英艺术家温州写生与展览"等高端艺术活动，初步打造"半村烟火·半村丹青"的"箬溪国际艺术村"。

搭建数智文艺平台。创设"文艺指纹浙里创"数字化改革项目，建成国家、省、市、县四级会员管理数据库，完成会员登记 37158 人，录入艺术作品 1000 余幅，初步解决服务会员底数不清、服务群众覆盖不广、精品力作传播不广等短板问题。

温籍作家钟求是凭借短篇小说《地上的天空》获第八届鲁迅文学奖；温籍作家朱乾获第四届茅盾新人奖·网络文学奖；温籍文艺家谷好好、黄豆豆荣获"全国中青年德艺双馨文艺工作者"称号。

（五）对外文化交流与合作取得新进展

2022 年，温州积极发挥瓯越文化特色优势、世界温州人资源优势、改革开放先发优势，开展多样化的对外文化交流与合作活动。

举办"东亚文化之都·温州活动年"。2021 年，温州当选 2022 年度"东亚文化之都"。2022 年，"东亚文化之都·温州活动年"以"诗意温州""活力温州""开放温州""幸福温州"四个篇章，开展文遗交流、文学艺术、体育赛事、旅游观光、美食传播、创意设计、经贸合作等系列国际交流活动 100 余项，包括"宋韵瓯风·经典非遗"文艺演出、2022 年中国（温州）山水诗文化节、东亚文化之都书法艺术家作品邀请展、"书传万里，虹贯东西"——东亚文化交流温州文献展、山海灵运——瓯江山水诗交响组歌音乐会展演、东亚文化之都非遗美学交流大会、姜立纲书法艺术交流活动周等。开幕式全网总阅读与观看量达 2826 万人次。

加强与"欧洲文化之都"交流合作。进一步发挥温州海外资源优势，加强与欧洲城市的对话与交流，推进更好地了解世界、融入世界。2022 年 9 月底，温州博物馆举办"西鹣东鲽——欧洲文化之都艺术精品展"，展出了

法国艺术品收藏家、法国罗丹博物馆中国馆负责人、温籍华侨吴静收藏的18~19世纪欧洲古典雕塑、油画及家具作品36件，是近年来温州对外文化交流史上规格最高的国际艺术交流活动。

形成一批公共文化国际交流基地和项目。2022年，永嘉县楠溪书院等17个项目入选浙江省第一批公共文化国际交流基地和项目，数量居全省第一。此外，温州市海外传播中心、温州医科大学、世界温州人服务中心先后入选浙江省国际人文交流基地。

二 2022年温州文化发展存在的问题

2022年，受新冠疫情等因素影响，温州文化建设存在着群众性文化活动不够丰富、文化遗产挖掘和利用不够充分、文旅产业核心竞争力不够强、对外文化传播影响力不够大等问题。

（一）公共文化服务体系建设存在短板

受新冠疫情影响，公共文化活动大幅度减少，老百姓喜闻乐见的公共文化产品不多，公共文化设施利用率不高，部分基层宣传文化阵地常态化运行难以为继。政府购买公共文化服务的力度不强，扶持社会力量参与公共文化服务的政策力度也不大。温州民办博物馆发展虽然速度很快，数量众多，但多数民办博物馆起点低、规模小，缺场地、资金、人才，办展能力较弱，办馆格局不高，交流意识不强。博物馆系统数字化平台建设滞后、数字化产品创新乏力，而民办博物馆在这方面则基本上处于空白状态。

（二）文旅产业核心竞争力有待提升

受新冠疫情影响，小微文旅企业生存压力巨大。文化及相关产业增加值占GDP比重5.24%（2021年），与先进城市相比偏低，规上文化企业总体规模不大，对生产力推动作用不够明显，而部分重大文旅项目的房地产成份较高。数字文化产业尚未出台专项规划和专门政策，现有普惠性产业政策难以覆盖数字文化企业，数字文化产业在全省地位不高。截至 2021 年底，全省规上数字文化企业共有 1104 家，其中温州 49 家，仅占 4.43%。举办多年的温州国际时尚文博会创意不足，影响力越来越弱。文化产业和旅游产业的行政主管部门分别隶属于党委和政府部门，政策性、体制性障碍仍制约文旅产业深度融合发展。虽然当前广大乡村文旅项目众多，呈现比较兴旺的景象，但乡村文旅产业本身基础薄弱，且同质化现象严重，缺乏核心竞争力，多数难以产生较好的经济效益，整体带动作用尚不明显。

（三）文化遗产挖掘和利用不够充分

2022 年，温州虽然在文化遗产保护和利用总体上成效显著，但作为国家历史文化名城，对优秀文化遗产挖掘和利用不够充分，优秀传统文化创造性转化和创新性发展尚存在着诸多问题。温州非遗项目众多，市级以上各类非遗达 982 项，其中世界级 4 项、国家级 35 项，但传承人比项目还少（市级以上非遗传承人 933 人，其中国家级非遗传承人 37 人），真正从事非遗行业的传承人更是少之又少。传统工艺美术是温州强项，但市场占有率不高、龙头企业不突出、集群化发展不足，整体处在"多而不强"状态。比如，"瓯文化"具有鲜明地域文化特征，但"瓯"系列总体规模较小，品牌价值和行业话语权尚未显现，瓯窑全行业从业人员 500 余人、产值约 6000 余万元，瓯塑全行业从业人员仅 70 余人。一些历史文化街区改造提升工程中明显存在着"重面子不重里子"问题。

（四）优秀文艺人才和文艺术精品创作扶持力度不大

温州拥有一批在国内外有知名度的优秀文艺人才，但对高层次文艺人才的扶持和培育政策力度不大。近年来高层次文艺人才外流现象严重，优秀青年文艺人才已处于青黄不接乃至断层状态。高规格、大规模的国家级和省级文艺活动和项目较少。文艺精品创作有高原缺高峰，缺少深受群众喜爱的具有温州辨识度的"扛鼎之作"。大部分文艺工作者不熟悉如何运用互联网、大数据、人工智能等技术创新文艺形式。

（五）对外文化传播和文化产品贸易有待加强

"东亚文化之都·中国温州活动年"是 2022 年温州对外文化交流的重头戏，100 余项国际交流活动向世界展示温州深厚的文化底蕴，但受疫情和活动经费影响，不少活动特色不够鲜明，影响力并不大，而海外传播平台分散，有数量没流量，传播穿透力并不强。2022 年，温州对外贸易增长较快，但对外文化贸易则非常薄弱，全年累计进出口总额 2949.6 亿元，同比增长 22.4%，其中出口总额 2502.0 亿元，同比增长 22.9%，进口总额 447.5 亿元，同比增长 19.3%。温州机电产品出口额 1289.1 亿元，鞋类、服装类出口额 874.2 亿元，高新技术产品出口额 81.4 亿元，而文化产品出口量极少。

三　2023 年温州文化建设对策建议

2023 年是全面贯彻党的二十大精神的开局之年。温州应继续大力实施"三年百项文化工程"，赓续千年城市文脉，把文化元素融入城市规划建设管理，不断提升文化软实力、竞争力和影响力，努力走出一条具有中国气派、浙江辨识度、温州特质的文化建设之路，打造与社会主义现代化先行市、高质量发展建设共同富裕示范区市域样板相适应的新时代文化高地。

（一）深入实施文化惠民工程，打造一批新型公共文化空间，健全现代公共文化服务体系

聚焦打造高质量发展建设共同富裕示范区市域样板，持续深化国家公共文化服务体系示范区创建成果，推进城乡公共文化服务体系一体化建设，不断增强群众文化获得感、幸福感。

重视新型公共文化空间建设。文化和旅游部将构筑公共文化新型空间作为新时期公共文化建设的重点任务之一，温州已创造性地构建了城市书房、文化驿站等小而精、小而美的公共文化空间，今后应努力打造更多的新型公共文化空间。可以充分利用公共图书馆、文化馆、博物馆等现有设施，通过

增加艺术展览、文化沙龙、休闲小憩等功能，将其改造为集生活美学、文化体验、交流与传播于一体的城乡新型公共文化空间。

加快推进"中国民办博物馆之城"建设。成立温州市博物馆联盟，形成国有博物馆与民办博物馆之间的帮扶机制，特别是将国有博物馆临展对口输送到高品质民办博物馆。深化博物馆"民办公助"建设模式，加强对公共闲置空间的规划，以解决民办博物馆缺乏展陈空间的现实困境。真正落实《温州市促进民办博物馆发展扶持办法》，在民办博物馆人员培训、职称评定、展陈空间、运营保障等方面，应参照国有博物馆出台相关配套政策。对各民办博物馆进行统一化、标准化、信息化管理，创新数字化管理运营模式，实现对各民办博物馆的科学化、特色化、信息化服务。

提升公共文化治理水平。随着国家治理以及公共文化治理话语的不断兴起，公共文化服务的治理转向便成为化解公共文化服务效能低下等顽疾的新思路。应大力推进基本公共文化服务标准化均等化，优化城乡文化资源配置，织密公共文化设施网络，鼓励社会力量参与公共文化设施运营、活动项目打造和服务资源配送，积极探索夜间公共文化服务，提升公共文化资源配置利用效能。积极开展群众性文化活动，高水平办好市民文化节、艺术节、全民阅读节，让文化融入市民生活。

（二）加强千年瓯越文化寻根溯源，完善文物保护传承和活化利用机制，彰显城市文化形象

历史文化遗产是城市中最有温度、最闪耀的存在。2023 年是温州建城2215 年和建郡 1700 年，宜精心举办系列纪念活动，推进一批历史名人纪念场馆设施建设，全面展现千年瓯越文化的独特魅力和深厚底蕴。

深入实施"宋韵瓯风文化传世工程"。聚焦"今、古、人、文"，全面推进"温州学"研究，推动"温州学"成为具有一定影响力的综合性地方学科。高标准推进《温州大典》研究编纂工程，推动地方文献回归，拿出一批成果，初步形成影响。进一步开展"永嘉学派"系列重大课题研究、重要学术问题研讨。

建设国家考古遗址公园。以加入海丝申遗城市联盟为契机，深入挖掘海上丝绸之路文化遗产价值，深化与申遗城市间的合作交流，把宋元古港遗址高标准谋划建设成国家考古遗址公园，使其成为展示世界海丝港口的重要窗口和申遗的支撑性遗产点。

探索非遗保护新机制。放大"非遗在社区"国家试点效应，将非遗融入现代生产生活，推动部分非遗特色化产业发展，形成一批国家级非遗与旅游深度融合体验基地和非遗特色小镇，争取举办国际性非遗活动。发挥戏曲春晚"后晚会效应"，推进以九山书会为核心的南戏文化园建设，擦亮"中国戏曲发源地"的文化金名片，打造戏曲朝圣的文旅打卡地。

（三）培育发展数字文化产业，推动文旅深度融合，提升文化产业综合竞争力

深入实施"文化+"战略，推动文化产业转型升级，提升文化产业综合竞争力。

大力发展数字文化产业。加快数字文化产业布局，以"数安港"为核心集聚区，打造全省一流的文化数据服务、产权交易中心，培育一批文化数据底层关联的创新型企业。扶持数字文化内容创新，深化文化基因解码工程，推动特色 IP、文艺作品的"数字孪生"，激励文艺工作者、非遗传承人开展网络创作、直播展演，鼓励原创数字文化产品开发。推动文化制造业数字化转型，支持企业建立数字化设计中心和数字创新平台，以文化科技创新推动产品服务升级和业务流程改造，为上下游文化企业提供一站式数字化服务解决方案。

培育壮大文化市场主体。改变"零敲碎打"、低小散、"面面俱到"的产业布局，抓大放小，有所为、有所不为，系统谋划、系统梳理温州有竞争力的产业方向。加大文化产业招商引资力度，着力招引一批世界 500 强、全国 100 强文化企业地区总部及其研发基地，储备落地一批示范性强、拉动作用明显的文化产业项目。

推动文旅深度融合发展。坚持以文塑旅、以旅彰文、文旅相长，找准

两者相容性、契合处、联结点，在更广范围、更深层次、更高水平上推动文旅融合，着力培育融合发展的新型文化和旅游业态。推动雁荡山打造一流休闲旅游度假目的地、楠溪江创建国家 5A 级旅游景区、泰顺创成廊桥—氡泉国家级旅游度假区、洞头建设国际旅游岛。历史文化街区引入一批知名文创机构，打造一批特色品牌节庆活动，培育文化新业态、新消费，将传统文化与时尚潮流深度融合。力争由国家文化和旅游消费试点城市提升为国家文化和旅游消费示范城市，打造文化产业和旅游产业融合发展示范区。积极挖掘和活化乡土文化资源，推动实施一批具有较强带动作用的特色产业、重点项目，做强乡村特色文化和旅游产业。

深化瓯江山水诗路文化带建设。推动瓯江山水诗路文化带"兴盛笔墨间，旺在实景里"，成为全省诗路标杆示范。温瑞塘河沿线经多年建设，已形成多个重要文旅项目，可集中力量在塘河沿线布局，以青灯市集、塘河夜画为基础，将印象南塘街区、梧田老街、塘河时光和塘河民办博物馆群、山根音乐艺术小村等连成一片，使之成为全市最具魅力的文旅消费新地标，推进新消费高地建设。

（四）实施"文艺高峰"铸造行动，构筑文艺人才新高地，推出更多具有温州辨识度的扛鼎之作

人才是强市之本、创新之要、发展之源。要坚持以人民为中心的创作导向，培育造就一批德艺双馨的文学艺术家，形成一支规模宏大的文化文艺人才队伍。

推动海内外艺术家创作。深入实施《温州市优秀文艺项目和精品补助扶持资金管理办法》，围绕大局推进重大主题创作。完善全周期文艺精品创作和服务机制，邀请海外艺术家采风，创作家乡作品，传播家乡文化。推进温籍文艺家联盟建设，以温籍文艺家入驻服务家乡、建设家乡。

构筑文艺人才新高地。深入实施"文艺精品高峰计划"和文艺人才培养"新峰计划"，开展温籍文艺名家柔性回归工程，努力造就一批德才兼备的优秀人才，建设一支高素质高层次人才队伍。积极为全国"四个一批"、

省"五个一批""名家孵化计划"等举荐人才。推动重点文艺院团建设，引导民营文艺团体有序发展，扶持濒临失传剧种戏曲院团。

深化基层文化人才队伍建设。通过政府购买社会服务、财政补贴方式充实基层文化干部队伍力量。鼓励文化乡贤、乡土文化能人、非遗传承人等参与基层文化建设，构建市县乡村四级文化志愿服务体系，打造一支扎根群众的基层文化队伍。

大力推进"艺术乡建"。深入实施"文艺星火赋美工程"，通过开展"艺术乡建"，引领乡村文化发展，以文艺因子激活乡村资源，赋能乡村产业，美化乡村环境，促进人民实现物质富裕、精神富有。充分发挥艺术家在乡村振兴中的积极作用。大力开展乡村艺术活动，通过艺术创作、学术研讨、艺术市集、艺术作品展和艺术品拍卖等，丰富乡村文化生活，形成"艺术乡建"的普遍共识和浓厚氛围，打造若干"艺术乡建"省级典型案例和市级艺术特色示范村。

推动国有文艺院团改革。立足温州文艺院团实际，找准功能定位，优化国有文艺院团布局。完善法人治理结构，提升国有文艺院团创演质量、管理水平、服务效能。加强改革创新，建立健全剧本创作、剧场演出、产业布局、院团人才培育等配套机制，不断激发院团活力。

（五）完善文化交流合作和传播机制，擦亮"东亚文化之都"品牌，增强城市文化传播力和影响力

整合海外温州人资源优势，弘扬新时代温州人精神，利用杭州亚运会、东亚文化之都等平台，拓展对外文化交流渠道和合作领域，打造中华文化"走出去"的"温州路径"，进一步增强海内外温州人的文化认同、情感认同、价值认同和发展认同，提升温州文化在世界文化生态圈的话语权。

统筹好"以我为主"和用好当地力量，充分整合温州丰富的侨资源，积极向海外派团组、送产品，在海外建阵地、办活动，推动中华文化"走出去"。同时，注重发掘海外当地力量、当地资源，做好海外汉学家、艺术家等关键群体的工作，依托外国文化机构、华人华侨、外籍雇员等开展文化

交流活动，拉进心灵距离，提高传播效能。开展"东亚文化之都"城市之间友好合作与交流推广活动，加强"一带一路"特别是海丝之路沿线城市交流，打造"欧洲文化之都"国际交流先行城市。利用杭州亚运会温州赛区平台，开展"龙舟文化走出去"系列文化交流活动，办好"讲好中国故事"创意传播大赛，推动瓯越文化"走出去"。

统筹好传统传播方式和新型传播方式。既要依托传统渠道、传统模式开展文化交流与合作，又要充分利用信息化、数字化、智能化手段改进文化传播方式，让中华文化和瓯越文化更便捷、更广泛地展现在外国民众眼前。

统筹好文化交流和文化贸易。既要发挥传统优势，开展全方位、多层次、宽领域的对外交流合作，又要推进文化产业合作、发展对外文化贸易，支持文化企业生产外向型文化产品，形成交流与贸易相互促进、双轮驱动的工作格局。

B.16
温州乡村文化振兴研究报告

谢中榜*

摘　要： 文化振兴已成为当前温州乡村振兴的焦点。在培育性政策的大力支持下，温州各县（市、区）通过打造新型乡村文化空间、构建文旅产业新格局、创新公共文化服务途径，初步形成了可持续、内生发展的态势，并探索出了许多创新实践经验。然而，温州乡村文化振兴仍处于起步阶段，不可避免地面临一些问题，如政策执行精准度不足、文旅产业整体效应不明显、数字化改革待加强及利益协调机制不健全等。因此，建议从以下方面着手：强化文化赋能，繁荣乡村特色文化产业；发挥社会资本优势，激活乡村内生动力；立足乡村传统文化特色，创新数字乡村发展模式；整合与调动各方力量，构建新型乡村文化共同体。

关键词： 乡村　文化振兴　文化旅游　温州

随着乡村振兴的快速推进，温州各地农村基础设施和公共配套有了较大改善，硬件建设成效显著。因此，乡村振兴的重心开始转向内容建设与品质提升，乡村文化受到越来越多的关注，文化赋能乡村振兴逐渐成为共识。近年来，温州不断深入推进乡村文化振兴政策和实践创新，在文化品牌、项目建设、群众文化活动、文化人才方面取得了初步成效，文化惠民、文化悦民、文化智民和文化富民的效果开始显现。温州乡村文化振兴具有一定的典

---

* 谢中榜，中共温州市委党校（温州市行政学院）副教授，主要研究方向为文化学。

型性，本文将系统梳理其中的创新经验和当前存在的问题，并提出进一步优化提升的对策建议。

一 温州乡村文化振兴的政策创新

温州市委、市政府积极推进乡村文化振兴的政策创新，加快打造政策组合拳。其中既包括系统性、综合性政策，也涵盖财政支持、产业支撑、人才招引等方面的细化政策，导向性逐渐显现，重点和层次较为突出。

突出文化赋能乡村振兴的政策导向。温州发布《温州打造高质量发展建设共同富裕示范区市域样板行动方案（2021—2025 年）》（温委发〔2021〕19 号），将文化创新列为四大创新之一，明确文化赋能乡村振兴的方向。此后，温州推出《关于 2022 年乡村振兴战略促进农民农村共同富裕的意见》（温委发〔2022〕1 号），提出乡村"三基三主"建设核心，强调文化主题、主体风貌和主导产业的重要性。另外，温州发布《未来乡村建设工作方案》（温政办函〔2022〕2 号），要求聚焦主题文化挖掘，实施乡村特色文化挖掘行动，并明确工作重点和项目建设指南。这些总体性、导向性政策文件突显文化在乡村建设中的关键地位，为提升乡村公共服务、促进产业发展、乡风文明建设和人才培养等方面的政策创新奠定基调，为温州乡村文化创造新内涵和新价值营造良好政策环境。

加强乡村文化保护传承的政策保障。温州发布一系列政策文件，为文化资源保护、挖掘与利用提供指导，开创乡村文化资源创新发展新路径。推出《关于加强历史文化保护传承的实施意见》（办字〔2022〕26 号），提倡利用古建筑、古民居开办民宿、研学基地等，活化传承和利用，推进乡村文化礼堂、瓯越非遗百家坊、农家书屋、民办博物馆建设，丰富民间民俗文化活动载体。探索文化遗产多元活化利用，推进"拯救老屋""老屋复兴""浙派民居"建设，实现文化遗产保护与经济社会发展相适应。发布《村志文化工程实施方案的通知》（温政办函〔2022〕21 号），提倡分阶段开展村（社区）志修编工作，通过文化遗产普查和资料收集整理，记录和保存乡村

历史文化信息，推进乡村文化资源保护与利用。另外，联合发布《关于推行校村联创共建助力乡村振兴的通知》（温文中心〔2022〕30号），要求新时代文明实践所（站）、乡村文化大礼堂、乡村复兴少年宫、"春泥计划"阵地培育地方特色非物质文化品牌，挖掘整理乡规民约、俗语民谣等优秀语言文化资源，大力推进"经典润乡土"计划。

强化乡村文旅产业发展的政策支撑。温州通过政策创新推动文化与农业、旅游等产业融合发展，助力乡村文化资源、资产产业转化。推出《关于推进乡村振兴"两进两回"的实施意见》（温政办〔2019〕72号），鼓励村集体经济利用闲置土地发展农村二、三产业，重点推进乡村公园、农（文）旅产业等项目建设。发布《加快建设"共富工坊"助力共同富裕的若干政策意见（试行）》，加强对文化产业平台赋能乡村振兴的支持，特别是支持电商直播、文旅融合的"共富工坊"平台发展。对列入市级目录的电商平台，给予经营主体推广补助；对采买直播平台流量的经营主体，给予最高25万元补助。另外，发布《关于实施千名农播培育计划推进电商赋能乡村产业振兴的意见》（温政办〔2022〕63号），重点扶持直播服务机构（MCN机构）、农播电商共享基地，计划到2022年底，建成市级农播孵化中心1个，提升永嘉县农村电商公共服务中心、文成县农播客创业孵化中心等10个县域农播共享基地。

加大乡村文化人才培育的政策力度。温州出台《推进乡村振兴"两进两回"的实施意见》（温政办〔2019〕72号），提出到2022年底要培养乡土人才如"名师名家"120名、农村青年电商人才1000名、青年"农创客"1000名及"新农人"1000名。发布《关于乡村人才振兴"553"行动的实施意见》（温委办〔2022〕61号），通过"旅游+""生态+""文化+""艺术+"等模式，推动创意、文旅人才与农业农村互促、互动。重点围绕瓯塑、瓯绣、瓯窑、瓯剧等非遗项目设立工作室、传习所，培养乡村手工业者、传统艺人。至2025年底，培养乡村旅游讲解员、小吃制作员、民宿管家等技能、经营人才2万人。另外，发布《关于促进社会组织高质量发展助力共同富裕示范区市域样板建设的实施意见》（温委办〔2022〕63

号），对首次获得 3A、4A、5A 等级的市级社会组织，市级财政将分别给予
1 万元、3 万元、5 万元一次性奖励。

二 温州乡村文化振兴的实践创新及成效

在政策引导下，温州各县（市、区）立足资源与特色，加快推进乡村
文化建设，在打造新型乡村文化空间、探索文旅融合发展、提升公共文化服
务等方面不断探索与创新，取得了值得肯定的实践成效。这对于突破传统乡
村文化空间局限、构建多元融合产业格局以及满足农村群众精神文化需求等
方面具有深刻意义。

（一）营造乡村文化空间新形态

温州市根据浙江省旅游业"微改造、精提升"的任务部署，积极推进
乡村文化空间营造计划，打造了一系列注重美学视觉传达、具有文化内涵和
鲜明主题的典型项目。乡村建设摒弃了"大拆大建"和"涂脂抹粉"的路
径依赖，走出了"一村一品"的差异化发展之路。

深入推进旅游业的"微改造、精提升"。2021 年，温州市文化广电旅游
局发布了《温州旅游业"微改造、精提升"五年行动方案（2021—2025
年）》，各县（市、区）因地制宜地制定了个性化的实施意见，并成功打造
了瓯海山根音乐艺术小村、永嘉"乡村音乐漫都"、文成让川民族村等一批
具有代表性的典型实践案例。据统计，全市已入库的"微改精提"项目共
计 1031 个，2021 年计划投资 27.81 亿元，实际完成 28.37 亿元，投资完成
率 102%，位居全省前列。各地都聚焦于"绣花功夫"，通过深入挖掘、巧
妙植入，利用文化微空间、微景观、微创意进行微改造、精提升，旨在打造
全域共美、主客共享、全民共富的文化旅游新空间。文化空间改造使传统乡
村空间功能得以重置，空间利用转化、环境景观美学化、旅游体验多元化、
服务便利化的成效显著，符合当前旅游品质化、年轻化、多元化的实际需
求，为开拓温州乡村文化旅游消费市场奠定了坚实的基础。

打造乡村博物馆创新空间矩阵。温州在借鉴城市民办博物馆群建设的创新经验基础上，提出创建具有温州特色的乡村博物馆品牌，在全市乡村推进"一村一品一馆"项目，助力"中国民办博物馆之城"建设。目前，乡村博物馆建设已列入省、市两级"政府民生实事"项目。已建成60家乡村博物馆，其中48家获得省级乡村博物馆称号，涵盖了乡土乡情、红色印记、农耕文明、非遗体验、民俗风情等主题内容，展示了温州乡村社会、生活习俗、民间艺术的历史变迁和时代主题。这些博物馆构建起了独特的乡村文化创新空间矩阵，成为展示乡村文化自信的良好窗口，同时也带动了乡村资源的盘活和产业的发展。温州还举办了首期"乡村博物馆业务培训班"，集中展示了博物馆展陈、形式设计、藏品管理、市场运营等方面的创新样板，为乡村博物馆从业者提供针对性培训和专业化建议。同时形成了打造全市性乡村博物馆联盟和创新空间矩阵的基本共识与合作框架。

探索未定级古建筑活化利用机制。温州乡村拥有大量的未定级古建筑，近年来在城市化建设中摸索出一套科学迁移、集约保护、活态利用的创新机制。温州市龙湾区在综合考量历史文化价值、规模体量、保存状况、文化生态等指标基础上，提出了未定级古建筑分类保护利用的三种方式：对历史价值显著、文化生态完整的古建筑，尽最大可能"就地保护"；对原生文化生态已被破坏，但保存较好、风格较突出的古建筑，采取"集中迁移安置"；对只有部分建筑构件保存较好、无法修复的古建筑，则"采集信息后拆取构件保存"。通过合并同类项的方式，龙湾区将原本散落分布的古建筑集中安置，形成了钟秀园、南洋公园、和合文化园三个集聚区，打造出"存古开新"的乡村建筑文化生态新群落。同时，通过积极引入优秀传统文化项目，营造了贞义书院、合和书院等一批独具传统美学风格的公共文化空间，可以在其中开展非遗展演、文学艺术沙龙等高品质活动。此外，温州市委宣传部推出的"古系列"数字文化项目，融合物联感知、AI分析、数字孪生等技术，打造古迹全览、安全监管、保护落实、活化利用四个模块，可实现足不出户云端漫游和线下便捷服务预约，获得2022年度浙江省改革突破金奖。

（二）构筑乡村文旅产业发展新格局

依托生态优势推进乡村旅游业转型。经过"五水共治""美丽乡村""乡村振兴示范带"等多轮重大项目建设，温州广大乡村生态基础已经夯实，后续产业价值转化受到普遍关注。因此，温州市开始聚焦山水林田湖海的资源统筹，努力通过发展"绿色+文化"打造共同富裕示范区市域样板，推出了许多产业创新项目。2021年，全市全年实施西部生态休闲产业带项目320个，带动乡村旅游人数达5996万人次。新增国家级现代农业产业园1个、国家级特色农业强镇1个、省级现代农业园区1个、市级田园综合体2个，新增中国美丽休闲乡村2个、省级休闲乡村4个、省级农家乐集聚村5个。新建成乡村振兴示范带28条，累计建成109条；新建成省级新时代美丽乡村776个，累计建成2347个，覆盖面达79.5%。生态文化重构不仅延长了乡村产业增收链条，而且增加了群众对乡村价值理念、优秀传统文化资源等的高度认同，提振了传承发展乡村文化的内在动力，让温州许多传统村落、手工技艺、古建遗存、民族服饰、民俗活动等蕴含乡土文化气息的载体"活起来"。

扎根地域特色打造文化旅游品牌。温州市文化广电旅游局通过一系列文旅消费创新举措，引导乡村盘活地方红色文化、历史建筑文化、民俗文化、生态文化等资源，将富有乡村特色的文化符号推广开来，形成了众多具有竞争力的文旅品牌。例如，品牌民宿"侨家乐"将侨乡特色风景与异国文化和情调相结合，打造了别具一格的乡村旅游目的地，打开了文化消费领域的一片新"蓝海"。除了"侨家乐"，温州还打造了"海宿""畲家"等民宿品牌系列，极大拓展了"乡村+侨文化+旅游+民宿"业态形式。又如，平阳县山门镇通过加快实施"文化+生态+产业"发展战略，围绕中共浙江省一大会址，集中建设一批红色革命实践培训基地，形成了一批特色旅游小村，创建多个红色文化旅游品牌。此外，温州积极推动文化与农业、旅游等产业融合发展，挖掘具有强渗透、强关联效应的文旅品牌，已形成"瓯越鲜风""楠溪佳品""六个鲜"等6张区域公用品牌，2000多种乡村特色农产品搭

上了文化旅游业品牌化发展快车，品牌溢出效应十分明显。这些举措不仅提升了温州乡村旅游的品牌价值，还为当地经济发展注入了新的活力。

坚持以创新拓宽乡村旅游新路径。针对大多数文化资源不突出的乡村，政府则鼓励通过"无中生有"的方式创造新的文化价值和内涵，打造独具特色的乡村文化产业。各县（市、区）通过创造时尚生活元素、小众文化资源引入、自媒体流量导入等方式，创造出多个"无中生有"的乡村文旅项目。例如，楠溪江滩上的"音乐+旅游"项目"夜游楠溪"，在旅游旺季为当地带来了日均超过 2 万人次的游客。永嘉县箬溪村通过开展"艺术乡建"实践，走出一条独具特色的乡村旅游业发展之路。该村通过乡贤艺术家引入"当巴黎遇上温州——中法艺术家温州写生与展览""当伦敦遇上温州——中英艺术家温州写生与展览"等高端艺术活动。同时，打造以乡村艺术为纽带的乡贤参事会组织，共同带领全村进行空间改造和产业布局，打造出"半村烟火半村丹青"的箬溪艺术村——既有高雅艺术创作和艺术品销售，又有充满市井烟火气的文旅消费，可以满足游客吃住购物等多种需求，也为村民提供了创业就业机会。

（三）创新乡村公共文化服务路径

基于"城市书房""文化驿站""乡村艺术团"等全省、全国引领示范的公共文化创新经验，温州逐步推动文化工作重心下移、文化资源下移和文化服务下移，形成了一系列具有创新价值、群众认可度高的乡村公共文化服务案例和经验，涉及体制机制创新、文化艺术普及、全民阅读推广、公共文化服务社会化等方面。

以体制机制创新破解乡村公共文化服务难题。龙港市是全国首个由镇升（县级）市的新型城镇化试点，对公共文化服务的能级和品质提出了全新的要求。龙港公共文化服务基础相当薄弱，不仅要迅速补上长期历史欠账，还承担着打造公共文化服务转型典型样板的改革任务，探索新型公共文化服务体制机制势在必行。一方面，龙港启动了"刀刃向内"的改革，通过机构整合提升政府公共文化服务能力。全面融合宣传、文化、统战三大工作，跨科室重塑职能、再造流程，激活部门的组织力、协调性和战斗力；建立"直插基层"的垂直体系，文化部门直接对接 102 个社区，实现扁平化管理和服务下沉，解决了公共文化服务"最后一公里"的难题。另一方面，通过积极地"向外拓展"，建立政府与社会良性互动的文化发展机制，补足原有乡村公共文化服务的薄弱基础，挖掘公共文化服务新生力量。建立社会资本参与文化场馆建设运营机制，有效化解场馆建设经费投入不足、运营负担重、利用效率低等问题。建立社会组织承接政府文化职能转移机制，规范社会组织参与公共文化服务供给的细则。基于此，龙港以同等规模县、市（区）38%的人员编制，完成了100%的行政事务和对全市 48.5 万名群众的公共文化服务，用实践证明小马也可以拉动大车，在全省乃至全国具有开创性。2021 年，龙港市共开展 27 项公益文化培训，其中 20%的课程由教育培训机构免费提供，剩余政府购买服务部分财政投入仅 20 万元左右。

拓宽社会力量参与乡村公共文化服务的路径。温州将社会力量参与公共文化服务的创新经验下沉，不断探索乡村公共文化服务的创新发展路径。一方面，文化资源下沉与增强造血功能并举，建立乡村文化人才可持续机制，以解决乡村艺术团专业艺术人才相对缺乏、人才队伍管理机制不健全等问题。例如，"公益大联盟"牵手乡村艺术团，招引高等文艺人才，联动社会力量参与公共文化服务，积极为乡村艺术团解决师资难题，培养出一支德才兼备、形成梯队的文艺队伍。2022 年，苍南县文化馆组织"公益大联盟"，开展各类辅导、展演等文化活动 100 余场，为基层群众提供送上家门的文艺大餐点单服务，有效促进全民艺术普及工作优质共享。另一方面，为群众文化活动搭建平台，让百姓成为文化"主角"。温州市文化广电旅游局围绕各类重大主题开展"惠民大行动""展演大秀场""技艺大比拼""艺林大舞台"等文化活动，推动全市 12 个县（市、区）线上线下联动，为乡村群众活动提供了广阔平台，营造浓厚的文化氛围。各县（市、区）也开展了特色主题的乡村活动，例如苍南县文化馆组织"公益大联盟"，牵手乡村艺术团开展"全民艺术普及基层行"，5 天时间举办 20 余场活动，500 余名乡村艺术团学员登台表演民乐合奏、歌曲、舞蹈、模特走秀等节目。

探索乡村公共文化服务与文旅产业双向导入机制。温州积极探索高品质公共文化服务带动文化消费、以乡村文化旅游振兴带动公共文化服务供给的机制，努力实现双向导入的乘数效应。一方面，通过乡村公共文化设施提质扩容，促进文旅产业项目和文旅设施建设。温州不断推动农村文化礼堂和村（社区）文化服务中心差异化改造，充分考虑服务区域、服务人口、地方特色和文化传统等因素，灵活设置服务信息公示、游客服务咨询、特色文化展示、文创产品及地方特产展示、多功能展演、公共阅读服务及停车场、公共厕所等功能区域。另一方面，通过文旅消费活动提升公共文化服务水平，为群众高品质文化需求提供更多选择。例如，温州市文化广电旅游局在永嘉县下日川村举办温州首届"田园文化节"，为该村引入中国美术学院电影学院、温州职业技术学院等多个乡村振兴智库单位，还举办了"宋韵瓯风——中欧艺术家作品集"首发式、"迎新春，送对联"文化下乡活动等。这些活动为该村公共文化服务提供了更丰富的"增量"选择，同时为该村旅游产业发展带来了外部支持和巨大流量。

三 温州乡村文化振兴中存在的问题与对策建议

得益于政策培育和实践创新，温州的乡村文化振兴已经显现良好发展势头，并取得了一些成效。然而，与杭州、宁波等地相比，温州的乡村文化振兴仍存在一定差距，必须清醒地认识这些差距和当前存在的突出问题。当前，温州乡村文化振兴面临以下几个主要挑战。

一是乡村文化振兴政策的精确性亟待提升。在过去三年中，大量涉及产业、公共服务和金融等领域的国家、省和市级乡村文化支持政策推出。然而，实际执行过程中常常出现对政策理解和执行的偏差，温州在这方面也存在一定的问题。例如，部分地区的主管部门过分关注网红经济和头部企业，仅关注少数创新示范村庄，而对那些地理位置偏远、资源匮乏的乡村以及中小企业和市场经营者的支持不足，导致扶持政策在普适性和覆盖范围上受限。此外，涉及多部门协同合作的乡村文化振兴政策日益增多，但在执行过程中统筹协调不足，使部分政策难以有效落实。

二是乡村文旅产业的整体带动作用尚不明显。尽管近年来温州涌现了许多创新发展的典范，但它们对乡村文旅产业整体的推动力度有限。调查访谈显示，大多数乡村文旅项目经营者认为其难以复制山根音乐艺术小村和箬溪艺术村的成功模式，也难以真正参与相关重大活动。此外，温州乡村文旅行业组织的发展相对滞后，缺乏成熟的团队协作机制。尽管中小市场主体众多，但仍然处于各自为政的状态。

三是乡村文化数字化改革亟待加强和推动。目前，政府主导的文旅公共服务数字化普遍存在数字化不完整、信息孤岛现象，以及缺乏精确数据分析等问题。乡村文旅产业数据采集维度单一，尚未建立以乡村居民、游客、商家、企业需求为出发点的文旅发展要素和公共文化需求数据库。另外，数字资源整合和场景应用开发不足，导致产品便利性和系统性不够。例如，尽管温州已有"一部手机游温州"数字化平台，但还没有为乡村文化旅游的数字化精准营销和智能管理提供差异化内容，缺乏场景消费触发渠道。文旅消费券的发放缺乏相应的核销率数据支撑，缺乏数字技术来实时追踪消费券发放和使用效果，无法更精确地将乡村文化特色产品与之匹配挂钩。

四是乡村文化振兴的利益协调机制不完善。在乡村文旅项目开发和运营过程中，运营方、产权人和当地居民之间的矛盾冲突时常出现，各自为利的现象明显，难以形成产业发展的联动机制。例如，在EPCO运作模式下，许多文化项目的建设和运营实际上由企业掌控，各参与方彼此之间缺乏明确的约束机制和补偿机制，现实中容易导致背离发展理念和群众预期的问题，进而引发业主方、运营方和租户之间的矛盾和冲突。作为乡村主体的农村居民，在实际发展中难以获得直接利益，这也增加了可持续发展的不确定性。

因此，必须进一步推动政策细化，从乡村文化发展的内生性、可持续性着手，充分发挥政府和市场的良性互动作用，为温州乡村文化振兴的进阶营造良好的环境，建议从以下几方面入手。

要强化文化赋能作用，推动乡村特色文化产业繁荣。一方面，优化乡村文化产业策划服务。针对乡村特色文化产业链较短、增值空间有限和同质化

问题，强化针对性策划服务，促使乡村特色文化产业与农业紧密融合，提高整体产业链的产品创新意识，推动产业协同发展。另一方面，实施乡村传统工艺振兴计划。培育地域特色鲜明的传统工艺品，发掘民间艺术和民俗表演项目，加速民俗文化产业发展。此外，推行休闲农业和乡村旅游精品工程。制定乡村旅游特色村名录建设方案，开展特色旅游村评选，打造优质旅游品牌。关注文化遗产、养生文化、民俗文化、名人文化等领域的创新开发，探索研究并完善土地利用相关的配套政策措施。建立一批美食村、艺术村、养生村、休闲村等特色村庄，采取差异化发展策略，推出地方特色鲜明的优质民俗活动和农业体验旅游活动，培育多元化的文化产业类型。

要充分利用社会资本优势，激发乡村内在活力。一方面，激励和引导温籍文化人才回乡发展，吸引知名乡贤重返故里，促进大学生村官留心乡村，引导离退休人员回归故土，激发其热爱故乡、回馈桑梓的热情，为新时代乡村振兴注入活力。另一方面，完善温州乡村特色文化产业行业组织。加强行业组织管理，积极应对乡村特色文化产业碎片化，难以规模化、集群化和品牌化的问题，提升发展效能。此外，可以借鉴瓯海山根经验，推广"四乡人融合"理念，促进共同发展。即通过"原乡人"共享发展成果、"新乡人"创新创业、"归乡人"寄托乡愁、"游乡人"体验生活的"四乡人融合"途径，全面推动文旅产业发展，共创共享繁荣新局面。

要立足乡村特色传统文化，创新数字乡村发展模式。一方面，整合数字文化和乡村旅游，为乡村旅游提供数字文化产业支持。借助互联网、云计算、大数据等技术，构建文化旅游新生态。针对独具特色的乡村旅游资源，建立数据库，利用人工智能、高清视频、虚拟现实、全息技术等，开创"线上线下同步"的模式，让更多人在家即可体验乡村生态和风俗魅力，为乡村振兴注入新思维。另一方面，借助数字文化产业中数字技术的强大展示和创新能力，推动乡村文化发展更进一步。在挖掘乡村文化内容基础上，结合乡村特色文化、历史人物、文化遗产、乡村工艺、戏剧等，开发动画、卡通形象、微电影等数字创意产品。通过微博、微信、短视频等跨媒介传播，吸引大众关注，实现乡村文化推广与传播。

　　要协调并动员各方资源，构建新型乡村文化共同体。一方面，积极探索以政府为主导、农民为主体、全社会共同参与的乡村文化治理体系。建立合理的利益分配机制，引入具备实力的国内外企业集团合作开发乡村文化，实现政府、企业、居民共赢。建议将门票收入和旅游企业税收按比例回馈地方政府和居民，将旅游购物和家庭旅馆经营权有控制地授权给当地居民，平衡各方利益，提高地方政府和社区居民在旅游开发和资源保护中的积极性。另一方面，传承优秀文化基因，增强农民乡土自信。赋予乡土文化时代内涵，展现其深厚丰富、意蕴无穷的魅力，发挥其凝聚人心、教化群众、淳化民风的作用，夯实乡土文化底蕴，塑造乡土文化尊严，推动乡土文化自觉自醒，从而增强村民对乡土文化价值的认同感和文化自信，激发新时代乡村振兴的内生动力。

B.17
温州民办博物馆发展报告

董 姝[*]

摘 要: 温州是我国民办博物馆发展较早和较好的地区之一,民营企业竞
相创办行业专题博物馆,形成了民办博物馆与国有博物馆并驾齐
驱的格局。但民办博物馆发展存在着展陈空间不足、专业人才匮
乏、展陈水平不高、运营经费短缺、管理体制不规范、扶持政策
不到位等问题。当前,温州市提出打造"中国民办博物馆之
城",将民办博物馆建设纳入全市经济社会发展大局。应合理规
划空间,推进博物馆集聚发展;建立博物馆联盟,强化行业联
动;探索"文博+文创"模式,拓展发展空间。

关键词: 民办博物馆 民办博物馆之城 乡村博物馆 温州

博物馆是城市文明进程的记录地,也是城市文化品位的缩影。习近平总
书记高度重视发挥博物馆的作用,多次强调"一个博物馆就是一所大学
校"。2022年,围绕"千年商港、幸福温州"的城市定位,温州市委提出打
造"中国民办博物馆之城",把民办博物馆建设融入全市经济社会发展大
局,民办博物馆呈现蓬勃发展之势。

一 温州民办博物馆发展现状

民办博物馆是在市场经济大背景下,随着民营经济与资本的繁荣与成熟

---

[*] 董姝,温州博物馆馆长,浙江省博物馆学会副理事长,研究馆员。

而兴起的。温州是我国市场经济发祥地之一，民营经济发达，民间资本活跃，广大温商和华侨等民间投资者以强大的资金为后盾，收藏了大量有价值的艺术品，形成了比较庞大的收藏队伍，仅市收藏家协会就有 600 余名会员。温州是国家历史文化名城，底蕴深厚，名人辈出，有"南戏故里""书画名城""百工之乡"等称号，为各类民办博物馆的创建奠定了良好基础。

（一）温州民办博物馆的发展历程

改革开放以来，随着经济社会的快速发展、城市空间的不断拓展、人民群众对精神文化需求的不断增长、政府对民办博物馆扶持力度的不断加大，温州民间兴办博物馆的意愿日趋强烈，温州地区的企业家、收藏家、文化名人和各类社会团体积极推进民办博物馆建设。

温州民办博物馆发展经历了从无到有、从少到多、从小到大的历程，大致可分为以下几个阶段。

初创期（1990 年代至 2004 年）。20 世纪 80 年代，民间收藏悄然兴起。90 年代，一批敢为天下先的个人收藏者和企业家将自己的收藏品公之于社会。1989 年，群众自愿集资建设的瑞安肇平垟革命纪念馆，成为省内最早的民办博物馆之一；1996 年成立的龙湾区永昌博物馆，是省内第一个正式获批注册的民办博物馆。这一时期是温州民办博物馆的起步阶段，以个人或少数民间团体为主导，其特点是规模较小、展示内容比较单一，在建筑、场地、人才等方面存在很大限制。

成长期（2000 年代中至 2010 年代初）。2004 年，文化部《关于鼓励、支持和引导非公有制经济发展文化产业的意见》，给民办博物馆的创办指明了方向。2005 年，《温州市文化发展"十一五"规划》明确提出要构建以温州市级博物馆为核心、县级博物馆为骨干、民办博物馆和专题类博物馆为补充的博物馆体系构架。这一时期是温州民办博物馆发展的重要阶段，其特点是办馆规模逐渐扩大、展览展示内容逐渐丰富多样化。在此期间，温州相继成立了许多重要的民办博物馆，如中国鞋文化博物馆、天龙网球博物馆、温州金洲动物博物馆、方介堪艺术馆等。民营企业参与创办民办博物馆是这一时期的突出特点。

成熟期（2010 年代初至今）。2010 年，国家文物局等七部委印发《关于促进民办博物馆发展的意见》，民办博物馆发展有了新的政策依据，申报民办博物馆的企业和个人热情高涨，企业、集体、个人都积极筹备创建博物馆。这一时期温州民办博物馆进入成熟阶段，发展更加规范化、专业化，涌现了温州市塘河青灯石刻艺术博物馆、温州衍园美术馆、洞头区东海贝雕艺术博物馆和温州市采成蓝夹缬博物馆等一批优秀民办博物馆。特别是 2021 年以来，温州市委提出打造"中国民办博物馆之城"，出台民办博物馆的扶持政策，掀起了新一轮民间资本创建博物馆的热潮。

（二）温州民办博物馆的发展现状

温州民办博物馆经过几十年的发展，数量不断增加，质量也逐年提升，藏品和展品的类型也日益丰富。

根据调查统计，温州地区现有各类博物馆、纪念馆、陈列馆、展示馆、美术馆、艺术馆、非遗馆、名人故居等场馆约 200 家，其中，登记在册的国有博物馆 18 家、非国有博物馆 30 家、乡村博物馆 60 家（其中省级 48 家、市级 12 家），初步形成覆盖市、县、镇街、村（社区）四级，融合国有、民办、城区、乡村四类的博物馆网络体系。作为国有博物馆功能的有效补充，民办博物馆已成为博物馆体系的重要组成部分。当前依法设立的民办博物馆占全市各类博物馆总数的 65%；建筑总面积约 2.8 万平方米，占全市博物馆总面积的 28%；藏品总数约 13 万件，涉及历史文物、书画、陶瓷、钱币、奇石、动物标本、非遗、民俗、鞋等多个门类。温州文化行政部门登记注册的民办博物馆名单如表 1 所示。

表 1 温州文化行政部门登记注册的民办博物馆名单

序号	单位	性质	注册单位
1	温州市龙湾区永中白水民俗博物馆	民间集体	温州市文化广电旅游局
2	温州市洞头区东海贝雕艺术博物馆	个体	温州市文化广电旅游局
3	温州市鹿城区东瓯古家具博物馆	个体	温州市文化广电旅游局

序号	单位	性质	注册单位
4	温州叶同仁中医药博物馆	企业	温州市文化广电旅游局
5	温州市红欣盆景艺术博物馆	企业	温州市文化广电旅游局
6	温州市树贤·维日康艺术博物馆	企业	温州市文化广电旅游局
7	温州衍园美术馆	个体	温州市文化广电旅游局
8	瑞安市叶茂钱收藏馆	个体	瑞安市文化和广电旅游体育局
9	瑞安市陈傅良纪念馆	民间集体	瑞安市文化和广电旅游体育局
10	瑞安市叶适纪念馆	民间集体	瑞安市文化和广电旅游体育局
11	瑞安市隆山知青纪念馆	民间集体	瑞安市文化和广电旅游体育局
12	瑞安市瑞祥堂青铜镜收藏馆	个体	瑞安市文化和广电旅游体育局
13	瑞安市抗美援朝历史纪念馆	个体	瑞安市文化和广电旅游体育局
14	瑞安市维加斯服装文化博物馆	企业	瑞安市文化和广电旅游体育局
15	温州市采成蓝夹缬博物馆	民间集体	瑞安市文化和广电旅游体育局
16	瑞安市杨衙里博物馆	个体	瑞安市文化和广电旅游体育局
17	瑞安市季月泉纪念馆	个体	瑞安市文化和广电旅游体育局
18	瑞安市塘下镇肇平垟革命纪念馆	民间集体	瑞安市文化和广电旅游体育局
19	瑞安市仙降斗争史革命纪念馆	民间集体	瑞安市文化和广电旅游体育局
20	苍南县碗窑博物馆	企业	苍南县文化和广电旅游体育局
21	苍南县天韵奇石博物馆	个体	苍南县文化和广电旅游体育局
22	苍南县刘基文化博物馆	个体	苍南县文化和广电旅游体育局
23	永嘉县春秋陶瓷博物馆	企业	永嘉县文化和广电旅游体育局
24	永嘉县吴超征烈士纪念馆	民间集体	永嘉县文化和广电旅游体育局
25	永嘉县瓯渠民俗博物馆	民间集体	永嘉县文化和广电旅游体育局
26	乐清市蒲岐古城民俗博物馆	个体	乐清市文化和广电旅游体育局
27	浙江铁枫堂铁皮石斛博物馆	个体	乐清市文化和广电旅游体育局
28	温州夹苎漆器博物馆	个体	龙港市委宣传统战部
29	瓯海金临轩美术馆	个体	温州市文化广电旅游局
30	温州市塘河青灯石刻艺术博物馆	个体	温州市文化广电旅游局

从投资主体来看，温州民办博物馆投资主体主要有个人、民间集体和企业三大类。个人主体主要为行业从业人员、文物收藏者和爱好者，他们收藏了大量标本、文物和艺术品，希望通过办馆，将这些藏品向世人展示，比如，温州衍园美术馆、温州市塘河青灯石刻艺术博物馆、瑞安市叶茂钱收藏馆、苍南县天韵奇石博物馆等；投资主体是企业的主要是企业和企业家创办

的博物馆，这类博物馆多与地方经济文化特色相关，创立目的主要是提升企业文化，扩大企业社会影响力，形成品牌效益，比如，温州叶同仁中医药博物馆、温州市红欣盆景艺术博物馆、温州市树贤·维日康艺术博物馆等。投资主体为民间集体的有温州市龙湾区永中白水民俗博物馆、瑞安市叶适纪念馆、永嘉县瓯渠民俗博物馆等。

从博物馆类型来看，温州民办博物馆涉及企业类、自然类、医药类、工艺美术类、民俗类、专题类等多种类型（具体类型如表2所示），有效填补了国有博物馆未曾涉足的领域，社会效益十分明显，如中国鞋文化博物馆、温州天龙网球博物馆、叶同仁中医药博物馆、温州市采成蓝夹缬博物馆、金洲动物博物馆等。

表2　温州民办博物馆类型

序号	博物馆名称	类型
1	永昌博物馆	陈列展示馆系列
2	方介堪艺术馆	美术馆系列
3	金洲动物博物馆	自然标本类博物馆
4	中国鞋文化博物馆	企业文化博物馆
5	叶同仁中医药博物馆	医药类博物馆
6	瑞安市叶茂钱收藏馆	文物收藏类系列
7	温州市采成蓝夹缬博物馆	非物质文化遗产系列
8	苍南县碗窑博物馆	文物收藏馆系列
9	苍南藻溪奇石博物馆	文物收藏馆系列
10	温州锁博物馆	企业文化博物馆
11	温州天龙网球博物馆	企业文化博物馆
12	瑞安市叶适纪念馆	纪念馆系列
13	洞头东岙民俗馆	民俗系列
14	张璁纪念馆	纪念馆系列
15	永嘉县瓯渠民俗博物馆	民俗系列

从馆舍规模来看，由于地区间经济发展程度和投资主体的不同，民办博物馆规模差异较大，建筑面积最大的民办博物馆近万平方米，建筑面积小的数十平方米。文成县红色文物收藏爱好者刘日进开办的毛泽东像章文化博物馆，总

建筑规模已达到约 9000 平方米。由红蜻蜓集团投资 1500 万元建造的中国鞋文化博物馆是迄今为止国内筹建的唯一的鞋文化类博物馆，其面积达 7000 平方米。

（三）温州民办博物馆的作用

在国有博物馆不能兼顾的地区，民办博物馆成为有效补充，发挥了重要的作用。这些民办博物馆在丰富当地文化供给和提升周边文化影响力，以及文化旅游、研学实践和乡村文化振兴方面发挥了不可替代的作用。随着民办博物馆的队伍逐渐强大，其在文化事业发展中占据着越来越重要的地位，对公共文化服务做出的贡献也越来越大。

民办博物馆可以提供优秀的精品展览和教育教学活动，丰富人们的文化生活。国有博物馆更多地关注珍贵文物和艺术品的收藏和展示，对文化艺术价值和经济价值并不高的展品和藏品不够重视。而民办博物馆收藏正好弥补了这一不足。民办博物馆提供了丰富多样的民间藏品和展品，展示内容和展示形式都更加贴近市民、贴近生活、贴近现实。比如，温州天龙网球博物馆，其坐落在天龙集团工业园区综合大楼内，面积达 800 平方米，馆内分设世界网球史、中国网球史、天龙网球史三部分，每个部分都有各自的表现主题，通过文字、图片和实物向参观者讲述网球的发展过程。

民办博物馆倡导健康向上的文化理念，以文化参与促进文化感知，从而推动文化发展。民办博物馆来自民间，服务于民间，尤其那些具有一定品质、一定规模的专题展览，可以激发人们发现美、收藏美、展示美，形成展示、收藏、交流的良性循环，帮助社会公众树立正确的价值观和世界观，养成良好的文化休闲习惯，从而真正实现以文化人、以文育人。

二 温州民办博物馆发展的特点

温州是我国民办博物馆发展较早和较好的地区之一，在几十年的发展历程中，温州逐渐形成了主体多元、结构优化、富有活力的民办博物馆体系，呈现比较鲜明的地域特征。

（一）民营企业竞相创办行业专题博物馆

民营企业热衷于创办与行业相关的博物馆是温州民办博物馆又一鲜明特色。出于企业发展与企业文化建设的需要，往往一家企业、一个行业就会衍生一家博物馆，比如，鹿城区的温州叶同仁中医药博物馆、温州市洞头区东海贝雕艺术博物馆、永嘉县的中国鞋文化博物馆、乐清市的浙江铁枫堂铁皮石斛博物馆、瑞安市维加斯服装文化博物馆等，这些博物馆都和温州产业发展息息相关。

温州不仅在本地掀起了民间资本创建博物馆的热潮，也为全国民办博物馆建设提供新样本。一些温商在国内其他城市甚至海外兴建博物馆，比如，2005 年，美特斯邦威集团公司在上海市创办上海美特斯邦威服饰博物馆，展厅面积 2000 余平方米，馆藏品达 10000 余件。2006 年，亚龙集团在上海市创办的上海电线电缆博物馆，是一个以各类电线电缆实物展品为主、电线电缆上下游产业等相关展品为辅的博物馆，建筑面积 2300 平方米。2008 年，应大集团在天津市创办天津应大皮衣博物馆，建筑面积 1500 平方米。

温州许多知名企业如正泰集团、大虎打火机有限公司，虽然没有创办博物馆，却有企业展示厅，而这些企业展示厅为今后创办博物馆奠定了良好的基础。知名民营企业的介入使温州民办博物馆办馆规模逐渐扩大也更加专业规范，有的民办博物馆馆舍面积甚至达上万平方米。

（二）民办博物馆出现集群化现象

温州母亲河温瑞塘河南白象段目前聚集了青灯石刻艺术博物馆、珐琅彩艺术博物馆、博山美术馆、园艺术馆、东经纸文化艺术馆等 5 家博物馆，形成了总建筑面积 8652 平方米的民办博物馆群，这些博物馆与塘河边的骑楼、埠头、古桥梁相融相生，共同承载着温州的记忆与乡愁，成为城市文化新地标。特别是青灯石刻艺术博物馆，在现有南北两个馆基础上，正在谋划建设西馆、西南馆和桥馆，将形成水陆占地面积 6 万平方米、建筑面积近 1 万平方米的文化空间，成为一个"文化综合体"，变得好玩又有趣。

在世界矾都——苍南县矾山镇，因在世界各地挖矿而发家致富的矾山人，利用矾矿资源先后创办了温州矾矿博物馆、矾都矿石博物馆、矾都奇石博物馆、矾都矿山机械设备博物馆等与矿山文化景观相关的博物馆 10 余座，吹响了博物馆小镇"集结号"，形成了工业遗产博物馆群落。

首批中国传统村落、国家级重点文保单位——永嘉县芙蓉村，目前集聚了 5 家乡村博物馆，其中芙蓉摄影器材博物馆、芙蓉瓯瓷博物馆、芙蓉民俗博物馆入选省级乡村博物馆，它们均由一家民营企业创设。

（三）政府扶持民办博物馆的政策灵活多样

温州市通过民办公助、民办政补、民藏政扶等多种灵活的方式方法，大力扶持民办博物馆发展。

1. 政府将闲置的文物建筑、古建筑、旧厂房等交由社会力量兴办博物馆

为解决民间收藏家缺乏展示场所的难题，温州市无偿提供闲置的文物建筑、古建筑、旧厂房用于社会力量兴办博物馆。比如，2013 年，温州文物部门将市级文物保护单位杨宅用作民办公助创办民办博物馆试点，经严格审核，共有 12 家单位和个人初评入围，最后由温州市武术协会获得开办资格，2015 年，温州武术史馆正式对社会开放。再如，2022 年，龙湾区将南洋公园内的一幢 200 余年历史的古建筑，无偿提供给中国工艺美术大师叶萌春创设叶萌春艺术馆，用于展示具有 200 多年传承史的乐清叶氏黄杨木雕技艺。

2. 政府利用配套用房建设民办博物馆

瓯海区为打造塘河民办博物馆群，将本用于温瑞塘河配套用房的土地，以 30 年为期，鼓励机构或个人依照自筹资金、自愿建馆、自负责任、自主管理的原则创办民办博物馆，为塘河民办博物馆群的建设奠定了基础。

3. 扶持民办博物馆开展活动

政府大力支持青灯石刻艺术博物馆举办青灯市集全国美学大会。一年两季的青灯市集上，塘河青灯石刻艺术博物馆通常集聚 400～500 家优质文化生活美学品牌、10 万余件文化生活美学作品、1500 余名手艺人、20 余场精彩活动，带来数十万人次的参观量和数千万元的交易额，形成了文旅消费的新理念、新空间、新业态、新模式，是公共文化服务与文旅产业双向互动、

深度融合的典范，获"2021 浙江省最具人气文化场馆"等诸多荣誉。政府除了部分财政资金补贴外，还要妥善解决公共配套设施的建设问题，如停车场、公共洗手间、疫情防控和交通秩序管理等。

4. 建立国有博物馆与民办馆之间的合作机制

温州衍园美术馆是一家经温州市文化部门审核、民政部门登记的民办非营利性美术馆，其业务范围主要是挖掘、研究、传播近现代温州文化名家书画艺术，自 2017 年 1 月开馆以来，举办了 22 场以展示温州地方乡贤书画作品为主的高品质、成系列的展览，成为展示瓯越文化的特色窗口。在市文化广电旅游局的大力支持下，温州衍园美术馆与温州博物馆经常联袂举办高水平、高质量的展览，一个国有博物馆与民办馆良性互动的联展格局正在形成并受到业界关注。

三　温州民办博物馆发展中存在的问题

尽管近年来政府围绕民办博物馆发展进行了一些有效的引导和帮扶，但由于人们对社会公共文化服务的个性化和品质需求越来越高，民办博物馆发展和运营的问题逐渐显现，加之地方政府在管理上缺乏现成可供借鉴的经验，多照搬国有博物馆的制度和规范，对民办博物馆的运营体制机制少有干涉，造成民办博物馆健康发展面临不少困境。

（一）政府扶持和管理民办博物馆存在的问题

1. 管理体制不规范

据相关规定，民办博物馆要在当地文化部门和民政部门同时登记，但未明确统一主管部门，存在多头管理或无人管理的情况。部分民办博物馆建馆至今尚未完成法人登记手续。比如中国鞋文化博物馆、天龙网球博物馆等。

2. 配套政策不健全

民办博物馆被定性为非营利组织，但未享受与非营利组织相配套的政策待遇，在其建设和运行过程中水电、土地、租金等被要求按照企业标准缴纳，致使民办博物馆建设与运营费用负担重、压力大，不利于调动办馆企业和个人的积极性。产业延伸是促成民办博物馆自我造血、良性循环的现实需要和必然要求，但民办博物馆能否开展经营性活动、如何开展经营性活动有待实现政策突破。

3.建设标准不统一

民办博物馆在组织架构、藏品管理、开放服务、上岗培训、绩效评估等各个方面都缺乏一套客观、科学、切实可行的行业标准，在收藏、展陈、研究、保护、教育、服务、安全管理等方面的工作也处于"无章可循"的状态，不利于其健康发展。

（二）民办博物馆自身面临的发展困境

1.缺少专业技术人才

博物馆工作要求从业人员具有较强的专业知识和业务能力。大部分民办博物馆缺乏专业技术人员的培养与引进工作，工作人员多为兼职，运营能力低下。在现有人事制度下，民办博物馆从业者在职称评聘、人才待遇等方面难以获得均等的机会。

表3　部分民办博物馆从业人员情况

序号	单位	正式职工	兼职	硕士及以上	大学本科	大专高职	高中及以下	高级职称	中级职称	初级职称
1	中国鞋文化博物馆	6	3	0	2	4	3	0	0	0
2	温州衍园美术馆	10	5	4	3	1	5	0	0	0
3	瑞安市叶茂钱收藏馆	1	1	0	0	1	1	0	0	0
4	温州市采成蓝夹缬博物馆	2	2	0	0	0	4	0	0	0
5	苍南县碗窑博物馆	0	2	0	0	0	2	0	0	0
6	苍南县天韵奇石博物馆	0	2	0	0	0	2	0	0	0
合计	—	19	15	4	5	6	17	0	0	0

专业技术人才的缺乏严重制约了温州民办博物馆的发展。当前许多民办博物馆馆长经常"单肩挑"，自己创办、自己经营、自己管理，很少有专门的人才从事策展、运营以及文创产品的开发工作。个人进行决策

和管理的民办博物馆的办馆理念尚停留在单纯的收藏展示上，没有将民办博物馆当作一种文化产业来运作。场馆维护、员工工资、藏品维护、展品陈列、用水用电等费用较大，致使民办博物馆负担重、压力大，不利于调动办馆企业和个人的积极性。

2. 缺少专业部门指导

民办博物馆在缺乏业务指导的情况下，难以做到真正规范化。目前对民办博物馆的业务指导并没有明确规定，在文物鉴定、展陈策划、库房管理、活动策划等方面，温州博物馆和各县区文物馆（文博馆）等国有馆虽有专业力量，但国有馆本身也存在人手紧张的状况，难以在民办博物馆业务指导方面投入较多力量。

3. 缺少展陈空间和配套设施

根据《国家文物局关于民办博物馆设立的指导意见》的规定，民办博物馆展厅（室）面积不低于400平方米，藏品不应少于300件（套）。目前温州的大部分民办博物馆虽然库藏展品数量多，但展陈面积难以达标。部分民办博物馆以自有厂房或自有住宅作为馆舍，在硬件上也难以符合博物馆的规范化要求。

4. 社会认知度和影响力偏低

温州民办博物馆数量众多，但仅有少部分实现规模效应、规范运营、社会品牌认同，尚未形成整体社会效益。一是民办博物馆存在展览水平不高、藏品参差不齐、开放时间无法保证等问题，造成其社会认可度远远落后于国有博物馆；二是民办博物馆自身宣传力度不够等问题，致使其社会影响力不大；三是民办博物馆存在同质化发展、主题相近、展陈雷同、形式单一等问题，致使其社会认知度不高。

四 打造"中国民办博物馆之城"的对策建议

2021年8月，中共温州市委十二届十二次全会做出的《中共温州市委关于激扬新时代温州人精神高水平推进文化温州建设的决定》首提打造"中国民办博物馆之城"。2022年2月，温州市第十三次党代会提出

"千年商港、幸福温州"的城市定位，要求"打造中国民办博物馆之城，让典籍中的温州、文物中的温州、遗迹中的温州活态呈现"。4月，市政府工作报告提出要提升瓯越文化影响力，加快建设"中国民办博物馆之城"。5月，市政府办公室出台《关于建设中国民办博物馆之城的实施意见》，提出"把民办博物馆之城建设融入全市经济社会发展大局，深入挖掘和系统阐释博物馆所蕴含的文化内涵和时代价值，以文气激活人气、商气，让文化温州润泽幸福温州"，要求到2023年，争取全市建成陈列馆、纪念馆、美术馆、展览馆、非遗馆、名人故居等各类博物馆100家，形成2~3个民办博物馆群；到2025年，争取全市建成各类博物馆200家以上，形成3~5个民办博物馆群。就如何打造"中国民办博物馆之城"，使之成为温州公共文化服务新品牌的重要标志，本文提出以下建议。

（一）适应城市发展，加强服务质量

第一，温州民办博物馆的建设要与城市发展的水平相适应，不追求形式上的大而全，而是紧紧围绕"千年商港、幸福温州"城市定位，突出千年古城、山水诗源、田园乡情、百工百艺、瓯越名人、红色浙南等六大系列文化主题，使之成为展示温州百工之乡、轻工之城、活力之市、民营之都、文旅消费强市的重要平台与形象窗口。

第二，政府引导、鼓励民办博物馆打破传统的以"静态展览"为主的办馆理念，从室内走向室外，融合多形式资源，面向市场，打造集逛、展、赏、玩于一体的新式展览、展会。探索独立策展人制度，推出更多原创性主题展览。

第三，民办博物馆要从文物收藏型博物馆转变到文化服务型博物馆上来，加强内部业务和外部业务服务质量的提升，强化馆地、馆校、馆旅互动，打造规范化、特色化、高品质的自身服务体系，真正成为公共文化的服务阵地。

（二）合理规划空间，推进集群发展

第一，在民办博物馆提质升级的基础上，评选一批优质民办博物馆，将其纳入"中国民办博物馆之城"的建设体系之中。结合全市文旅产业发展规划以及土地总体利用规划，对全市民办博物馆建设进行前瞻性、系统性规划。在城区合理规划安排一定的文化产业用地，专门用于民办博物馆集聚发展，"退二进三"用地空间与国有闲置房产优先考虑民办博物馆建设，以解决民办博物馆缺乏办馆空间、展陈空间、研究空间、文创空间的现实困境。

第二，以相关产业为依托，建设具有集聚与辐射效应的15分钟博物馆文化圈。推进民办博物馆群、民办博物馆特色小镇、类博物馆的建设，对规模化发展达标的民办博物馆，政府给予政策和资金的鼓励和扶持。开展民办博物馆总分馆模式试点，鼓励更多的国有博物馆、行业博物馆与民办博物馆、乡村博物馆结对共建，促进资源优化整合和管理规范提升。

（三）完善配套扶持政策，强化行业联动

首先，建立温州地区博物馆联盟和温州市民办博物馆专家智库，强化行业自我约束管理。温州地区博物馆联盟可以下设工艺类、历史地理类、自然资源类等各专业委员会；工艺类分会负责机器或机器模型、手工业制品、机器工业制造用品等；历史地理类分会负责乡贤书画著作、古代衣饰及生活用具、金石古董、红色文物等；自然资源类分会负责动植物、矿物、水产、农作物等；通过专业委员会指导各民办博物馆的业务和运行，真正使民办博物馆走专业化的发展道路。围绕"馆藏文物藏品和主题临展开发交流"，建立国有博物馆与民办博物馆之间的合作帮扶机制，特别是要将国有博物馆临展对口输送到有需求的民办博物馆；通过馆地联合、馆馆联合、馆校联动方式，形成一馆一品、一地一特色，适时举办百家民办博物馆重大联展活动和社会教育活动，形成民办博物馆"百花齐放、百家争鸣"的局面。

其次，建立民办博物馆藏品数据库和数据应用服务管理平台，发展智慧博物馆、云上博物馆，逐步实现民办博物馆智慧服务、智慧保护、智慧管

理、智慧共享，给民办博物馆加装数字化引擎。

再次，乡村博物馆是博物馆事业发展的重要补充力量，是展示乡土文化、活跃民间收藏、促进文旅融合的重要载体，在乡村文化展示、促进乡村振兴方面发挥着重要作用。应多措并举，推进乡村博物馆建设，并积极鼓励优质的乡村博物馆申报成为民办博物馆，使之成为"中国民办博物馆之城"建设的生力军。

最后，人社、自规、财税等部门在民办博物馆人员培训、职称评定、博物馆场馆、展陈空间、运营保障、企业税收等方面，应参照国有博物馆出台相关配套政策，支持民办博物馆的发展。

（四）推行"民办博物馆+文创"的发展模式

首先，积极探索"文博+文创"发展模式，将民办博物馆与文创紧密结合，以增强民办博物馆的自身造血功能，有效解决"建馆易、养馆难"的问题。在这方面，乐清的浙江铁枫堂铁皮石斛博物馆、温州市洞头区东海贝雕艺术博物馆、博山美术馆等已积累了比较丰富的经验。

其次，扩展民办博物馆功能，形成博物馆的展览、休闲、旅游、研学、产业拓展综合发展模式，营造文旅消费新场景。在这方面，瓯海塘河青灯石刻艺术博物馆经过短短三、四年时间，已成为国内最有影响力的生活美学市集，成为文旅新地标，其创新做法值得推广。

最后，拓展民办博物馆发展空间，借助全世界温州商会力量，发动海外温籍华侨、在外温商、企业家、收藏家与艺术家等社会力量参与民办博物馆建设，通过引展、送展和联合办展等形式，推动温州文化走出温州，漂洋过海走进华人社区。

生 态 篇

Ecological Reports

B.18

温州水生态环境形势
与保护修复对策

陈月仙　贾显乐　杨木易　唐庆蝉 *

摘　要： 近年来，温州市以"五水共治"为抓手，持续深化水污染防
治攻坚战，区域水环境质量持续巩固提升，水环境基础设施
日益完善，美丽河湖、生态缓冲带建设不断推进，水环境治
理和水生态保护工作取得了明显的成效。但受环境基础设施
薄弱，城乡生活污水治理不平衡，城市地表径流减控，农业
面源和船舶污染短板尚未有效突破，水生态修复机制不完善
等影响，水环境治理成效尚不稳固，水生态修复工作总体进
展缓慢。下一步将需要围绕水环境质量提升和水生态修复长
效机制建设等工作，持续提升区域经济社会绿色发展水平，
进一步巩固水环境治理成效，加强水生态保护，加快水生态

* 陈月仙，温州市生态环境局水生态环境处四级主任科员；贾显乐，温州市生态环境局水生态
环境处科员，工程师；杨木易，温州市生态环境促进中心，工程师；唐庆蝉，浙江中蓝环境
科技有限公司科研中心主任，高级工程师。

修复，实现区域水生态环境根本性好转和持续性改善。

关键词： 水生态环境　水污染　生态修复　温州

温州三面环山，一面临海，境内地势从西南向东北呈梯形倾斜，有洞宫、括苍、雁荡等山脉，河流湖泊众多，区域内主要水系有瓯江、飞云江、鳌江，境内有大小河流 150 余条，涵盖溪流、平原河网和感潮河段等多种类型，具有典型的江南水乡特征。20 世纪 80 年代以来，区域内经济社会快速发展，受环境基础设施建设滞后、污染物排放量大、环境监管机制不完善等影响，区域内水生态环境破坏严重，水污染问题突出。自 20 世纪 90 年代以来，以温瑞塘河、鳌江为重心，各级政府先后开展了一系列水环境整治工作，有效地缓解了水质恶化的趋势，局部区域水环境得到明显改善。2013 年以来，为进一步推进产业转型发展，温州以"五水共治"为抓手，持续推进水污染防治攻坚，水环境质量得到逐步好转，水生态修复取得了明显的进步，水生态环境良性循环初步形成。随着经济社会的发展和人民群众对美好水生态环境要求的提升，要更好地巩固水环境治理成效，加快推进水生态修复，温州水生态环境保护和修复工作仍将任重道远。

一　温州水生态环境现状

经过近十年来的持续整治，温州水生态环境质量取得了显著的改善，考核断面水质优良率不断提升，污染防治能力持续增强，环境基础设施逐步完善，水生态健康水平得到全面提升。

（一）水环境整治持续保持高压态势，水环境质量得到不断提升，水环境治理成效日益显现

以"清三河"、"剿灭劣Ⅴ类"、"碧水"十大行动和"污水零直排

区"建设等为载体，通过持续深化水环境综合治理，深入打好水污染防治攻坚战，严格落实地表水环境质量管理，实现全市水环境的显著改善。目前，全市全面消灭垃圾河、黑臭河，国控、省控断面Ⅰ-Ⅲ类水质比例从2013年的60%提高到2022年的90.6%，市控及以上断面水环境功能区达标率从2013年的47.4%提高到2022年的88.3%。瓯江、飞云江、鳌江等三大江干流水质连续4年实现全优，完成国家和省级下达任务；建成美丽河湖水上碧道95条583.935公里，建成水美乡镇32个，新增水文化节点及滨水公园49个，群众对周边水环境质量的满意度得到持续提升，全市"五水共治"公众满意度从2014年的61.3分逐年提升至2022年88.92分。

（二）源头治理持续深化，设施建设得到优化管理，水环境基础设施短板问题得到明显改善

大力开展涉水行业污染整治，完成重污染行业企业整治13506家，其中规范提升4975家，关停淘汰8325家，集聚入园206家。以生态环境基础设施三年行动、污水零直排区建设、农村生活污水收集处理设施改造提升和涉水企业深化整治为抓手，近年来全市水环境基础设施建设得到进一步增强，环境基础设施服务覆盖面不断扩大。为加快补齐城乡污水处理设施短板，2015年以来已累计完成新、扩建污水处理厂18座，实施污水处理厂清洁排放改造提升13座，新增配套市政污水管网3300公里，建成投用农村生活污水治理设施3771个，完成标准化运维农村生活污水处理设施3159个，城乡生活污水处理能力总体满足需求。大力推进"污水零直排区"建设，累计完成980个生活小区、101个工业园区、133个镇街省级"污水零直排区"创建任务。全面实施市区排水管网整治两年行动，完成排水管网整治项目218个。以温州市区排水管网提质增效为抓手，完成网格整治项目36个，有效地推进雨污合流、混接问题和污水"应收未收"问题的解决，污水管网COD指标浓度得到明显提升。

（三）水环境治理认知得到不断提升，水生态试点示范持续开展，水生态保护修复工作初见成效

以恢复水生态健康为目标，结合"五水共治"、"美丽浙南水乡"和"全国水生态文明试点城市"建设行动，大力实施河道综治、水源涵养等工程举措，努力构建健康畅达的水生态保障体系。全面完成554座长江经济带小水电清理整改任务，科学核定505座保留类和整改类水电站生态流量，大力实施水电站生态流量泄放设施改造和监测设施建设，有力推进河流水生态环境持续改善。深入推进温瑞平原活水畅流等河湖水系连通工程，累计建成生态河道1714公里；探索运用生态修复技术，累计修复河湖生态缓冲带51公里，高质量推进"美丽河湖"建设，建成省市级美丽河湖95条；打造完成生态园三垟湿地、平阳县瑞平塘河、鹿城区共青湖等"水下森林"修复试点。开展瓯江、飞云江、鳌江和温瑞塘河、永强塘河、江南河网等重点流域水生态健康评估，初步建立了基于水生态健康评估体系的水生态环境评价方式。

二　温州水生态环境存在的主要问题

近年来，尽管全市水生态环境保护工作取得了积极成效，但对标美丽温州建设要求仍存在不少问题和短板，突出表现在水环境基础设施依旧薄弱、城乡生活污水治理不平衡、城市地表径流减控、农业面源和船舶污染短板尚未有效突破、水生态修复机制不完善、水环境治理成效尚不稳固、水生态修复工作总体进展缓慢等方面。

（一）城乡污水基础设施依旧薄弱，设施环境效益有待进一步提升

城乡雨污管网建设虽得到大力推进，但区域污水管网仍不完善，特别是受城镇污水处理厂分布与配水格局影响，市区龙腾路和锦绣路、苍南、龙港等片区污水输送能力不足，平阳县鳌江和萧江镇、苍南县桥墩镇、龙港市等部分城镇二三级管网覆盖率较低。同时，受污水管网建设标准较低、底数不

清、运行管理力度不足、更新改造不及时等因素影响，现有部分排水管网存在雨污分流不彻底、管网破损渗漏严重等问题，导致部分城镇污水处理厂运行负荷率低下、污水进水浓度偏低，城镇污水收集处理效能亟待提升。农村污水处理设施建设基础薄弱，截至 2022 年底，全市仍有 13.68% 的行政村未覆盖农村生活污水处理设施，全市日处理规模 20 吨及以上的 1884 个农村生活污水处理设施出水水质监测显示达标率为 94.54%。部分农村污水处理设施受处理工艺不合理或处理能力不足，设施运维参差不齐，配套管网运维不到位，运行性能不稳定等影响，实际运行效果不理想，离应收尽收、达标排放仍有较大差距。

（二）点源污染治理仍待深入，面源污染治理短板亟待补齐，污染防治能力有待进一步提升

工业污水治理虽取得了显著成效，但电镀、制革等重污染行业带来的区域性、行业性污染问题仍然存在，零星工业企业污水未能达标纳管，涉水企业生产过程清洁化、高效化等工作仍待进一步推进。随着点源治理的深入和水环境质量的逐步改善，城乡面源污染已逐步上升为制约水环境持续改善的主要矛盾和突出短板。农业面源污染防治基础薄弱，治理设施运行不规范，突出表现为农田退水水质缺乏管控，畜禽和种植业污染防治成效低下，在温瑞塘河、瑞平塘河等区域形成了流域性、季节性水污染问题。受城市区域人口密度大、土地开发利用强度大、自然生态净化空间小等影响，城市地表污染呈现污染物量大、瞬时性强、防治措施少的特点，晴天"藏污纳垢"、雨天"零存整取"等现象严重影响城市周边河道水质的提升。

（三）水生态系统功能弱，流域性系统性生态修复工程少，水质持续提升基础薄弱

受环境基础设施存在短板的影响，现有水体整治成效稳固难，水生态环境质量改善和提升成果较脆弱，易受自然条件变化影响，水生态环境保护形势严峻。截至 2022 年底，全市 77 个市控及以上断面中仍有 9 个断面水质未

达到水环境功能区考核目标要求,且主要分布在温瑞塘河流域。"十四五"期间,全市国控断面将由原来的 8 个增至 14 个,水质考核目标要求提高,并在完成水质目标管理的基础上,逐步增加生态要素,区域水生态环境的考核压力较大,其中蒲岐、永中等断面问题将尤为突出。受长期水生态环境破坏影响,水下"荒漠化"现象较为普遍,河道、河滨带、缓冲带被侵占等现象依然存在,水系连通性差,水生生物生境退化严重,水体自净能力较弱。全市重点流域水生态健康评估显示,瓯江、飞云江、鳌江三大水系总体为良好,温瑞塘河等平原河网总体为中等,其中水生生物评价结果是各水域差异的主要影响因素。水生态系统功能修复试点工作虽然取得了一定的成效,但总体尚处于起步探索阶段,特别是流域性系统性治理工程仍较少,统筹推进水环境、水资源、水生态、水安全、水文化力度不够,未能有效地推动区域性流域性的水生态恢复能力提升。受污染防治短板未补齐,生态修复周期长、成效显现慢的影响,区域内仍将长期面临污染防治和生态修复同步推进的双重任务压力。

三　温州水生态环境保护与修复对策

面对人民群众对周边水生态环境质量持续改善的迫切愿望和国家、省不断提高的考核目标要求,下一步温州市将需要结合省委、省政府部署,以高标准补齐治水短板、高水平谱写治水新篇、高质量打造生态文明高地为目标,围绕水环境质量提升和水生态修复长效机制建设,持续提升区域经济社会绿色发展水平,进一步巩固水环境治理成效,加大水生态保护力度,加快水生态修复,实现区域水生态环境根本性好转和持续性改善。

(一)重点实施入河排污口排查整治,深入推进污水处理提质增效

全面推进入河排污口排查、监测、溯源、整治及监督管理各项任务,分析掌握排污口污染排放状况、特点及规律,编制"一口一策"整治方案,按照"取缔一批、合并一批、规范一批"的要求分批分类完成排污口整治,

构建"受纳水体—排污口—排污通道—排污单位"全过程动态监督管理体系，有效管控入河污染物排放。

以"提浓度、治网格、建机制"为总抓手，构建"雨污全分流、处理高效能、尾水再利用"的城镇污水处理新格局，强化城镇污水处理能力，确保实现污水全收集、全处理、全达标。制定实施污水管网更新改造实施方案，全面系统排查污水管网，摸清污水管网家底、厘清污水收集设施问题清单，推进问题管网更新改造，填补污水收集管网空白区。加快补齐城镇污水处理能力短板，深入开展市区管网整治攻坚，优先治理低浓度运行及超负荷运行污水处理设施，在污水处理厂进水化学需氧量（COD）浓度持续提升的基础上，不断提高进水生化需氧量（BOD）浓度。理顺污水管网建管体制，强化标准化运维管理，推进"厂、站、网"一体化运维。推进污水管网数字化建设，实现污水管网常态化监管、智能化管理。全面推进城镇"污水零直排区"建设，推进排查建设、验收运维和动态监管等全过程管理，加快补齐雨污分流等基础设施短板，基本实现污水"应截尽截、应处尽处"。深化工业园区、生活小区、"六小行业"等"污水零直排区"建设改造和提质增效，以县（市、区）为单元，全域构建"污水零直排区"数字化管理系统。

实施农村生活污水治理"强基增效双提标"行动，强化农村污水治理设施建设与运维。以落实"五位一体"县域农村生活污水治理设施运维管理体系为主要手段，严格执行《农村生活污水处理设施标准化运维评价标准》，全面实现农村生活污水处理设施标准化运维。深入推进农村生活污水治理设施建设和提升改造，结合农村生活污水产生特征，选择合适的工艺技术，实现到2025年应建新建处理设施基本建成，未达标处理设施提升改造基本完成。

（二）深化工业污染治理，加快面源污染防治，提升污染防治水平

对标先进区域深化重污染行业整治，推动工业污染防治水平持续提升。加快新一轮技术改造，推动生产过程清洁化、高效化，推进制造业类园区绿色低碳循环化改造。开展各类涉水行业整治效果评估和整治效果"回头

看"，巩固涉水企业达标排放整治成效，深化涉水行业环境管理，建立工业园区（工业集聚区）管理"一园一档"。推进工业园区智能溯源管控，推动断面周边所有工业园区实现污水雨水总排口水质、周边主要河道水质监控安装、联网全覆盖。提升改造企业废水处理设施及工业园区污水集中处理设施，完善园区和企业雨污水收集系统，以工业园区"污水零直排区"标杆园区创建等为抓手，加快工业园区污水管网更新改造和工业污水处理设施配套建设，加强已建"污水零直排区"长效运维管理。

结合汛期污染强度分析，加大面源污染防治，着力突破面源污染防治瓶颈，推动水环境质量持续改善。全面开展农业面源污染调查，建立健全农业面源污染监测评估体系，在重点流域、区域开展农业面源污染负荷评估。持续深化"肥药两制"改革，落实测土配方施肥，开展农作物病虫害绿色防控，着力提高测土配方施肥和统防统治技术到位率，切实降低化肥和农药对水环境的影响。优化氮磷生态拦截沟渠系统布局和建设，加大在粮食生产功能区的新建和改造力度，强化氮磷生态拦截沟渠系统运营维护管理。完善畜禽养殖污染防治配套措施，加快推进绿色健康养殖，强化养殖尾水治理设施建设和运维管理，确保"两分离三配套"设施正常运行，排泄物定点定量定时生态消纳。加强畜禽养殖业环境监督执法，规范线下网格化巡查和线上智能化防控，确保长效监管保持到位。加强城市地表径流污染防治，完善地表径流污染防治措施。通过初期雨水收集处理，城市沿河生态缓冲带构建，入河雨水口自然生态技术或人工净化技术治理等方式，减少径流污染物的排放，控制城市地表径流污染。

（三）系统谋划水环境治理，大力推进水生态保护修复

加强生态流量保障，加大生态补水力度，系统构建水环境治理体系。通过以流域为单元的系统性生态修复，以瓯江、飞云江、鳌江、温瑞塘河、瑞平塘河等重点河流廊道生态修复为试点，加快硬质护岸生态化改造和河湖生态缓冲带修复，推进山水林田湖草海系统治理，促进河湖生态健康与美丽建设。通过系统谋划水环境治理项目，分片分区分步实施水环境系统治理，延

伸治水的深度和广度。开展市区盲肠河断头河治理改革，打通断头河，沟通小微水体，推进河湖水系连通，持续推进河湖库塘清淤，建立清淤轮疏长效机制。推进再生水利用设施建设，实现中心片污水处理厂再生水项目利用量达 15 万吨/日和南片污水处理厂尾水引用工程利用量达 3 万吨/日，到 2025年，实现温州市再生水利用率达到 20% 以上。

以国土空间规划实施为契机，通过加强国土空间资源优化配置，落实山水林田湖草海生命共同体的整体系统观，以流域理念构建全要素保护利用体系，落实生态空间保护优先，重点保护瓯江、飞云江、鳌江、楠溪江的上游源头区域、下游海陆交汇区域，以及主干河流廊道和生态斑块。通过"守、退、补"，严格落实生态红线及河湖岸线管控要求，加快不符合空间管控要求的生产、生活活动的退出。

（四）推动"五水智治"数字化建设，持续开展机制体制创新

以"五水智治"数字化建设为契机，把数字化改革作为提升水生态环境治理现代化水平的关键一招，实现多跨协同、凝聚合力，坚持数字赋能，推进整体智治，推动水生态环境治理能力实现新跨越。加快推进"五水智治"数字化建设工作试点，建设生态环境大脑"精准治水"模块，构建以任务工作进展、问题闭环管理和督查考核评价等为重点的多跨协同应用系统，迭代升级实战实用实效的治水数字化管理应用体系，全面形成数智治水新格局。

结合"五水共治"新形势和要求，以问题为导向，持续开展机制体制创新。结合水环境自动监测体系建设，加强水环境监测预警能力开发，建立"河长+专家+部门+民间力量"监管体系，以"技防+物防+人防"全力提升水环境污染问题发现处置能力。加强部门协作和区域联防联控，进一步完善决策协商、信息共享、联合共治等机制，统筹设置治水协调机构与河长制协调机构，形成工作合力。

B.19
温州实现碳达峰碳中和路径研究

张 慧 林 曦 黄兆惠 徐 来*

摘 要： 自全国提出低碳试点城市建设以来，温州勇于创新突破，加快推进新能源等低碳基础产业发展，积极布局绿色低碳产业，促进了地区产业转型和经济高质量发展。本报告通过对温州"双碳"工作开展背景及基本情况的阐述，科学分析了碳排放现状及特征，提出温州实现碳达峰碳中和面临的问题及挑战，明确了实现路径，并从推进低碳城市建设，加快构建低碳基础产业体系，建立精细化城市管理体系等方面提出了实现"双碳"目标的相关建议。

关键词： 产业转型 低碳经济 碳中和 碳达峰 温州

随着工业化、城镇化进程的加速，高能耗和高排放以及气候变化等城市化问题日益突出。当前的气候变化主要是由人类活动向大气排放温室气体所致，如果对温室气体排放不加控制，未来全球变暖趋势将进一步加剧，人类生活可能面临较大环境风险。因此，应对气候变化已然成为全球共同面临的环境挑战。2020年9月22日，习近平主席在第七十五届联合国大会的一般性辩论上承诺：中国将提高自主贡献力度，采取更有力的政策和措施，二氧化碳排放力争于2030年前达到峰值，努力争取2060年前实现碳中和。2021年

---

* 张慧，温州市生态环境科学研究院，工程师；林曦，温州市生态环境科学研究院院长，高级工程师；黄兆惠，浙江省温州生态环境监测中心，工程师；徐来，浙江省温州生态环境监测中心，高级工程师。

3月15日，习近平总书记在中央财经委员会第九次会议上强调，实现碳达峰、碳中和是一场广泛而深刻的经济社会系统性变革，要把碳达峰、碳中和纳入生态文明建设整体布局，拿出抓铁有痕的劲头，如期实现2030年前碳达峰、2060年前碳中和的目标（简称"双碳"目标）。

"双碳"目标的提出，对促进生态文明建设、加快治理体系和治理能力的现代化具有重要意义，是实现经济高质量发展的必然要求。浙江是习近平新时代中国特色社会主义思想的重要萌发地、"绿水青山就是金山银山"理念的发源地和率先实践地。碳达峰、碳中和气候治理新目标的提出，为浙江加快构建绿色低碳循环发展经济体系，形成绿色低碳生产生活方式，并以此为契机，积极培育新经济增长点，打造浙江"重要窗口"提供了重要的历史机遇。

一　温州碳达峰碳中和工作现状

（一）工作开展现状

自2012年成为国家低碳试点城市以来，温州便高度重视低碳经济的发展，将这项工作作为应对气候变化、绿色低碳转型发展、突破相关领域体制机制制约的有利契机。在不断探索研究东部沿海轻工业发达地区低碳发展路径的过程中，温州进一步严格控制高耗能高排放项目的发展，不断调整能源结构，优化产业布局，提高市场效率，积极打造东部沿海绿色低碳发展的示范区。"双碳"目标的提出，为下一步温州的绿色低碳转型带来了强劲动力，"双碳"目标成为全市经济社会高质量发展和生态文明建设的重要抓手。

1. 勇于突破创新，先行先试低碳试点建设

2008年，温州市申请建立了全国首个地级市的中国绿色碳基金专项，全面启动了碳汇造林工作：先后在苍南县建立了中国绿色碳基金第一个标准化造林基地，在文成县建立全国第一个森林经营增汇项目，并制定了中国首个森林经营增汇项目的技术操作规程，打造了全国第一个"零排放"的低

碳专业市场，林业碳汇工作走在全国前列。截至目前，全市已开展实施 5 个面积在 1 万亩以上的碳汇造林项目和 2 万亩森林经营碳汇项目试点。2009 年温州荣获全国政协颁发的"低碳中国贡献城市"奖。2012 年 3 月 28 日，国务院常务会议批准实施《浙江省温州市金融综合改革试验区总体方案》。在国家金融综合改革试验区和低碳城市试点建设的双重政策机遇下，温州勇于创新，凭借雄厚的民间资本、活跃的金融环境、良好的生态资源等优势，又开展了一系列低碳金融试点探索，通过构建多元化的金融体系等体制机制创新，为全国金融改革和低碳城市建设提供先行先试的"温州经验"。2013 年 10 月 15 日，经国家发改委批准，温州市人民政府印发《温州市低碳城市试点工作实施方案》（温政发〔2013〕84 号）。2020 年，《温州市气候资源保护和利用条例》颁布，为温州绿色低碳发展保驾护航。2021 年，温州在全省率先开展"碳评纳入环评"试点，初步建立工业企业碳排放影响评价的指标体系。同年温州以低（零）碳试点示范经验带动全域低碳城市建设，多地入选第一批减污降碳协同试点、低（零）碳乡镇（街道）及村（社区）名单。其中乐清市作为产业低碳转型类入选全省第一批低碳试点县创建单位名单，竹里畲族乡、大南街道等 2 个乡镇（街道）入选低（零）碳乡镇（街道）试点，白鹿洲社区、樟里村等 17 个村（社区）入选浙江省第一批低（零）碳村（社区）试点，瓯海区电镀园区入选减污降碳协同试点创建单位名单。鹿城区大南街道率先打造了国内首个绿色生活方式规范试点，大力推广绿色低碳生活方式。泰顺县竹里畲族乡则结合自然资源优势，大力实施绿色发展理念，区域内低碳转型发展取得了明显成效。永嘉县岩头村创新试点全省首个"零污染村"项目。

2. 基于环境修复，扎实推进绿色低碳转型

温州深入践行习近平生态文明思想和"绿水青山就是金山银山"理念，认真落实"美丽浙江"建设系列决策部署，以打好打赢污染防治攻坚战为目标，借力环保督察反馈问题整改清单，充分利用当地生态资源优势，全力打造集自然美、经济美、城乡美、生活美、人文美为一体的"五美"新温州，全市生态环境得到逐步改善，为推进绿色低碳转型、实现碳达峰碳中和目标

打下坚实的基础。2020年《温州市环境质量公报》显示，温州城市空气质量（AQI）优良率97.0%，较2015年提升11.3个百分点；细颗粒物（PM2.5）年均浓度25微克每立方米，改善43.4%。省控及以上地表水断面水质Ⅰ~Ⅲ类比例87.5%，提升19.5个百分点；市控以上地表水断面功能区达标率78.9%，提升25个百分点，劣Ⅴ类水质断面全面消除；瓯江、飞云江干流水系水质连续5年均为优，鳌江干流水质自2019年起改善为优。县级以上集中式饮用水水源地水质保持100%稳定达标。近岸海域海水水质已由轻度富营养化改善为贫营养化。声环境质量总体稳定，市区及县城的昼间区域环境噪声均小于55分贝。生态环境状况指数（EI指数）保持全省前列。生态市建设成果显著，创成全国水生态文明城市，入选中国气候宜居城市，荣获2020年度"五水共治"（河长制）工作优秀市"大禹鼎"，蝉联中国最具幸福感城市，绿色发展指数跃居全省第二。截至2020年，全市森林面积合计达1074万亩，比2010年增加5.76%。森林覆盖率为61.9%，比2010年提高1.9个百分点。林木蓄积量达3960万立方米，相比2010年增长63.6%，林业碳汇能力稳步提升。

3. 注重顶层设计，推进一体化区域发展战略

以"一主两副三极多点"的大都市空间总体布局为基础，构建低碳城市发展体系，进一步提升城市功能。2006~2020年，温州市制定了多个低碳经济系列发展规划与行动方案，相继出台了《温州市发展低碳经济及应对气候变化"十二五"规划》《温州市循环经济"12555"行动计划》《温州市能源发展"十二五"规划》等规划和行动方案，切实强化全市低碳经济发展工作部署。编制完成了《温州市全面推进发展循环经济近期工作方案》《温州市建筑节能中长期规划》《温州市可再生能源发展规划》《温州市风电发展规划》等相关领域规划，积极推进低碳城市、新能源示范城市建设，重点打造温州经济技术开发区国家低碳工业园区试点，推进分布式光伏发电、海上风电等多种可再生能源共同开发利用，推动苍南核电落地建设，推动温州LNG项目落地开工。力争创成全国第一批民营经济示范城市，争创国家临空经济示范区。加快建设国家海洋经济示范区，深度参与甬台温临港产业带规划建设，做大做强海洋经济。深度融入长三角一体化发展，不断推进温州嘉定、温州松江战略合作。联动杭州、宁波、台州、宁德等周边城市，推动更多合作项目实质性落地。高起点启动华商华侨综合发展先行区建设，加快四大领域15项重点任务落地实施，全方位推进"四大建设"，深入实施都市区十大标志性工程，高标准推进大花园典型示范创建，打造瓯江山水诗路八大标志性文化景观，形成彰显温州文化特色的低碳城市发展路径。

4. 调整能源结构，形成多类型能源供给

借力蓝天保卫战减污降碳，对现有高碳燃料设备进行淘汰提升，全市累计淘汰改造燃煤锅炉5917台。同时在乐清电厂、温州电厂、苍南电厂等开展燃煤机组超低排放改造。依托三澳核电、海上风电、太阳能光伏等新能源重大项目落地，大力发展智能电力控制、输配电等产业，积极培育核关联产业、生产装备、节能设备等制造业，如正泰集团实施以"光伏+储能"等新能源为主体的绿源、智网、降荷、储能碳中和整体解决方案，积极推进绿色制造。"十三五"期间，在国家、省等各级补贴及相关鼓励政策的积极带动下，温州光伏等新能源发电装机规模增长明显。据统计，截至2020年底，全市光伏装机容量达93万千瓦，年均增长86.1%。2020年全年光伏发电量占温州新能源发电量比重约27%。全市建成太阳能热水器利用面积约39.3万平方米。建成苍南鹤顶山、苍南霞关、苍南皇帝坪和洞头风电场，总装机容量达6.53万千瓦；核准海上风电项目3个，包括华润苍南1号海上风电项目、华能苍南4号海上风电项目和华能瑞安1号海上风电一期项目，总装机规模达95万千瓦。建成水电站542座，装机容量达88.14万千瓦。全市大中型沼气工程年产沼气567.36万立方米，建成并营运垃圾发电厂4座，总装机容量达4.55万千瓦。据统计，全市非化石能源占一次能源比重为7.6%左右。通过布局建设光伏风电以及生物质发电基础设施，初步构建了新能源产业体系，提高了供给端能源清洁化水平。2020年，全市光伏、风电累计发电量达10.5亿千瓦时，其中风电达9.3亿千瓦时，光伏发电达1.2亿千瓦时。从全市的非化石能源发电情况来看，2020年全市非化石能源发电总量达54.13亿千瓦时，占全社会用电量的12%，同比增长10.9%，其中，水力发电29.68亿千瓦时，同比增长19.7%；风力发电1.02亿千瓦时，同比增

长 5.2%；太阳能光伏发电 6.66 亿千瓦时，同比增长 40.2%；生物质能发电 16.77 亿千瓦时，同比下降 8.4%。从消费结构来看，也更趋于低碳化，2020 年煤炭消费量占能源消费比重较 2015 年明显下降 5.5 个百分点；石油及制品消费占比较 2015 年下降 3.5 个百分点；天然气消费占比较 2015 年增加 1 个百分点；可再生能源消费占比增加 2.4 个百分点。2020 年全市清洁能源消费量占能源消费总量的 10.2%，较 2015 年提高 3.4 个百分点。

5. 优化产业结构，逐步建立低碳经济发展体系

持续推进传统制造业换代升级。"十三五"期间，淘汰落后产能相关企业 313 家，整治提升重污染行业企业 14179 家。"5+5"产业培育成效明显，传统制造业改造提升指数、数字经济发展综合评价指数位居全省第二。全社会研发经费支出占生产总值比重达 2.2% 左右，规上工业企业研发机构设置率、研发活动覆盖率、研发强度均居全省第一，科技创新能力大幅提升。累计实施低碳及节能降耗项目 308 个，创建 232 家省级、190 家市级清洁生产企业和 27 家省级绿色企业。逐步构建现代服务业体系。"十三五"期间，全市服务业继续保持增速快于 GDP 的发展势头，2020 年全市实现服务业增加值 3876.6 亿元，占 GDP 比重达 56.4%，其中高技术服务业、科技服务业、数字经济核心服务业等新兴产业营业收入增速逐步提升。初步完成绿色交通体系建设。目前已建成和在建轨道交通累计约 160 公里，建成区公共交通出行分担率达 30% 以上，全市累计新能源公交大巴占公交车总量比重超过 80%。全面推行绿色低碳建筑。累计新增建设节能建筑约 10000 万平方米，共完成近 100 万平方米既有公共建筑节能改造，可再生能源建筑应用已达 3000 万平方米以上，可再生能源在建筑领域消费比重达 8%。积极构建绿色高效的资源循环体系。截至 2021 年，温州共有市本级、乐清市、瑞安市、永嘉县、苍南县等 5 个地区成功入选省级资源循环利用示范城市试点单位，在数量上与嘉兴、丽水并列居全省第一。全面建成涵盖生活垃圾、餐厨垃圾、医疗废弃物、污泥、一般工业固废及危险废物等的较为完备的废弃物处理利用体系，并建立了较为完善的废弃物管理体系，城市垃圾资源化利用、减量化无害化能力不断提高，2021 年垃圾无害化处理率达 100%。

（二）温州碳排放特征分析

1. 排放量总体变化趋势特征

结合温州市 2006~2020 年相关统计数据，分能源活动、工业生产过程（以下简称"工业源"）、农业活动（以下简称"农业源"）、土地利用变化及林业、废弃物处理等领域，对全市碳排放测算结果和贡献值进行分析。数据显示，2010~2020 年，温州市碳排放量呈先下降后增长再趋于平缓下降的趋势，整体并未受区域经济总量、人口数量、城镇化率及人均收入水平等因素影响而呈现线性递增趋势。自 2012 年开展低碳试点城市建设以来，温州市加大低碳经济发展投入，同时碳排放也受能源双控目标、节能减排政策等因素影响。2017~2019 年，由于政府出台煤改气政策及推行节能技改工作等，碳排放下降趋势明显。2020 年受疫情影响，工业生产、生活方式等均受较大影响，温室气体排放下降幅度较大。

根据 2010~2020 年温州各领域碳排放占比情况变化（见图 1）可知，全市碳排放量主要来自能源活动领域，占比均在 90% 以上，其他相关领域变化幅度不大。能源活动领域的碳排放主要集中在化石燃料燃烧领域，其中以能源生产与加工转换（能源工业）的碳排放量占比最大（见图 2）。碳排放量占比居第二位的为交通运输业领域，主要源自汽油、柴油等消耗。2019 年以后交通领域碳排放有所下降，这与政府出台相关政策措施可能存在一定联系，如全市大力开展老旧运营货车淘汰更新，鼓励使用新能源汽车、鼓励绿色出行等。

2. 不同领域排放量变化趋势特征

温州市工业源的碳排放（不含能源消耗）在全市总体碳排放量中占比并不高，这与温州的产业结构存在一定联系。由于温州以轻工业为主，较少有高耗能高碳行业（主要涉及水泥、钢铁行业），且企业数量较少。工业领域化石燃料燃烧的碳排放，呈下降趋势，这可能与温州市的产业性质、近年来产业结构不断优化以及持续开展打赢蓝天保卫战行动有关。据悉，2019年温州市调整并扩大了市区高污染燃料禁燃区范围，推动相关部门淘汰 35蒸吨/小时以下燃煤锅炉，全面淘汰 10 蒸吨/小时燃煤锅炉，并对建成区部

分生物质锅炉开展超低排放改造或淘汰。2010~2020年工业生产过程领域碳排放占比情况如图3所示。

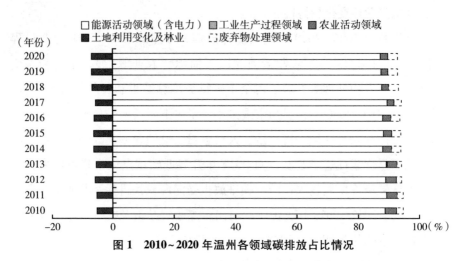

图1　2010~2020年温州各领域碳排放占比情况

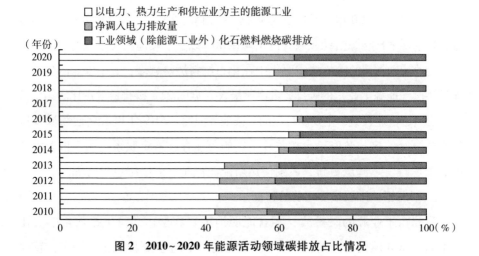

图2　2010~2020年能源活动领域碳排放占比情况

2010~2018年农业活动领域碳排放总体趋于下降，与农业种植面积减小、生态循环农业推广以及畜禽养殖数量大幅下降有关。2020年相比2019年有小幅回升，这主要与温州市出台粮食、生猪增产保供政策有关，农业"两区"建设提速明显，粮食播种面积和产量实现"双增长"，导致畜禽养殖量增加。2010~

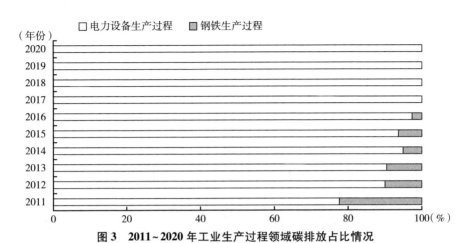

图3　2011~2020年工业生产过程领域碳排放占比情况

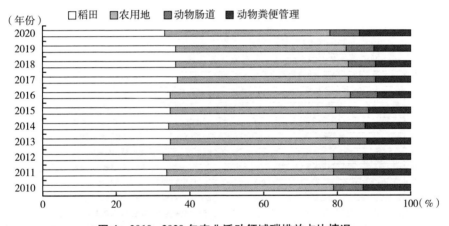

图4　2010~2020年农业活动领域碳排放占比情况

2020年农业活动领域碳排放占比情况如图4所示。而在土地利用变化及林业领域，2010~2020年，净吸收量变化基本呈逐年上升趋势，主要由于乔木林蓄积量持续增长，2010~2020年平均年增长率为4.44%，森林碳汇稳步上升。2010~2020年土地利用变化及林业领域碳排放占比情况如图5所示。

2010~2020年废弃物处理领域的碳排放量呈上升趋势，主要由于全市环境基础设施逐步完善，生活垃圾焚烧电厂逐步增加，导致垃圾焚烧处置量增加。2010~2020年废弃物处理领域碳排放占比情况如图6所示。

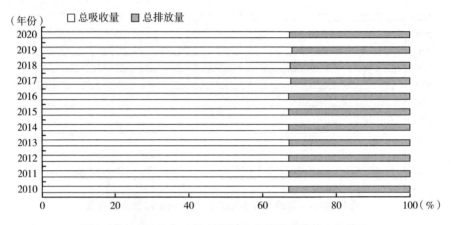

图5 2010~2020年土地利用及林业领域碳排放占比情况

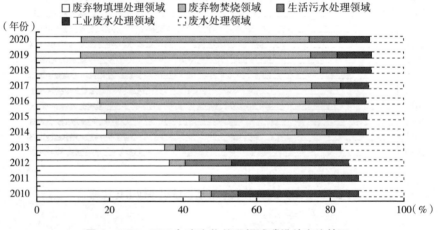

图6 2010~2020年废弃物处理领域碳排放占比情况

3. 排放强度变化趋势分析

根据相关统计数据测算，2015~2020年温州市人均碳排放强度均低于全省平均水平，但变化趋势并不明显。2015~2020年温州市单位GDP碳排放均低于全省平均水平，并呈平缓下降趋势。

二 温州实现"双碳"目标面临的挑战

当前，全国正处在转变发展方式、优化经济结构、转换经济动能的攻坚期，工业化、城镇化进程持续深入，经济增长仍以高要素投入、粗放型发展为主，能源消耗中煤炭等化石燃料占比较高等问题导致碳排放仍处在上升期。在此背景下，温州的"双碳"工作主要面临以下挑战。

（一）对"双碳"工作认识仍不足，易走入发展误区

这一方面体现在"双碳"工作的推进缺乏系统性整体规划。温州陆续出台了碳达峰碳中和等相关领域工作方案和相关规划，针对能源等重点领域做出了工作部署，强化了重点工程的支撑，但未能从城市发展的全局系统分析考虑实现"双碳"目标存在的诸多短板问题，一味地将节能降碳政策作为实现"双碳"目标的主要措施。应当综合考虑，多措并举，充分发挥市场优势，真正从城市功能、定位出发，系统谋划。节能政策短期内虽能取得立竿见影的效果，但从长远来看，因无法形成系统建设和部门合力，从而在推进"双碳"工作过程中很可能受动力不足影响工作的持续性不强。另一方面，则表现为一些地区在实现路径问题上存在一定的认识误区，片面理解低碳行为，没有从本区域的现实情况出发，考虑新能源布局，存在盲目上马项目的冲动。若大量兴建"低碳经济区"或"再生能源经济区"，很可能会造成相关行业的产能过剩和资源浪费。同时地方对实现"双碳"目标与经济发展阶段的矛盾关系认识不足，也易走入发展误区。随着城市规模包括人口数量、社会经济体量等的不断扩大，城市更新仍在继续，城市化仍在继续。城市化进程中涉及的基础产业以建材、钢铁、化工等高碳行业为主，另外温州市提出的建设交通强市的目标也需要有建材、钢铁、化工等基础行业作为支撑。从全局来看，实现"双碳"目标并非一项运动式的工作，而是一场深刻的社会经济变革，其实质是一种高质量经济发展模式的构建，其实现并非一蹴而就。从阶段性来看，碳达峰和碳中和并非两个割裂的阶段和目

标。碳达峰过程既不是争取机遇和发展机会的"触顶"行为，也不是为完成减排任务只顾眼前经济利益、不顾长远发展的短期措施，需要根据碳达峰实际同步考虑碳中和工作的开展。碳达峰阶段通过发展低碳经济，建设低碳城市，构建低碳产业布局，以能源结构调整、产业绿色转型、节能减污降碳措施、技术创新提升为主要手段，在城市发展过程中逐步实现由粗放型的高碳经济向集约型的环境友好型低碳经济转型，最终形成以低碳经济、循环经济、绿色经济为架构的稳定的综合经济发展模式，实现改善生态环境，提升人民满意度和获得感，提升城市品位和城市综合竞争力的目标。碳中和阶段将进一步创新开发、积累形成稳定高效的低碳技术，主要通过碳封存、碳捕集利用和生物质能开发以及碳汇技术，基于生态环境的自然修复过程，实现以倡导绿色低碳产业为主导模式，以低碳生活理念为行为特征，以低碳社会建设为蓝图的城市远景发展目标，最终实现人类生产生活过程碳的净零排放，这才是未来城市建设发展的方向。

（二）产业基础仍不稳固，不利于"双碳"工作的有序推进

目前经济社会发展正处于"双碳"工作推进与产业转型发展的叠加期，产业基础不稳固导致的经济发展质量不高问题势必影响"双碳"目标的实现。改革开放以来，温州市场经济先发优势明显，创造了"温州模式"，但其在发展过程中也面临各种问题。一是具有小微企业数量众多等特点。企业普遍规模小、档次低、布局散，平均生命周期短。温州市第二次全国污染源普查（简称"二污普"）数据显示，全市小微企业数量占比超过98%。二是产业结构以轻工业为主。2020年全市实现生产总值6870.86亿元，从"十一五"到"十三五"，生产总值平均增速约15%，三次产业结构由2006年的3.5∶54.8∶41.7调整为2020年的2.3∶41.3∶56.4，第三产业占比提高明显，但经济总体体量仍不够大，新动能培育、引进不足。三是主导产业层次偏低、工业粗放式发展形成路径依赖等矛盾突出。由于发展初期对科研投入、品牌塑造、生产管理、知识产权等重视不够，以及长期以来形成的靠模仿生存的发展思路，温州制造业一直处于价值链的底端，产品附加值不

高。另外，温州市主导产业以劳动密集型为主，由于技术含量低，有较强的可模仿性，也容易被其他地区市场所替代，如广州、泉州等地的服装和鞋革行业，台州的阀门、眼镜行业就很有可能取代温州的同类行业。再如与国内外先进企业相比，还存在绿色工艺与技术替代不足、技术研发力量薄弱、人才缺乏等问题。上述原因均给温州产业低碳转型及发展带来较大阻碍。

（三）多重客观因素制约，影响绿色低碳发展

与重工业发达城市、碳排放大户所不同的是，温州市产业结构以轻工业为主，虽大部分行业已基本实现电力化，但仍主要依靠煤电，而一次能源较为短缺，除了水能外，没有其他常规一次能源，煤炭、天然气和石油主要依赖外部供给，二次能源的生产主要通过火力发电和城镇垃圾生活焚烧发电。温州市属于光伏三类资源区，光伏资源也相对匮乏。同时，能源转型发展还受到土地资源、技术开发、消纳市场、资金及产业链等发展要素的制约。温州"七山二水一分田"的地理地貌格局决定了土地等空间资源紧缺，造成风、光等可再生能源的推进难度加大，从而影响能源的绿色低碳转型。从目前消纳市场情况来看，普遍存在可再生能源发展规模与电网、储能配套建设还不完全匹配等问题，导致负荷低谷时出现消纳困难，对电网的安全运行提出了挑战。

三　温州碳达峰碳中和实现路径的相关建议

由于传统经济模式已不能完全满足现代社会工业化、城市化迅速发展的需求，以低能耗、低污染为特征的低碳经济被广泛认为是继工业革命后改变全球经济的又一次革命浪潮。2003 年英国政府首次提出"低碳经济"的概念，发展低碳经济有望成为解决城市化问题、实现碳达峰碳中和目标的关键。我国生态文明建设自提出建立科学发展观，实施可持续发展战略，树立绿色低碳理念起，至今以开展碳达峰碳中和为主线，其发展方向一脉相承，最终证明唯有发展低碳经济、走绿色生态之路才是真正解决城市发展与资源环境矛盾的关键。

（一）遵循绿色循环，落实低碳城市建设

遵循绿色低碳的生态文明思想，从城市的基本功能和发展定位出发，开展低（近零）碳城市的系统性建设，通过建立并完善输入输出体系，即建立绿色低碳的产业发展体系、稳定安全的能量流供给输送体系、高效有序的物质流配送体系、稳定的废弃物分类利用消纳循环体系等，稳步实现"双碳"目标，促进地区经济的高质量发展。特别是温州市在推进大拆大建、大建大美的城市更新过程中，应抓住发展契机，遵循绿色低碳等生态化原则，科学合理地规划城市布局，以智慧、绿色、低碳、循环、数字化为指标体系，重点完善温州市低碳经济总体框架设计，走出一条低碳、低排放、低能耗且循环的城市未来发展之路。

（二）立足长远，加快碳达峰碳中和基础性设施建设

这包括构建低碳能源系统、低碳产业结构、绿色低碳交通网络和建筑体系等。要基于现状，充分考虑温州的天然禀赋，建立清洁、稳定、安全、低碳的能源供应体系。合理开发风能、水能、太阳能、潮汐能和地热能等可再生能源，如在洞头、瑞安、平阳、苍南等具备海上风电资源地区充分发展海上风电；温州市龙湾、洞头、乐清、瑞安、平阳、苍南、龙港等地滩涂光伏资源较集中，可利用此优势开发光伏资源。同时要在安全利用的前提下合理开发核能。科学布局抽水蓄能电站，推广分布式储能示范，目前已开发的抽水蓄能电站主要集中在泰顺和永嘉。加快一批重大资源项目、基础性设施的落地，扎实推进产业绿色低碳转型，如智能电网、综合供能站及5G基础设施建设，推动有条件的地区实现管道天然气全覆盖。加速电力端储能设施布局及消费端多元储能设施建设，推进新能源就近消纳。完善新能源基地、一体化基地、新型高效储能、综合能源、屋顶光伏、智能电网等领域配套建设。积极推动煤炭清洁高效利用，引进洁净煤技术体系。温州的城市化进程和城市发展阶段决定了目前的能源结构，以煤电消耗为主的情况无法在短期内改变，因此除了大力发展清洁低碳能源外，还应立足于现阶段以化石能源

消耗为主的基本国情，提高用煤质量与效率。持续深化资源节约型、环境友好型社会建设，重视传统行业的绿色转型升级，深化生态产业化和产业生态化等理念，夯实低碳工业基础，以绿色工业促进经济新增长。进一步强化"两个健康"先行区建设，充分发挥民营经济作用，利用整合、兼并重组等方式，增强市场配置作用，提高社会经济运行效率。

（三）强化科学管理，建立精细化城市管理体系

充分利用 5G、区块链、物联网等技术建设城市、管理城市，加强交通物流、固废资源化、能源消耗等基础数据的应用，以最大限度降低城市整体运行的消耗。探索建立用能权、资源权、排碳权、排污权有效衔接机制，逐步形成四权并存的环境管理体系，助力达到减污降碳、协同增效的目的。温州作为轻工业城市，已在多个领域实现了电力化，工业与交通作为用能的两大领域，应加快调整能源结构，实现重点领域碳达峰。但在现阶段能源结构未发生根本性转变的情况下，仍要坚持以能源为主、碳排放为辅的总量及强度控制体系。完善环评+碳评制度，引导重点碳排放单位积极融入全国碳排放交易市场。科学编制温室气体排放清单，优化碳排放核算工作，以工业企业碳排放影响评价和省级低（零）碳试点创建方案编制为抓手，强化应对气候变化和"双碳"工作的技术支撑。加大绿色金融对气候变化项目的支持，通过出台相应的财政激励政策，促进企业节能降耗、低碳减排。例如对通过绿色工厂评价认证的企业提供贴息贷款、实行工业用电费率优惠等。进一步加强与金融机构的政银战略合作，通过与金融机构开展多种形式的合作，逐步构建形成有温州特色的低碳绿色金融体系，促进低碳技术发展和高碳产业转型。

B.20
温州市区城镇排水设施现状
及提升对策研究

周瑜　苏忠萍　林宁*

摘　要： 随着温州市排水管网整治行动的不断推进，温州市区的排水管网质量有了一定提升。但受建设年代、工程质量及设施量大面广带来的管养难等因素影响，目前市区排水管网仍存在私接错接、雨污混流等突出问题；部分山水、河水混接入污水管，使进厂污水COD等水质浓度较低。本文针对温州市区排水设施存在的突出问题，提出了有序推进雨污管网提升改造工程，建立健全科学的排水设施管理体系，打造温州市"智慧排水"平台，实现城市排水系统"一网统管"等排水设施能力提升的对策建议。

关键词： 排水管网　管网整治　温州

在建设生态文明的新时代背景下，生态环保要求日益严格，党中央、国务院部署了"碧水攻坚战"；浙江省贯彻落实中央决策部署，开展了"五水共治"、"清三河"、"剿灭劣Ⅴ类"、"黑臭水体整治"、"污水零直排区"建设等一系列水环境治理工作。伴随着三部委《关于印发城镇污水处理提质增效三年行动方案（2019—2021年）》（建城〔2019〕52号）发布，污水处理的要求更是上了一个台阶。在浙江省住建厅发布的《2019年全省城镇

* 周瑜，温州市排水有限公司净水运营中心副主任，工程师；苏忠萍，温州市排水有限公司发展规划部经理，高级工程师；林宁，温州市排水有限公司瓯江口污水处理厂科长，工程师。

污水处理工作第三方评估情况》中，温州市在地级市中排名仅为第 10 名，统筹温州污水处理布局、管网提质增效刻不容缓。

自《浙江省城镇污水处理提质增效三年行动方案（2019—2021 年）》（浙建城发〔2019〕210 号）实施起，温州制定了《温州市区排水管网整治行动实施方案（2019—2020）》和《温州市区排水管网提质增效三年行动计划（2021—2023）》，两轮整治方案实施后，市区排水管网质量有了一定提升。2022 年共疏通一、二级排水管网 1300 余公里，开展污水管道检测与评估约 160 公里；新增 2300 余公里三级管网委托市公用集团排水公司管养；三级排水管网整治工作有序开展，市区主要污水处理厂进水 COD 平均浓度继续呈上升趋势（见图 1）。

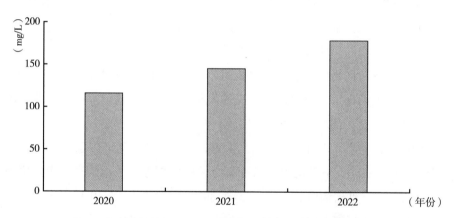

图 1　温州市区主要污水处理厂进水 COD 平均浓度变化情况

一　温州市区城镇排水设施建设情况

温州市城市排水主要采用分流制排水体制，新建地区也采用分流制排水体制。旧城为典型的合流制和分流制并存的系统。因旧城改造时间较长，部分旧城区还处于旧城保护范围，地下管线复杂，污水收集困难，在近中期旧城仍需保留合流制和分流制并存的系统。

根据《温州市区城市建设和管养体制的方案》（温政办〔2021〕57 号），

市区排水管网分为一、二、三级，其中一、二级管网（约 3000 公里）由市公用集团排水公司负责维养，三级管网（约 4000 公里）由属地政府负责管养。根据温州市政府"行政上分级管理，技术上统一维养"的要求，属地政府计划将三级管网全部委托市公用集团排水公司维养，逐步形成"一城一网一主体"的排水管网管理格局。同时，为进一步提升排水管理实效，温州市建成全省领先的"智慧排水"管理平台，并加大防汛设备投入，总强排能力达 5.245 万 m^3/h。

（一）雨水系统基本情况

温州市区范围内河网林立，排水条件非常有利。一般雨水管道布置时依据城市道路总体规划布局和自然地形、地貌及规划道路等因素，采用组织分区排除雨水，划分排水流域，并以就近排放内河为原则。现阶段温州市区雨水并未进行详细排水分区，主要是根据污水分区范围线进行维护管理，一般分为东片、中心片、西片等三大雨水区块。

东片：龙湾区永中街道、永兴街道、海滨街道、海城街道、瑶溪街道、沙城街道、天河街道、星海街道，扶贫开发区、永强科技产业园等工业园区和温州永强机场，陆域总面积约 163.63 平方千米。

中心片：龙湾区蒲州街道、状元街道，鹿城区松台街道、五马街道、滨江街道、南汇街道、七都街道，以及瓯海区梧田街道、茶山街道、南白象街道、三垟街道、仙岩街道、丽岙街道等。区域内主要建成区和规划区为旧城区、东郊片区、杨府山片区、城市行政中心区、温州经济技术开发区、瓯海经济开发区、高教园区、三垟水网保护区等片区，陆域总面积约 140.95 平方千米。

西片：鹿城区仰义街道、双屿街道，瓯海区景山街道、新桥街道、娄桥街道、瞿溪街道、潘桥街道、郭溪街道等。区域内主要建成区和规划区有鹿城区的中国鞋都、鹿城工业区、黄龙居住区，瓯海区三溪片的横屿、官庄工业园区，瓯海城市中心区等，陆域总面积约 104.04 平方千米。

（二）污水系统基本情况

温州市区城市污水系统划分与行政区划不完全一致，现状污水系统根据污水管道情况划分为四大片区 12 个分片区 27 个污水系统。截至 2020 年 12 月31 日，温州市区污水系统分区情况见表 1。

表 1　温州市区污水系统分区情况

单位：平方千米

片区	分区	污水系统名称	区域面积
东片	永强海城片区	海城系统	6.19
		天河、沙城系统	25.15
		永中系统	21.39
		龙瑶片系统	14.22
		扶贫经济技术开发区系统	5.54
	经开区片区	经开区系统	40
	小计		112.49
瓯洞片	灵昆岛片区	灵昆系统	43.24
	洞头岛片区	洞头系统	24.45
	小计		67.69
中心片	龙湾西片区	状元系统	8.05
		经济技术开发区系统	12.81
	鹿城中片区	杨府山系统	12.61
		东郊系统	16.31
		旧城系统	4.27
	七都岛片区	七都岛系统	12.74
	梧田片区	梧田系统	11.72
		南白象系统	14
		高教园区系统	11.56
	仙岩、丽岙片区	丽岙系统	16.7
		仙岩系统	12.48
	小计		133.25
西片	鹿城西片区	西郊系统	6.95
		双屿系统	6.94
		中国鞋都系统	6.58
		仰义系统	7
	三溪片区	新桥、娄桥系统	28.68
		瞿溪、郭溪系统	24.2
		潘桥系统	24.96
	鹿城特色园区片	鹿城特色园区污水系统	33.06
	小计		138.37
合计			451.8

温州市区已建污水处理厂 14 座（2 座停运），总处理能力 100.2 万 m^3/d。其中，中心片污水处理规模 45 万 m^3/d，包括中心片污水厂、南片污水厂、七都污水厂、仙岩污水厂（停运）；东片污水处理规模 26 万 m^3/d，包括东片污水厂、滨海污水一厂、滨海污水二厂、滨海污水三厂；西片污水处理规模 26.9 万 m^3/d，包括西片污水厂、瞿溪污水厂（停运）、轻工园区污水厂、泽雅污水厂；瓯洞片污水处理规模 2.7 万 m^3/d，包括瓯江口西片污水厂、城南污水厂。

（三）泵站基本情况

温州市区（鹿城、瓯海、龙湾、经开区、瓯江口新区）一、二级管网泵站中有污水泵站 51 座、雨水泵站 23 座，三级管网泵站有 25 座。污水泵站负责收集输送污水到各片区污水处理厂，雨水泵站负责温州旧城区的防洪排涝和各下穿立交的积水强排。市区泵站运行模式为无人值守和有人值守相结合，由排水公司负责统一调度，保障市区污水"应收尽收"，雨水及时排除。截至 2020 年 12 月 31 日，温州市区主要污水泵站分布情况见表 2。

表 2 温州市区主要污水泵站分布情况

单位：座，万 m^3/d

大片区	分区	污水泵站	规模
东片	永强海城片区	8	44.12
	经开区片区	4	8.9
瓯洞片	灵昆岛片区	2	10.1
中心片	龙湾西片区	5	20.2
	鹿城中片区	8	44.88
	梧田片区	2	16.2
	仙岩、丽岙片区	1	4.5
西片	鹿城西片区	7	13.7
	三溪片区	10	41.7
合计			204.3

温州市区雨水泵站共 23 座，其中，东门浦雨水泵站和麻行雨水泵站为旧城片区区域性排涝泵站，致富路雨水泵站为扶贫区域强排泵站，其余 30 座均为铁路、公路等下穿段排涝泵站。

二　温州市区排水设施管理存在的问题及原因分析

温州市区排水管网受建设年代、工程质量及设施量大面广带来的管养难等因素影响，目前存在私接错接、雨污混流等突出问题，尤其是大量山水、河水混接入污水管，导致进厂污水 COD 等水质浓度低于正常城市污水浓度。

（一）雨水系统问题分析

1. 自排为主的排水方式使排水能力受限

现有温州市区雨水管道系统设计的排水方式较为单一，基本依靠重力流自排。依靠重力自排的排水口主要在内河常水位以下，按照就近排入水体的原则设置，市区绝大部分区域雨水均就近排入内河，沿江无内河的区域则直排入瓯江。重力流自排的方式受限于排放水体水位，当水位低时雨水排放还算顺畅，当水位高时，河水反而会倒灌进城市排水管网，使雨水排水能力受限或无法正常外排。目前，市区辅助强排能力明显不足，无法满足温州市排水防涝的需求。

2. 旧城区雨水管网的设计标准普遍偏低

2021 年 10 月 1 日，《室外排水设计标准》正式实施，对于城市排水和内涝防治设计标准提出了更高的要求。标准中要求对于市区人口在 100 万~500 万人的大城市，中心城区的雨水管渠设计重现期要达到 2~5 年，非中心城区 2~3 年，中心城区重要区域应为 5~10 年，下立交、地道和下沉广场等应为 20~30 年。目前温州旧城区雨水管网设计标准普遍偏低，大部分排水标准在 0.5 年以下，无法满足要求。

3. 城市雨水排水口封堵无管理制度

因"污水零直排区"建设或地块、道路施工，需暂时封堵雨水口，避

免污水进入河道,影响河道水质。2021 年因出水口封堵导致内涝达 28 起,但温州市没有出水口封堵的相关管理制度,难以保障出水口正常运行,如存在出水口封堵不规范、较随意,施工完成后未及时拆除封堵,施工破坏、掩埋出水口等现象。在雨天发生积水时,需花费大量的人力、物力去寻找被封堵的出水口,这极大增加了城市内涝发生的风险,也增加了防汛人员的工作量和工作危险性。

(二)污水系统问题分析

1.污水尚未完全收集

城镇污水收集管网和农村独立式污水处理设施建设不完善导致城乡生活污水收集率低,沿河排放污水直接污染水体。潘桥、仙岩等区域内存在农村居民生活污水管网错接、乱接现象,仍有生活污水直排入河的情况;部分涉水工业企业、小作坊及非法涉水小窝点因违法排污,对河道水环境造成恶劣影响;沿河镇街村庄商业服务业等废水、垃圾入河也造成污染。部分农村雨水和污水均直接排入污水管道,在台风暴雨季节里,污水管网负荷过重,不能及时排放。

2.雨污尚未完全分流

根据 2022 年温州市城区各主要污水处理厂水质检测结果,部分污水管网水质存在进水 COD 浓度低、可生化性不高的情况。雨水的混入是其中重要的原因之一。混入雨水的管道包括:①老城区道路下的雨污合流管;②老城区与城中村、农村地区的雨水管道错接进入污水管网。另外,温瑞平原地下水位比较高,地下水的混入也是导致管网污水可生化性不高的原因。近年来,市区污水处理厂进水 COD 浓度波动较大,受降雨影响显著。2022 年七都污水处理厂进水 COD 浓度为 73~290mg/L,洞头区城南污水处理厂为 51~264mg/L,雨天或雨后降至 100mg/L 以下,说明市区污水管网错接漏接、沉降破损、山水河水倒灌等情况比较严重,三级管网问题依然突出,特别是老旧小区管网建设质量差、标准低、年代久远、缺乏资金和物业维护等,普遍长期失管。

3.管网老旧，亟须改造

温州市城区污水管道建设时间跨度长，建设质量不统一。如早年间敷设的陶土管和塑料管的破损、老化情况较为严重，因管道连接方式落后产生脱落的问题，因施工方式不合理产生管道压坏、上浮等问题，导致污水漏损，污染土地、地下水和河道水。

近年来由于排水设施被人为破坏等，排水管网存在不同程度的破损、脱节、沉降和渗水漏水等问题；排水泵站整体陈旧，设备故障率高，并存在产权证件不齐造成的升级改造困难问题；由于历史原因，已建雨水排水设施能力与新规划要求标准差距大，扩能提升任务重。

污水处理厂前集污总管长期处于高水位运行，中途提升泵站提升污水时，集污总管满溢的风险持续加大。中心片学院路与会展路交叉口段（中心片污水处理厂前）污水管网管径 2m，管底标高 -4.2m，最大设计水位（按最大设计充满度 0.75）为 -2.7m，监测数据显示该处平均水位 1.3m，平均水位比最大设计水位高出近 4m。西片江湾路与富士达路交叉口段（西片污水处理厂前）污水管网管径 1.8m，管底标高 -4.32m，最大设计水位（按最大设计充满度 0.75）为 -2.97m，监测数据显示该处平均水位约 2.3m，平均水位比最大设计水位高出 5m 之多。

4.污水管道外水进入严重

根据日供水量计算出理论污水量，通过实际污水量与理论污水量的差值来判断外水总量。根据统计年鉴数据，2020 年温州市区供水总量为 31210 万 m^3/a，平均日供水量为 85.5 万 m^3/d，再加上农村（主要是仙岩、丽岙）以及自备水量（按 2 万 m^3/d 预估），共计 87.5 万 m^3/d。按照污水排放系数 0.9、截污系数 0.85 计算，理论污水量为 67 万 m^3/d；2020 年污水实际处理量为 85.7 万 m^3/d，外水总量为污水实际处理量与理论污水量差值，即 18.7 万 m^3/d。

（三）排水设施管理问题分析

1.管理体制不顺，未全面实现一体化

排水设施的管理未形成"厂网一体化"运维管理体制。市区排水管网

基本形成了"一城一网一主体"的管养格局，但市区 14 座污水处理厂总规模达 100.2 万 m³/d，分属 8 家不同的运营单位，不利于发挥厂网统一调度、共享共惠的效应。

2.建设、维养分属不同部门，移交的评定标准未成体系

排水管网大多是随道路建设，后移交市公用集团排水公司维养。前期建设质量存在一定瑕疵，部分管道"带病"移交，导致后期运维困难，资金投入较大。近年来，市相关部门对管道施工质量加大了监管力度，维养公司对移交管道加强了质量调查。但是，仍未形成行业的统一标准与规范，移交后的排水管网质量依然无法保障，维养成本普遍较高。

3.缺失规范化管网管理体系

在管道运维过程中，建筑泥浆水偷排、部分企事业单位内部管网混接渗漏、医院污废水出水 COD 浓度低、"六小行业排水不规范"等问题时有发生，排水件批后监管缺失，降低了管道运行效能，对水生态环境造成影响。

三　温州排水设施提升的对策建议

要积极践行习近平总书记关于"节水优先、空间均衡、系统治理、两手发力"的新时代治水方针，统筹解决水环境、水资源、水生态问题，构建面向未来的现代化排水系统，打造智慧、节能、生态的排水体系，实现"管网全覆盖、污水全处理、雨污尽分离、质能尽回收"的总目标。以市区一、二、三级管网"一张图"联动整治格局为出发点，解决温州市区排水管网雨污混接（错接）、客水入网和污水入河等"源头性"问题。

（一）规划引领排水设施布局，科学实施排水管网能力提升

编制科学有效的排水专项规划，指导温州市排水系统的建设。排水系统规划应与《温州市国土空间规划》相结合，立足现状并兼顾远期，全面规划，合理布置，分期实施。加快城乡一体化建设，确保区县的水环境整治和保护与城区同步。以保护水体、完善管网收集系统为重点，进一步完善城市

水环境质量保障体系。优化排水管网布局，提高排水管网可靠性，研究污水处理厂规模需求，以适应雨天尤其是初期雨水的污染治理。

温州各污水片区相对独立，有其明确的服务范围和污水收集处理系统。考虑每个系统都有维修、应急等各种状况，为提高各系统的运行效率、减少对环境的影响频次，应在系统间进行必要的互相连通，确保污水突发事件的应急处理措施及时、有效，从而减少污水突发事件对人们生活和内河环境的影响。

为解决排水管网老旧的问题，需要及时改造优化现有的管网设施。但温州旧城部分区域处于历史街区保护范围内，需要科学编制历史街区排水管网能力提升方案，对历史街区排水管网能力开展全面评估，因地制宜推进合流制排水系统雨天溢流污染控制，在提升地下管网承载能力、完善市政配套设施的同时，保留地上历史街区的原有风貌。

（二）明确行动计划，有序推进雨污管网提升改造工程

一、二级管网方面，在《温州市区排水管网提质增效三年行动计划（2021—2023）》的指导下，编制"温州市区一、二级排水管网提质增效三年行动方案（2021—2023）"，倒排工期、分步实施，确保市区一、二级排水管网提质增效工作顺利推进，全面提高污水收集效能。

三级管网方面，地下的排水管网犹如一座城市的"毛细血管"，它的健康对于改善市民居住环境、促进城市可持续发展具有重要意义。要把雨污管网改造工程作为改善生态环境、提升群众生活质量、推动可持续发展的重要举措来抓。针对未完成整治的三级管网，坚持问题导向，分计划分批次开展整治，各批次整治环环相扣、滚动推进，建立调查、设计和施工的闭环模式，以"点穴式"精准整治结合系统性全面整治同步推进。

整治技术创新方面，以产业结构 COD 浓度分析和水质排查方案为基础，借助"智慧排水"一张图，系统地分析、评估、校核现有污水系统，从系统上优化排水管道布局，开展适合温州地质条件的管材、不同管材的整治措施，以及关键节点（如排水口、管道接口、交汇井、倒虹井、倒虹管等）

设计、施工要求等专项课题研究，制定适合温州自身的技术标准规范，打造排水管网整治温州"样板"，创造更多典型案例。

（三）完善管网维养长效机制，建立温州市区排水设施管理体系

协助市级职能部门，针对建筑泥浆水偷排、部分企事业单位内部管网混接渗漏、医院污废水出水 COD 浓度低、"六小行业排水不规范"等问题，加强执法管理，提升排水管网运行效能。

加强出水口管理。为杜绝污水偷排漏排现象，确保河道水质安全，在现有的出水口排查摸底的基础上，进一步梳理出水口问题清单，建立相应管理体系，定期开展常态化巡查工作，确保出水口无污水偷排漏排现象。

加强排水管网移交管理，提升排水管网质量。在充分考虑温州本地实际情况的基础上，编制相应的"温州市排水管道验收（移交）前缺陷整改指南"，加强城镇排水管道验收管理、提高排水管道整改质量、规范排水管道验收（移交）前缺陷整改措施，减少和避免管网"带病"移交的情况。针对温州软土地基这一特点，下一步要继续与政府主管部门、施工、设计单位联合，加强排水管网设计、管材和施工全过程管理，严格落实《城乡排水工程项目规范》等相关文件要求，从源头上提升排水管网建设质量和标准。

（四）打造全市"智慧排水"平台，实现城市排水系统"一网统管"

依托"智慧排水"平台一张图，在现有排水管网普查和调查评估的基础上，开展排水管网溯源调查和数据分析，进一步完善市政排水管网地理信息系统（GIS），集成排水管网、泵站、污水处理厂等设施基础数据和监测数据，实现管网信息化、账册化管理。推广超声波、雷达、压力等管网水位物联感知设备的使用，在市区主要污水检查井内安装管网水位仪，用以全天候监测污水系统运行液位，并将管网水位数据采集上传至"智慧排水"平台，当感知到实时水位超过平台设置的警戒值或危险值时，平台会马上发出预警信息，告知运行人员调度管网水量。实现系统平台管网管径、高程、材质、缺陷、年限、水位、COD 值、检测报告与视频一站式查询。

　　建立和完善基于 GIS 系统的动态更新机制，将"排水管线数据库"与自然资源和规划部门"城市地形图"叠加，绘制覆盖市区且能查阅任意一段基础数据的排水管线"活地图"。强化信息系统的动态管理，及时根据管网建设改造情况实施系统的动态更新，确保信息管理系统的时效性和有效性，实现从一张图"看"管网提升到一张图"管"管网。

　　以温州市区"智慧排水"平台为基础，向县域城市复制推广。以县域城市"排水管理"与"防汛指挥"两大数改需求为切入口，为温州市其他县市区数字平台建设提供业务咨询，指导"管线数据库建设""管网 GIS 系统建设""防汛指挥系统建设"等系列技术方案编制，逐步形成覆盖温州全市范围的"智慧排水"平台。

B.21
温州市生态文明示范区创建现状
及提升对策研究

林舒婷　张旭　苏园　赵俊红*

摘　要： 温州市第十三次党代会将"绿色低碳发展先行"作为温州未来
发展的基本理念，要求高质量推进生态文明建设。本文立足当前
不断深化的生态文明建设要求，在全面总结温州市生态文明建设
现状的基础上，对照浙江省生态文明建设示范县指标，系统归纳
了温州市创建省级生态文明示范区过程中存在的主要问题，并在
此基础上围绕生态环境治理、生态保护与修复、城乡环境建设、
绿色经济发展、生态制度建设、生态文化建设等六个领域，提出
新时代推进生态文明示范区创建的对策建议。

关键词： 生态文明示范区　环境治理　温州

党的二十大报告指出，"中国式现代化是人与自然和谐共生的现代化"。
浙江省在第十五次党代会报告中提出，将"高水平推进人与自然和谐共生
的现代化，打造生态文明高地"作为今后五年的奋斗目标。"绿色低碳发展
先行"也被写入温州市第十三次党代会报告，并明确"优良环境成为最普
惠的民生福祉，美丽经济成为高质量发展的亮丽名片，人与自然和谐发展成
为共同富裕的重要特征"。温州市自 2003 年启动"生态市"建设以来，始

＊ 林舒婷，温州市生态环境科学研究院大气与生态环境研究所副所长，工程师；张旭，温州市
生态环境科学研究院副院长，工程师；苏园，温州市生态环境科学研究院，工程师；赵俊
红，温州市环境科技有限公司，工程师。

终遵循"生态兴则文明兴"的深邃历史观，这一历史观如一根红线贯穿温州城市建设和经济发展的始终。温州市生态文明建设已取得了阶段性成效，全市累计已建成国家级生态文明建设示范区 4 个、"绿水青山就是金山银山"实践创新基地 2 个、省级生态文明建设示范区 8 个。

聚焦共同富裕和现代化先行宏伟目标，温州市必须矢志不渝照着习近平总书记提出的"绿水青山就是金山银山"的路子走下去，争创省级乃至国家生态文明示范区，把温州建设成为浙江生态文明建设的重要窗口和美丽样板。为切实推进温州市生态文明建设落到实处，2022 年《温州市生态文明建设规划（2021—2030）》编制完成，提出"到 2025 年，我市创成省级生态文明建设示范区，全市 80% 以上县（市、区）创成省级及以上生态文明建设示范区；到 2030 年，我市创成国家生态文明建设示范区"的目标。

一 温州生态文明示范区创建基础

多年来，温州深入践行"绿水青山就是金山银山"理念，坚决打赢污染防治攻坚战，全力建设集自然美、经济美、城乡美、生活美、人文美为一体的"五美"新温州，奋力打造"美丽中国温州风景"，取得了阶段性的成果，为生态文明示范区创建奠定了坚实的基础。

（一）拥有优厚的生态资源禀赋

温州依山傍水，临江面海，气候温和，四季分明。水资源充沛，瓯江、飞云江、鳌江三大水系自西向东贯穿温州，其河口从北至南主要分布有永乐平原河网、温瑞平原河网、瑞平鳌平原河网以及江南平原河网，水系发达。全市有各级自然保护区、森林公园、湿地公园、风景名胜区、地质公园、海洋公园等各类自然保护地 36 处，总面积达 315301.63 公顷。全市森林覆盖率达到 60.73% 左右，林业蓄积量达到 3960 万立方米。山、水、林、田、湖、草、海、湿地等生态资源要素丰富，生物多样性和水源涵养等生态服务功能突出。

（二）拥有优良的生态环境质量

近年来，温州市强化源头防治和系统治理，持续改善生态环境，让群众享有更多生态福祉。2022 年全市 PM2.5 均值 24 微克/米^3，同比下降 4.0%，降幅居全省第四；环境空气质量优良率为 95.1%，位列全省第四。国控断面Ⅰ～Ⅲ类水质比例、交接断面优良率、县级水源地水质达标率持续保持100%，省控及以上断面Ⅰ～Ⅲ类水质比例为 90.6%，连续两年荣获五水共治"大禹鼎"。瓯江、飞云江、鳌江三大水系入海河流（溪闸）控制断面总氮浓度降幅居全省第一。温州入选中国气候宜居城市、国家无废建设试点名单，创成全国水生态文明城市，获评浙江省清新空气示范区。

（三）拥有巨大的生态共富潜力

聚焦共富、加强统筹，打造更多生态富民惠民成果，让群众共享"生态红利""绿色福利"。一是加速生态资源转化。推动生态产品价值实现，山区五县开展 GEP 核算，实体化推进"两山合作社"试点建设；泽雅水库"租地保护"建设、泰顺县生物多样性保护入选全省生态环境系统共同富裕最佳实践名录。二是深化美丽示范创建。洞头入选第一批全省生态文明建设实践体验地，文成、泰顺成功列入第二批省级大花园示范县。创成美丽城镇省级样板城镇 16 个、山区县县城城镇省级样板 3 个、省级未来社区 8 个、省级美丽河湖 12 条、水上碧道 100 公里、新时代美丽乡村特色精品村 50 个。三是优化生产生活方式。持续开展美丽温州绿色生产生活试点三年行动，新增培育市级绿色街镇 4 个、绿色零污染村 4 个、绿色低碳园区 4 家、绿色低碳工厂 131家，获省经信厅推荐国家级绿色工厂的有 10 家，总数占全省 1/5。

（四）拥有先发的改革创新优势

温州作为创造了"温州模式"风向标式辉煌的探路者，温州人精神始终激励着温州人民励精图治、勇立潮头。生态文明建设路上，近年来，温州在全国率先开展工业企业环评审批改革、生态环境技术服务中介机构规范化管理改革，作为全国首地制定《温州市生态环境服务机构管理条例》，在全国率先开展小微危废统一收运体系建设，破解小微企业环保问题。深入推进温州市生态园自然生态空间用途管制和深化海域综合管理两项国家试点以及"环保管家"服务模式等省级试点工作。推动数字化技术与美丽温州建设深度融合，创建美丽温州"云管家"平台，创新试行"环保码"落实企业预警评价管理。今后，温州人敢为人先的精神特质将持续引领温州高举改革大旗，走好新时代生态文明建设的长征路。

（五）拥有较好的社会共建基础

温州市委、市政府多年来始终坚持经济发展和生态保护同步推进，为生态文明和美丽温州建设构建了较为完善的工作机制，搭建了优良的平台，并形成了浓厚的社会氛围。市县两级均设立了美丽温州建设领导小组生态文明示范创建办公室，组织协调各部门共同推进生态文明示范创建工作，形成了上下联动、共同发力的生态文明示范创建格局。持续实施以美丽温州体验地为载体的生态示范细胞工程，将示范创建延伸进学校、进村镇、进社区，不断提升生态文明示范创建的实践深度和参与广度，至今已累计建成各种类型的美丽温州体验地 700 余个，公众生态环境满意度实现 12 年连续提升。

二 温州市生态文明示范区创建主要制约因素分析

近些年，随着社会经济的快速发展，温州市能源资源和环境制约明显趋紧、传统高污染产业存在路径依赖、生态环境质量高位改善压力较大、生态文明体系尚不健全、生态共富路径有待拓宽等问题凸显。

（一）传统高污染产业存在路径依赖

近年来，温州市产业转型升级虽取得了明显成效，但发展规模、速度和效益还存在明显不足。温州市企业以中小微企业为主，传统产业以劳动密集型制造业为主。由于沉没成本、既得利益和规模经济的作用，温州市传统产

业在发展过程中具有较强的路径依赖，结构性污染问题仍存在，不利于温州市产业绿色发展和国民经济质量效益提高。此外，温州市能源资源和环境制约明显趋紧，一次能源匮乏，短期内对煤炭的依赖难以改变，天然气管网设施建设相对滞后，能源结构优化任重道远，生产和生活体系向绿色低碳转型的压力仍然很大。因此，亟须打破温州市传统企业的路径依赖问题，加快推进产业结构转型升级和能源绿色低碳发展，强化"两高"项目源头审批监管，推动经济持续健康发展。

（二）环境质量高位改善存在瓶颈制约

近几年，温州通过打赢多个污染防治攻坚战标志性战役，生态环境质量总体上实现了大幅改善，但环境质量管理的科学化、精细化、信息化水平，还无法支撑现阶段环境质量稳中加固、稳中向好的目标要求。环境系统治理还未形成有章法的"组合拳"，环境质量持续高位改善的"基本盘"并不稳固。对照浙江省级生态文明建设示范区的创建要求，2022 年环境空气质量优良率同比下降 3.8 个百分点，优良天数比例未达到指标要求，主要原因为全市臭氧浓度同比上升 16.7%，防控压力较大，空气质量总体仍未摆脱"气象影响型"，大气污染应急管控、分类施治、联防联控机制亟待完善。在治水方面，部分平原河网污染偶有发生，防反弹压力更大，2020~2022 年地表水环境质量达到或优于Ⅲ类水质的比例为 87.5%、93.8%、90.6%，虽提升显著但未达到持续提升的指标要求。

（三）生态文明治理体系仍需改革创新

近几年，温州市谋划的"四本账户"建设、"环保管家"服务改革等改革项目取得一定的成效，但在总结提炼、推广示范等方面做得还不够，无法撕开口子、以点拓面更好转化为提升生态环境治理效能的显著优势。资源环境产权制度、资源能源价格机制等尚不健全，环境资源市场配置效率仍然偏低；生态文明领域多跨协同机制还未真正建立，全方位常态化推进温州生态文明建设深层次系统性制度重塑的进程仍需加快。生态环境问题是关系民生的重大社会问题，公众参与是推进温州市生态环境治理体系和治理能力现代化的重要组成部分。近年的调查数据显示，温州市生态环境公众满意度和参与度这两个指标均不能稳定达到省级示范区的要求，说明温州市绿色理念转化为全民思想自觉和行动自觉的机制有待完善，生态文明宣传力度有待加大，宣传方式需进一步丰富。

（四）生态共富路径仍需进一步拓宽

温州市第十三次党代会报告中明确指出"优良环境成为最普惠的民生福祉，美丽经济成为高质量发展的亮丽名片，人与自然和谐发展成为共同富裕的重要特征"。温州市在以高水平生态文明建设推动共同富裕的道路上，已取得阶段性的成果，但是仍存在突出的问题和短板。一是自然生态保护和修复力度有待加大，自然生态保护协同监管机制需进一步健全，监管全覆盖难度大，时效性、准确性有待提高，部分废弃矿山治理修复力度不够，生物多样性保护工作体系、责任体系和全民行动体系还不够健全。二是生态资源转化仍需加速推进，GEP 核算体系仍未成熟，生态产品价值不能很好地体现；绿色产品供给不足，相关市场机制仍未建设，绿色产品市场占有率指标底数不清，亟须开展系统调查，并系统建立绿色产品认证体系。

三 推进新时代生态文明示范区创建的对策建议

立足当前不断深化的生态文明建设要求，在全面分析温州生态文明建设的优劣势和指标情况的基础上，围绕生态环境治理、生态保护与修复、城乡环境建设、绿色经济发展、生态制度建设、生态文化建设等六个领域，提出未来一段时间温州生态文明建设的对策建议如下。

（一）聚焦污染防治攻坚，推动综合系统源头治理

以生态环境质量高位改善为主线，深入打好污染防治攻坚战标志性战

役，力争在重点区域、重点领域、关键指标上实现新突破。强化减污与降碳的目标协同、任务协同、政策协同、监管协同，突出同根同源治理、技术创新供给、要素资源配置、多元示范创建、扩容增汇共进等举措。

统筹打好碧水保卫战。深入实施"达Ⅲ消Ⅴ"行动，持续推进"污水零直排区"建设，推进污水处理设施建设升级，确保国控断面、交接断面Ⅰ～Ⅲ类水质比例稳定在100%，省控Ⅰ～Ⅲ类水质比例不低于93.8%；推进水生态保护修复，全力营造水景观、弘扬水文化；开展重点海域综合治理攻坚，抓好入海河流断面水质监测和入海污染源排口整治，加强入海河流总氮、总磷浓度控制，确保近岸海域水质稳中提升。

深入打好蓝天保卫战。强化工业源污染综合治理，推进重点行业 VOCs污染治理，深入开展 NOX 和 VOCs 协同治理，打好夏秋季 O₃ 污染阻击战，推进大气主要污染物和温室气体协同减排；开展柴油货车污染治理攻坚战，强化道路移动源和城乡面源污染治理。积极开展中、轻度污染天气应急管控，消除污染天气，确保空气质量优良天数比例稳定达标、PM2.5 浓度持续改善。

全力打好净土清废保卫战。扎实推进国家"无废城市"试点建设，要守牢危废收处安全底线，进一步提升一般固体废物利用能力和危险废物无害化处置能力，持续完善小微产废企业危险废物统一收运体系，确保工业危废利用处置率达98%以上。优化建设用地土壤环境监管机制，建立经信、生态环境、自然资源和住建部门之间的信息共享、联动监管机制。严格执行建设用地土壤污染风险管控和修复名录制度，实现"一张负面清单"管理，降低污染地块违规开发风险，确保污染地块安全利用率达100%。

扎实打好风险防控战。建立并完善突发生态环境事件应急管理机制，持续推进环境安全隐患排查和治理。建立并完善重大环境风险源企业名录，推进对隐患问题录入、督办、销号的全过程管理。严格管控涉重金属污染、危险化学品环境风险及新污染物环境风险，强化核与辐射环境安全监管，遏制重点领域生态环境风险。持续完善环境风险防范体系，推进环境应急能力标准化建设，定期开展突发环境风险应急演练。

（二）聚焦一体保护修复，提升生态系统服务功能

构建绿色发展生态空间格局。科学布局"三区三线"，确保生态保护红线面积不减少、功能不降低、性质不改变，永久基本农田保护红线面积不缩小，城镇开发边界不突破。构建主体功能明显、优势互补、高质量发展的国土空间开发保护新格局，东部平原地区以城镇建设和产业发展为主，西部山地丘陵地区以生态保护、生态空间整治为主，近岸海域空间重点推动海港、海湾、海岛、海涂"四海联动"，规划自陆向海形成海岸综合发展带、海岛保护利用带、海洋生态涵养带，确保陆域和海域空间开发活动与海岸线功能相适应。文成县和泰顺县根据国家重点生态功能区定位，重点推进工业化城镇化开发内容和边界调控，保持并提高生态产品供给能力。

全面加强生态系统保护与修复。健全"河湖林田长制"。以申报全国水生态修复试点城市为支撑，系统推进三大水系、五大河网和近岸海域生态修复与生物多样性保护工作，开展重点流域生态健康评价。统筹推进蓝色海湾整治、美丽海湾保护建设和"红树林蓝碳示范区"试点，实施"一湾一策"综合治理，加强南北麂列岛、乌岩岭等地区生态系统保护。完善生态保护补偿制度，推行优质生态产品价值实现机制。实施生物多样性保护试点示范工程，科学规范开展生物多样性体验地建设，提高公众保护生物多样性的自觉性和参与度，推动生物多样性保护与经济社会绿色发展良性互动。加强自然保护地和湿地资源管理，争创国家生态园林城市、国际湿地城市，让温州人民生活创业在诗画风光、醉美山水之中。

（三）聚焦生态绿色经济，推动发展模式低碳转型

严格项目准入。严格"两高"项目环境准入，加强"三线一单"在资源开发利用、产业结构调整、重大项目选址等方面的应用。建立健全以排污许可制为核心的固定源管理制度，强化企业持证排污和按证排污。持续推进碳评纳入环评改革，开展地方碳普惠机制探索。推进总量管理改革，探索推进跨县（市、区）的排污权交易，优化环境资源要素配置与流转管理。

推进产业转型升级。开展"6+1"领域碳达峰行动，深化低（零）碳试点建设，提升中国（温州）双碳科创港功能。加快绿色低碳技术变革，深入实施科技企业双倍增行动，引育低碳科技创新人才和团队。统筹推进能源绿色低碳发展和保供稳价工作三年行动，加快推进重大能源基础设施项目建设，推动电力系统适应大规模高比例新能源接入，推进一批新型储能项目建设。实施重点企业能效倍增行动，积极开展绿色低碳工厂创建，淘汰整治高耗低效企业。大力发展绿色金融。推进建筑、交通、农业、居民生活等领域清洁低碳转型，加快推进新建建筑节能标准提升、既有建筑节能改造，积极推行绿色出行，实施绿色农田建设和健康土壤行动，开展"能效领跑者""水效领跑者"活动，带动全社会形成简约适度、绿色低碳新风尚。

（四）聚焦强化内生动力，打造生态共富大美场景

挖掘温州生态资源优势，对标一流、对标公众需求期待，立足特色、持续发力，迭代生态生活模式，打造美丽宜居城乡，探索形成生态共富的有效路径。

推进城乡生态治管能力升级。完善城镇生态环保基础设施建设，重点推进水、气、固废、土壤、碳汇、监测、应急、生态修复、数字环保等领域环保基础设施建设，全面形成"适度竞争、适度超前"格局。提升农村公共服务水平，积极开展农村厕所革命、污水革命、垃圾革命，完善农村基础设施配套建设。以"两带一园"建设为抓手，深化推进温州新时代乡村振兴工作，全域打造诗画田园的美丽乡村。提升城乡数字化管理水平，推进数字改革先行市建设。纵深推进生态环境领域数字化改革，加强统筹协作，围绕新任务谋划新应用，迭代升级重大应用，切实加强网络与数据安全，加快完善数字化改革工作的推进机制，系统重塑温州市生态文明治理体系。

倡导绿色低碳生产生活方式。持续开展美丽温州绿色生产生活行动计划，高质量建成一批绿色街镇、绿色零污染村、绿色园区、无废细胞等"美丽温州体验地"，强化品牌集群效应。持续推进绿色消费革命，建立健全绿色产品市场准入和追溯制度，探索推广生产者责任延伸制度。全面开展

资源节约型社会建设，推广可再生能源应用，积极推动节水标杆示范、水效领跑者创建。落实节能型企业税收优惠政策，健全绿色金融体系。强化全民绿色行动引导，深入开展塑料垃圾治理、推广节水节电用品、大力倡导垃圾分类、深化绿色物流发展、积极开展各类绿色细胞创建，营造简约适度、绿色低碳的浓厚生活氛围。

（五）聚焦创新变革赋能，推动治理能力动力提升

严明生态环境保护责任体系。持续完善绿色低碳导向的党政绩效考评制度和责任追究制度，切实提高生态文明建设工作占党政实绩考核的比例。健全完善"管发展必须管环保、管生产必须管环保、管行业必须管环保"的生态环境保护工作责任体系，建立健全各部门生态环境保护工作协同机制。

推动分析决策能力提升。拓展完善"四本账户"数据体系等创新项目。推动数字化改革实战实效再提升，构建美丽温州建设全要素态势感知一张网，推动跨部门跨地区的生态环境信息互联互通。

推动支撑能力提升。全面强化生态环境法治保障，建立健全环境污染问题发现、风险预警和应急处置体制机制。优化绿色发展激励约束机制，全面推进生态产品价值核算，全面建立资源和环境市场化机制，加大绿色金融扶持力度，切实加大对低碳环保行业的有效信贷投入，为温州绿色生态的建设发展提供有力的资金保障。全面推进健全生态环境治理监管体系，持续推动温州市生态文明建设向智治、法治、共治跃迁。深化自然资源资产产权制度改革，创新管理经营模式。持续推进温州市生态环境损害赔偿制度改革，全面开展生态环境损害赔偿实践，做到应赔尽赔。

（六）聚焦共建共享提升，构建特色生态文化体系

挖掘特色生态文化内涵。深入挖掘东瓯古国、国家历史文化名城、中国山水诗发源地深厚的文化内涵，大力弘扬瓯越优秀文化中的生态文明内涵，探索新时代文化赋能，培育新时代具有温州地域特色的生态文化，持续发扬新时代温州人精神。加强生态文化的载体建设和教育，增强全民的生态文化

意识，实现温州地域生态文化的活态传承、物化展示和精神升华。

加强生态文明宣传教育。持续打造生态文明教育基地，将生态环保理念逐步融入各行业、各领域，在全社会树立起了尊重自然、顺应自然、保护自然的文明理念。加强生态文明常年宣贯，在党政干部层面，定期组织生态文明建设专题培训、辅导报告、网络培训等活动，强化各级领导干部的生态文明意识，确保全市党政干部参加生态文明培训比例继续保持100%；在企业层面，重点进行环保法、清洁生产、绿色技术创新、绿色文化等生态环境保护专题培训，提高企业生态环境保护主体意识和自律意识；在学校教育层面，将生态文明理念融入中小学教育体系，促进学校课程与生态文明教育有机结合。

畅通公众参与渠道。推行生态环境信访听证制度，探索设立"绿色生活基金"，以"绿码"、"绿币"、碳积分等方式，激励公众积极参与生态文明建设和低碳生活实践。鼓励民间环保团体规范化发展，充分发挥民间环保组织和环保志愿者在环境宣传教育、环境维权、环境污染监督和改善环境质量等社会公益活动中的积极作用，形成政府与民间环保团体在生态环境保护和生态文明建设中的良好互动。推进生态环保新媒体传播矩阵建设，打造"温小保"融媒体平台，加强舆情监测与引导，及时主动回应热点难点问题，激发全体公民生态文明建设主体意识，不断提升公民生态素养。打造生态文明宣传阵地，唱响生态文明建设主旋律，提升生态文化渗透力和感染力，切实提高公众生态环境保护的认知度和参与度。

B.22
温州市工业领域减污降碳研究报告

薛 设 唐庆蝉 杨昌艳*

摘 要: 温州市自2012年被列入国家第二批低碳城市试点以来,通过低碳化改造升级传统产业、发展战略性新兴产业、淘汰落后产能、连续实施三轮重污染行业整治等系列举措,工业结构低碳转型取得积极成效。本报告旨在通过分析温州市工业重点行业污染物排放情况与碳排放情况,建立高碳排放重点行业与高污染物排放行业之间的关系,提出温州市工业领域减污降碳协同对策,助力新时代美丽温州建设。

关键词: 环境污染物 碳排放 减污降碳 温州

一 温州市工业领域污染物与碳排放重点行业识别

近年来温州市深入开展污染防治攻坚战,水、气、土、固废等四大战役取得显著成效,主要污染物行业结构也发生了较大的变化。为识别工业领域污染物排放重点行业,本报告将工业污染物按照水污染物、大气污染物、一般工业固废和危险废物的排放量分别进行排序分析,其中水污染物重点关注化学需氧量、氨氮和石油类等指标,大气污染物重点关注挥发性有机物、颗粒物、二氧化硫和氮氧化物等指标。

---

* 薛设,浙江中蓝环境科技有限公司科研中心副主任,高级工程师;唐庆蝉,浙江中蓝环境科技有限公司科研中心主任,高级工程师;杨昌艳,浙江中蓝环境工程有限公司,工程师。

（一）温州市工业污染物排放行业分布情况

1. 水污染物排放重点行业分布情况

"十三五"期间，温州市工业废水排放量列前三位的行业是金属制品业、化学原料和化学制品制造业、纺织业，合计废水排放量占全市的56.2%。工业废水污染物中，化学需氧量排放量列前三位的行业依次是金属制品业，纺织业，以及皮革、毛皮、羽毛及其制品和制鞋业，化学需氧量排放量合计占全市的61.7%；氨氮排放量列前三位的行业依次是金属制品业，皮革、毛皮、羽毛及其制品和制鞋业，以及纺织业，氨氮排放量合计占全市的58.7%；水污染物石油类排放量列前三位的行业依次是金属制品业，化学原料及化学制品业，以及皮革、毛皮、羽毛及其制品和制鞋业，石油类排放量合计占全市的77.5%。

2. 大气污染物排放重点行业分布情况

大气污染物中，挥发性有机物（VOCs）排放量列前三位的行业依次是印刷业和记录媒介的复制，皮革、毛皮、羽毛及其制品和制鞋业，以及橡胶和塑料制品业，挥发性有机物排放量合计占全市工业污染源挥发性有机物排放总量的88.7%；颗粒物（工业烟、粉尘）排放量列前三位的行业依次是非金属矿物制品业，电力、热力生产和供应业，以及橡胶和塑料制品业，排放量合计占全市的53.2%，其中非金属矿物制品业占32.2%；二氧化硫排放量列前三位的行业依次是电力、热力生产和供应业，橡胶和塑料制品业，以及化学纤维制造业，二氧化硫排放量合计占全市的63.8%，其中电力、热力生产和供应业占40.6%。氮氧化物排放量列前三位的行业依次是电力、热力生产和供应业，橡胶和塑料制品业，以及化学原料和化学制品制造业，氮氧化物排放量合计占全市的83.2%，其中电力、热力生产和供应业占75.2%。

3. 一般工业固废排放行业分布情况

"十三五"期间全市一般工业固废产生量列前三位的行业依次是电力、热力生产和供应业，橡胶和塑料制品业，以及化学原料和化学制品制造业，其中电力、热力生产和供应业产生的粉煤灰、煤矸石属于大宗固废，这3个行业一般工业固废产生量合计占全市的92.0%。

4.危险废物排放行业分布情况

"十三五"期间全市危险废物产生量列前三位的行业依次是电力、热力生产和供应业（主要为大宗固废），金属制品业（主要为酸洗污泥），黑色金属冶炼和压延加工业（主要为含重金属的废渣、酸洗污泥等），危险废物产生量合计占全市的82.3%。

（二）温州市工业企业碳排放行业分布情况

根据《2022年温州市统计年鉴》中关于工业和能源的数据统计结果，结合《浙江省温室气体排放清单编制指南（2022）》提供的温室气体测算方法计算分析后，发现除电力、热力生产和供应业（属于能源工业）外，温州市碳排放量贡献排名前九位的行业分别为装备制造业，橡胶和塑料制品业，金属制品业，纺织业，皮革、毛皮、羽毛及其制品和制鞋业，非金属矿物制品业，化学纤维制造业，造纸和纸制品业，化学原料和化学制品制造业，九大高碳行业消费侧累计碳排放量占全工业行业（不含电力、热力生产和供应业）总排放量的70%以上，其中橡胶和塑料制品业，金属制品业，皮革、毛皮、羽毛及其制品和制鞋业，纺织业，化学原料和化学制品制造业等五个高碳行业消费侧碳排放量占比分别达14.26%、11.56%、8.19%、7.82%、2.55%。

综上所述，除电力、热力生产和供应业外，全市的环境污染物主要来自纺织业，金属制品业，皮革、毛皮、羽毛及其制品和制鞋业，橡胶和塑料制品业，化学原料和化学制品制造业等行业，而这些行业的消费侧碳排放量也占据高位，因此温州市工业领域减污降碳工作需要重点在这几个行业发力。

二 工业源环境污染物与碳排放关联性分析

（一）大气污染物与碳排放关联性分析

温室气体与大气污染物排放同根同源，因为工业生产过程使用的煤炭、石油等化石燃料在燃烧过程中不仅产生二氧化碳等温室气体，也产生颗粒物、VOCs等大气污染物。此外，温州市电气机械及器材制造业在生产过程会涉及温室气体六氟化硫的使用，而六氟化硫具有较强的全球变暖潜势和生命周期，产品在装配、现场调试及检修时可能存在泄露，故需要引起重视。

（二）水污染物与碳排放关联性分析

涉水工业企业在废水处理过程除了排放化学需氧量、氨氮等水污染物外，还会排放二氧化碳、甲烷和氧化亚氮等温室气体，其中二氧化碳气体主要来源于水污染物降解产生的生源性碳排放以及污水处理设施能耗带来的间接排放；甲烷气体主要来源于厌氧池、化粪池、污泥厌氧消化池等污水厌氧处理工艺；氧化亚氮气体主要来源于污水处理过程中的硝化反硝化阶段。

（三）一般工业固废及危险废物与碳排放关联性分析

固体废物由于组成复杂，在运输、处理、处置过程中会产生大量甲烷和二氧化碳等温室气体，末端的填埋和焚烧处置是固体废弃物主要的碳排放源。当前一般工业固废如产品废料、边角料等由于不具经济价值，往往通过填埋或焚烧的方式处理，危险废物则主要通过焚烧的方式进行无害化处理。

三 温州市工业领域减污降碳协同对策与建议

工业领域减污降碳具有长期性、系统性和动态性的特点，且贯穿于工业产业转型升级全过程。温州市中小工业企业数量众多且分布零散，《2022年温州市统计年鉴》数据显示，全市有规上工业企业 7819 家，仅占全市工业企业总数的 9.84%。当前温州中小微工业企业生产管理水平不高、环境污染治理能力偏弱、数字化能力和技术革新能力不强等问题较为突出，橡胶和塑料制品业，金属制品业，皮革、毛皮、羽毛及其制品和制鞋业，纺织业，化学原料和化学制品制造业等传统产业的工业企业绿色生产水平偏低，发展和转型面临着技术和资金瓶颈。为推进温州市工业领域减污降碳工作，本报告提出以下建议。

（一）鼓励工业企业实施生产源头减污降碳协同

深入推进建设项目碳排放评价试点工作，将橡胶和塑料制品业，金属制品业，皮革、毛皮、羽毛及其制品和制鞋业，纺织业，化学原料和化学制品制造业等行业的碳排放评价工作纳入建设项目环评审批中，从能源利用、原料使用、工艺优化、节能降碳技术、运输方式等方面提出碳减排措施，从项目建设审批的源头环节实现减污降碳协同。推进现有工业企业绿色原料及工艺革新，全面推进皮革、毛皮、羽毛及其制品和制鞋业等行业低挥发性有机物含量原辅材料源头替代工程，减少挥发性有机物排放；淘汰 35 蒸吨及以下燃煤供热锅炉，推行集中供热，并开展燃烧废气的余热回收与利用，进而实现大气污染物源头减污降碳协同。大力实施清洁能源替代，推动工业园区、企业利用厂区屋顶、车棚等区域建设分布式光伏发电设施、风光互补发电设施等清洁能源利用设施，提高非化石能源在工业生产过程中的使用比例，鼓励用户侧配置新型储能，减少自身高峰用电需求。强化环境友好型产品的研发与设计，重点推进化学原料和化学制品制造业绿色化学品研发，将低碳环保理念贯穿产品全生命周期。

（二）强化推进工业生产过程减污降碳协同

通过采用政策激励、提升排放标准、鼓励先行先试、强化考核评估等综合手段，推进重点行业工业企业开展减污降碳协同改造，提升环境精细化管理与治理水平。鼓励金属制品业、橡胶和塑料制品业等重点行业企业探索多

污染物和温室气体协同控制路径，创新减污降碳协同技术。如在金属制品业实施短流程生产工艺改造，减少污染物排放，同步提高用能效率；在橡胶和塑料制品业推行自动橡胶履带硫化机、自动配料流水线、集中密炼中心等智能化、自动化生产设备更替，以提高各种辅料、主料准确性，减少原辅料的使用，进而实现生产过程减污降碳协同。强化能源资源高效利用，贯彻《清洁生产促进法》，在"双超双有高耗能"行业实施强制性清洁生产审核，持续开展自愿性清洁生产审核。强化工业企业节水意识，提升工业企业水资源利用效率，优化工业企业用水结构，提高工业企业非常规水资源利用比例。针对当前存在的中小企业生产设备工艺陈旧、能源效率低下等问题，有待推行以合同能源管理为主要模式的节能服务新机制，培育壮大温州市节能服务公司，以满足温州市中小企业的节能需求。

（三）提高工业生产末端治理设施减污降碳协同

通过废气治理技术优化、提高废气处理设备自动化水平、降低综合能耗等举措，促进氮氧化物、挥发性有机物以及温室气体协同减排。通过采用节水工艺、优化污水调配、提高设备自动化智能化运行水平降低废水处理设施能耗，探索开展工业废水污泥资源化利用，推进工业污水处理全过程减污降碳。推进一般工业固废静脉产业建设，强化工业固废资源回收和综合利用，推动煤矸石、粉煤灰、尾矿、冶炼渣等大宗固废循环利用。推动温州市"无废城市"建设，加强危废精细化管理，推动固废处置减污降碳。

（四）推进工业园区减污降碳协同

重点推进温州市省级以上工业园区新一轮循环化改造，立足各工业园区产业发展现状，因地制宜提出园区循环化改造工作重点，将碳达峰碳中和相关要求落实到园区循环化改造工作中。优化调整园区产业结构和布局，全力推进"原料—产品—废物—原料"循环发展产业构链与补链工作，加快形成园区内企业间、产业间与产品间的绿色发展循环耦合，打造产品绿色制造体系。深化工业园区"污水零直排区"建设，实施"源—网—厂—口—河"

全过程监管，在工业污水"应收尽收，应处尽处"的基础上，积极探索"三水"统筹减污降碳协同水环境治理模式，提高工业园区水资源利用效率，减少水污染物排放。强化数字赋能，鼓励各园区应用数字化手段推进园区循环化改造，打造园区低碳、循环发展相关应用场景，提升园区整体智治水平。

（五）创新减污降碳激励约束机制

建立温州市工业企业碳排放账户和污染账户，并实施动态更新，挖掘大数据分析各行业减污降碳潜力，助力工业企业精准控碳。充分发挥税收对工业企业节能减碳技术创新的促进作用，落实增值税、企业所得税等减免政策来支持工业企业研发绿色低碳环保技术及其对低碳生产装备的更新投入。进一步完善政策环境，加大力度支持民间投资绿色低碳领域，利用政府专项债券带动工业园区低碳化改造。积极发展绿色金融，设立碳减排支持工具，支持金融机构在风险可控、商业可持续的前提下，为碳减排效应显著的重点项目提供金融服务。

专 题 篇

Special Topics

B.23

2022年温州经济社会发展评价
和2023年趋势判断

——基于对领导干部和企业家的问卷调查

朱呈访[*]

摘　要： 608份问卷调查结果显示，领导干部与企业家对2022年温州经
济社会发展评价总体上较为悲观，且企业家的悲观程度高于领导
干部；而两大群体对2023年温州经济社会发展趋势判断总体上
偏谨慎乐观。就温州经济社会发展中存在的问题而言，"市场需
求不足""就业难""地方社会治理不完善""经济秩序影响大"
成为两大群体的关注焦点。就温州政府主要工作评价而言，两大
群体较为认同"营商环境优化""数字经济培育""生态环境治
理"等工作；对"传统产业支持发展""教育领域改革""医疗
卫生服务提质"等工作认同度较低。由此，本文围绕经济发展

---

[*] 朱呈访，中共温州市委党校副教授，研究方向为区域经济。

秩序规范、市场需求刺激、传统产业发展、就业难问题缓解、地方社会治理能力提升、公共服务体系完善等方面提出对策建议。

关键词： 经济发展　社会发展　领导干部　企业家　温州

作为推动经济社会发展的重要力量，领导干部与企业家对经济社会发展的评价与建议具有重要参考价值。为了解领导干部与企业家对温州经济社会发展的基本看法，并进行两大群体的对比分析，课题组于2022年9~10月以电子问卷形式（通过问卷星平台发放）对温州市党校系统参训的学员以及温州企业家群体（调查对象为企业的董事长或总经理）开展问卷调查。此次调查共获得有效问卷608份，其中获得领导干部有效问卷372份，企业家有效问卷236份，具体样本特征如附录1与附录2所示。

一　2022年温州经济社会发展总体评价

就经济社会发展总体评价而言，问卷主要设置三个部分，分别为经济发展评价、社会发展评价与区域竞争力评价。在问卷的选项设置中，课题组按照李克特五点式量表法将各个评价指标按程度高低划分为五层次[①]，以此设定不同评价等级。

（一）就2022年温州经济发展的总体评价而言，超过一半的领导干部认为经济发展"比较差"与"差"，而超过六成的企业家认为"比较差"与"差"

问卷数据显示（具体如图1所示），领导干部认为2022年温州经济发

[①] 1表示"差"或"弱"，2表示"比较差"或"比较弱"，3表示"一般"，4表示"比较好"或"比较强"，5表示"好"或"强"。

展"比较差"与"差"的比例达到55.4%，相较上年上升高达40.6个百分点；而认为"比较好"与"好"的比例仅为8.0%，相较上年下降高达51.3个百分点。企业家对2022年经济发展的评价更负面，企业家认为"比较差"与"差"的比例达到67.8%，相较上年上升高达45个百分点，且高于领导干部12.4个百分点；而认为"比较好"与"好"的比例仅为5.9%，相较上年下降高达44.6个百分点，且低于领导干部2.1个百分点。总体而言，领导干部对2022年温州经济发展总体评价较为负面，且负面评价比例较上年有大幅度上升；相较于领导干部，企业家的评价更为负面，其负面评价比例上升幅度更大。就原因而言，在防疫压力、需求下滑与供给冲击的三重挑战下，温州经济下行压力增大，这就弱化了各主体的经济发展预期。特别是在被调查的企业家中，多数企业家表示"今年是疫情防控三年以来最难的一年，企业生产各方面都受到了很大的影响，企业能活下来已经不容易了"。

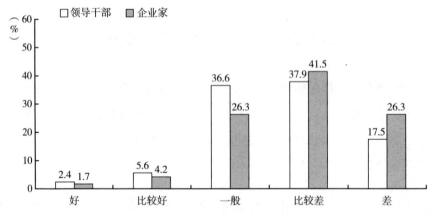

图1　领导干部与企业家对2022年温州经济发展总体评价对比

（二）就2022年温州社会发展的总体评价而言，领导干部与企业家社会发展满意率较上年均有所下降

问卷数据显示（具体如图2所示），领导干部对2022年社会发展总体

状况评价为"比较好"与"好"的比例达到 66.7%，可见，领导干部对 2022 年温州社会发展满意率（即"比较好"与"好"的比例）较高。然而，相较于 2021 年，领导干部社会发展满意率下降了 10.3 个百分点，这是近三年来满意率唯一下降的年份。相较于领导干部，企业家社会发展满意率偏低。企业家对 2022 年社会发展总体状况评价为"比较好"与"好"的比例为 48.3%，低于领导干部 18.4 个百分点。此外，相较于 2021 年，企业家认为"比较好"与"好"的比例下降了 4.2 个百分点，认为"比较差"与"差"的比例上升了 6.3 个百分点。从企业规模特征来看，大型企业的企业家满意率最高，中型企业的企业家满意率次之，小微企业的企业家满意率最低，呈现规模越小满意率越低的特征。总之，领导干部对 2022 年温州社会发展满意率仍然较高，却大幅下降；企业家对 2022 年温州社会发展满意率偏低，并且连续两年低于领导干部。就原因而言，2022 年防疫与经济下行的压力加剧了社会风险，社会问题增多，社会满意度也随之下降。从调研结果来看，领导干部与企业家对社会发展的负面评价大多集中于防疫措施、基层治理、社会服务、医疗保障等方面。

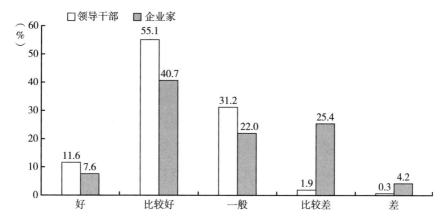

图 2　领导干部与企业家对 2022 年温州社会发展总体评价对比

（三）就2022年温州区域竞争力评价而言，领导干部与企业家对温州区域竞争力的正面评价率上升

问卷数据显示（具体如图3所示），领导干部认为温州在省内的区域竞争力水平"比较强"与"强"的比例达到26.1%，较上年上升了13.3个百分点，呈现较大幅度上升；选择"比较弱"与"弱"的比例为34.1%，较上年下降了22.7个百分点，呈现较大幅度下降。可见，领导干部对温州区域竞争力的正面评价率虽然不高，但上升幅度较大。从对比数据来看，企业家却显悲观。企业家选择"比较强"与"强"的比例仅为15.3%，较上年上升9.3个百分点，且低于领导干部10.8个百分点（相较于2021年，2022年两者的差距更大）；此外，选择"比较弱"与"弱"的比例为52.6%，较上年下降了12.8个百分点，且高于领导干部18.5个百分点。可见，企业家对温州区域竞争力水平的正面评价有所改善，但仍低于领导干部，且两者的差距变大；此外，年纪越大，则两者的差距越大。

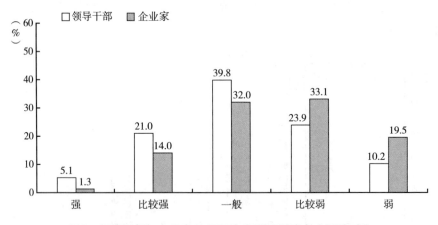

图3 领导干部与企业家对2022年温州区域竞争力评价对比

在区域竞争力评价中，领导干部与企业家认为温州高新技术产业竞争力较为不足。其中，领导干部认为温州高新技术产业竞争力"比较弱"与"弱"的比例高达61.0%，较上年上升3.2个百分点；企业家认为温州高新

技术产业竞争力"比较弱"与"弱"的比例为69.5%，较上年上升4.1个百分点。而对战略性新兴产业竞争力的评价，无论是领导干部还是企业家的正面率（"比较强"与"强"的比例）都有小幅上升。

二　2022年温州经济社会发展中存在的问题

就经济社会发展中存在的问题而言，问卷主要设置三个部分，分别为经济发展问题、社会发展问题与疫情防控中的突出问题。每个部分设置多个选项，并以选项的平均综合得分①的高低来决定选项的排序。分数越高则排名越靠前，选项排名越靠前意味着领导干部或企业家认为这个问题的严重性越突出。

（一）"市场需求不足"被领导干部与企业家认为是2022年温州经济发展最突出问题

在关于2022年温州经济发展突出问题的问卷调查中（具体结果如表1所示），"市场需求不足"被领导干部与企业家认为是最突出的问题，位居第一，位次较上年有较大幅度提升。在调研中发现，领导干部与企业家普遍认为2022年温州经济发展动力不足，其中最主要的原因在于市场需求不足，消费、投资与外贸市场疲软。在叠加疫情与诸多不稳定因素的情况下，市场需求较大幅度下滑加剧了温州经济的下行。此外，就领导干部的评价而言，"企业自主创新能力不强"一直被认为是较为突出的经济发展问题，连续两年位居第二名；在企业家的评价中，"企业自主创新能力不强"也位居温州经济发展突出问题的第二名，且位次较上年上升幅度较大；另外，从性别上来看，女性领导干部与企业家对企业自主创新能力评价更为悲观，男性则更为乐观。值得注意的是，无论是领导干部还是企业家的问卷结果均显示，

---

① 平均综合得分=（∑频数×权值）/本题填写次数，其中频数是被调查者选择该选项的次数，权值由调查对该选项的排序决定；文中全部采用三项排序法，排名第一的权值为3，排名第二的权值为2，排名第三的权值为1。

"人才缺乏"问题的排序有所下降，这意味着随着人才政策不断完善，2022年温州人才引育取得了一定的成效。

表1 领导干部与企业家认为2022年温州经济发展突出问题排序统计

单位：分

领导干部			企业家		
排名	选项	平均综合得分	排名	选项	平均综合得分
1	市场需求不足	13.22	1	市场需求不足	15.13
2	企业自主创新能力不强	12.87	2	企业自主创新能力不强	10.65
3	人才缺乏	9.65	3	产业配套不完善	8.77

（二）"就业难"被领导干部认为是2022年温州社会发展最突出问题，而"地方社会治理不完善"被企业家认为是最突出问题

在关于2022年温州社会发展突出问题的问卷调查中（具体结果如表2所示），"就业难"被领导干部认为是首要问题，平均综合得分高达10.13分。疫情冲击着各行各业的发展，经济下行压力加大，企业停工停产的增加导致了企业用工的减少，就业压力增大，失业问题严峻。而"地方社会治理不完善"被企业家认为是社会发展中最突出的问题，在领导干部问卷中也位列社会发展突出问题第二名。可见，"地方社会治理不完善"是领导干部与企业家普遍关注的问题。调研发现，在疫情防控的特殊时期，社会治理力量偏弱、社会治理能力欠缺、智能化治理措施无法满足需求等问题较为凸显。此外，"民生用品价格波动大"也被领导干部与企业家普遍关注，位居第三名。疫情加大了经济社会风险，从而加剧了市场资源供给的波动，以此放大了民生用品价格的波动。值得注意的是，"维权难"也被企业家认为是社会发展中的突出问题，位列第二名。多数中小微企业家反映"民营企业家是'弱势群体'，民营企业法律风险多，如欠债追讨、恶意竞争等问题难以维权，需要政府不断完善法治环境"。

表2　领导干部与企业家认为2022年温州社会发展突出问题排序统计

单位：分

领导干部			企业家		
排名	选项	平均综合得分	排名	选项	平均综合得分
1	就业难	10.13	1	地方社会治理不完善	9.87
2	地方社会治理不完善	9.64	2	维权难	7.61
3	民生用品价格波动大	7.23	3	民生用品价格波动大	5.49

（三）在疫情防控中的突出问题中，"经济秩序影响大"被领导干部与企业家认为是首要问题，且企业家的负面评价明显高于领导干部

问卷调查结果显示（具体如表3所示），"经济秩序影响大"被领导干部与企业家认为是2022年温州疫情防控首要问题；企业家对该问题的平均综合得分明显高于领导干部，这意味着企业家对此的负面评价明显高于领导干部。疫情给企业带来了巨大的影响，在诸多防控措施的约束下，企业突然性停工停产现象增多，生产的突然中断会引发供应链的连锁反应，正常的经济秩序会遭到冲击。由此，企业家对此的负面评价会更加强烈。"医疗资源保障不足"也被领导干部与企业家认为是疫情防控中较为突出的问题。值得注意的是，企业家对于"社会矛盾增加"也给予较大关注，平均综合得分高达12.77分，位居第二名；此外，从企业规模来看，企业规模越小，则负面评价越明显；从行业分布特征来看，来自"商贸服务业"的企业家负面评价率最高，而来自"高新技术产业"的企业家负面评价率最低。在调研中发现，企业家认为"劳资矛盾增加是社会矛盾增加的重要原因"，"在疫情影响下，企业如果出现经营困难，就会采取裁员、降薪等措施；而若工人诉求没有得到及时回应，就会引发较多的劳资问题"。

表3　领导干部与企业家认为2022年温州疫情防控突出问题排序统计

单位：分

领导干部			企业家		
排名	选项	平均综合得分	排名	选项	平均综合得分
1	经济秩序影响大	10.42	1	经济秩序影响大	13.85
2	医疗资源保障不足	9.39	2	社会矛盾增加	12.77
3	社会心态恶化问题	8.61	3	医疗资源保障不足	8.92

三　2022年温州政府主要工作评价

就2022年温州政府主要工作评价而言，问卷主要设置两部分，包括政府的经济工作评价与政府的社会工作评价，并选取10项主要经济工作与10项主要社会工作设置选项。

（一）"营商环境优化"被领导干部认为是政府最富成效的经济工作，而企业家更认同"数字经济培育"

在政府经济工作中，领导干部最认同"营商环境优化"，以10.32分的平均综合得分居首位，且连续两年位居第一名。而在企业家问卷调查结果中，"营商环境优化"工作的认同度有明显下降，从上年的第一位下降至第五位。这表明2022年企业家对该项工作的认同度明显下降。特别是疫情之下，防控措施的突发性限制、市场资源供给的保障不足等问题在一定程度上导致了营商环境的恶化，降低了企业家对"营商环境优化"工作的认同。相较而言，企业家更认同"数字经济培育"工作，排序从上年的第三位上升至第一位，这意味着2022年温州数字经济培育工作得到了企业家的普遍认可。此外，企业家对"人才引进培养"工作也较为认同。在调研中发现，多数企业家认为"政府出台了较多的优惠政策，这些政策都较有吸引力，人才引进培养政策环境有了较大改善"。

（二）"传统产业支持发展"被领导干部与企业家认为是政府最不足的经济工作，且企业家的评价更负面

在608份有效问卷中，领导干部与企业家认为"传统产业支持发展"是政府最不足的经济工作。相较于2021年，领导干部对"传统产业支持发展"工作的负面评价程度大幅上升，排序从原有的第四位提升至第一位；而企业家已经连续两年认为"传统产业支持发展"是最薄弱的政府经济工作。就两大群体对比数据而言，企业家的评价更为负面，其平均综合得分高于领导干部3.74分。然而，无论是领导干部还是企业家，从年龄特征来看，"50岁及以上"的领导干部与企业家对"传统产业支持发展"的评价最负面，且呈现年龄越大评价越负面的特征；此外，从性别特征来看，女性领导干部与企业家的评价比男性更加负面。课题组从调研中发现，领导干部与企业家普遍认为"传统产业是温州的基础产业，也是优势产业"，"过去多强调脱离温州实际的新兴产业发展，而忽略对传统产业的保护与支持，会使得温州经济失去原有的活力与朝气"。

（三）"生态环境治理"是领导干部与企业家最认同的社会工作，且企业家的正面评价度更高

领导干部与企业家都认为"生态环境治理"是2022年温州政府最富有成效的社会工作；此外，两大群体对比数据显示，企业家对"生态环境治理"工作的认同度更高，其平均综合得分高出领导干部2.55分。这意味着"生态环境治理"工作得到了领导干部与企业家的普遍肯定，而企业家给予了更加正面的肯定。就领导干部问卷调查结果而言，从现任职级来看，县处级领导干部的正面评价率高于乡科级领导干部；从单位类型来看，市级机关领导干部给予的正面评价率最高，而乡镇机关的领导干部给予的正面评价率最低。就企业家问卷调查结果而言，来自"高新技术产业"的企业家正面评价率最高，来自"传统制造业"的企业家正面评价率最低。近5年来，温州推动生态环境治理措施不断优化，生态环境优化取得显著成效，空气优良率明显提升，地表水环境质量持续改善，海域水水质稳步向好。

（四）"教育领域改革"是领导干部最不认同的社会工作，而企业家最不认同"医疗卫生服务提质"工作

"教育领域改革"被领导干部认为是政府最薄弱的社会工作，平均综合得分为 11.09 分，比上年上升 0.22 分，并连续两年位居不足的社会工作首位；分单位类型看，来自市级机关领导干部的负面评价比例最高，而乡镇机关的比例最低。相较于领导干部，企业家对"教育领域改革"的负面评价小幅下降，排序从上年的第一位下降至第三位。而企业家更关注于"医疗卫生服务提质"工作，认为该项工作存在诸多不足，是 2022 年温州政府最不足的社会工作；从纵向数据对比来看，相较于 2021 年，企业家对"医疗卫生服务提质"工作评价的负面程度明显提升，排序从上年的第五位升至第一位。这表明了企业家对于完善医疗卫生体系的强烈诉求。特别是疫情以来，公共卫生应急管理能力不强、优质医疗资源缺乏、基础医疗资源保障不足等问题凸显，这充分暴露了温州医疗卫生体系的问题及症结。

四 2023年温州经济社会发展趋势判断

就 2023 年温州经济社会发展趋势判断而言，问卷围绕经济社会发展重点领域设置三个部分，包括经济发展预测、社会发展预测与区域竞争力预测。

（一）领导干部与企业家对2023年温州经济发展预测偏悲观

领导干部问卷调查数据显示，预测 2023 年温州经济增长速度在"5.1%~6.0%"的领导干部占比最多，达到 33.1%；而预测为"5.0%及以下""6.1%~7.0%""7.1%~8.0%""8.1%及以上"分别占 26.1%、21.0%、18.8%、1.1%。可见，预测经济增速在"7.0%及以下"的占比达到 80.2%。从纵向数据对比来看，上年预测"7.0%及以下"的仅占 27.1%，预测"8.1%及以上"的占 6.4%。由此，相较于上年的预测数据，领导干部今年对未来经济预测的悲观程度明显上升。企业家最为认可的经济增长区间也是"5.1%~6.0%"，占比为 36.0%；而预测为"5.0%及以下""6.1%~7.0%""7.1%~8.0%""8.1%及以上"分别占30.9%、19.1%、13.6%、0.4%。据此，企业家预测经济增速在"7.0%及以下"的占比高达86.0%，比领导干部高出5.8个百分点，相较于上年，高出43.4个百分点。可见，领导干部对2023年温州经济发展预测偏悲观，而企业家的预测更显悲观。就具体原因而言，2022年中国经济增速放缓，世界经济发展不确定性增加，这都弱化了各个主体对经济发展信心，预期普遍较为悲观。

（二）领导干部与企业家对2023年温州社会发展预测较为乐观，且呈现逐年增强的趋势

领导干部认为2023年温州社会发展"比较好"与"好"的比例达到81.7%，较上年上升了1.1个百分点，较前年上升了8.4个百分点；认为"比较差"与"差"的比例仅占2.4%，较上年下降了3.7个百分点。可见，领导干部对于温州社会发展预测一直较为乐观，并且呈现逐年增强的趋势。而企业家认为2023年温州社会发展"比较好"与"好"的比例达到82.2%，较上年上升了1个百分点，上升幅度与领导干部相近；认为"比较差"与"差"的比例为5.1%，较上年下降了0.8个百分点。总体而言，虽然前文数据分析指出，领导干部与企业家对2022年温州社会发展满意率较上年均有所下降，但是两大群体仍然对温州社会未来的发展具有较强的信心，且企业家的信心更强。值得注意的是，无论是领导干部还是企业家，年纪越小越为乐观，最乐观的是"30岁以下"的群体。

（三）超过60%的领导干部与企业家认为2023年温州区域竞争力会有所增强

60.2%的领导干部认为2023年温州区域竞争力会有所增强，高出上年6.7个百分点，其中"稍微增强""增强"占比分别达9.4%、50.8%。具体而言，男性领导干部比女性领导干部的评价更为正面，男性领导干部选择"稍微增强""增强"的比例分别高出女性领导干部3.6个百分点、4.1个百分点；县处级领导干部的选择较为集中，主要选择"稍微增强"，而乡科

级领导干部的选择偏向两端，选择"增强"的比例要高于县处级 7.3 个百分点。企业家问卷数据显示，65.3% 的企业家认为 2023 年温州区域竞争力会有所增强，高出上年 14.3 个百分点，其上升幅度高于领导干部。具体而言，年龄在"30 岁以下"的企业家对未来温州区域竞争力最有信心，选择"稍微增强"与"增强"比例高出平均水平 6.5 个百分点；此外，来自"高新技术产业"的企业家选择"稍微增强"与"增强"的比例最高，来自"商贸服务业"的企业家选择"稍微增强"与"增强"的比例最低，而来自"传统制造业"的企业家选择"稍微增强"与"增强"比例上升幅度最大。

五　推动温州经济社会发展的对策建议

根据前文 2022 年温州经济社会发展总体评价、2022 年温州经济社会发展中存在的问题、2022 年温州政府主要工作评价、2023 年温州经济社会发展趋势判断四部分的分析，提出以下对策建议，以期进一步推动温州经济社会发展。

（一）规范经济发展秩序与刺激市场需求"两手抓"，增强市场信心

从前文分析可知，55.4% 的领导干部认为 2022 年温州经济发展"比较差"与"差"，而 67.8% 的企业家认为"比较差"与"差"；"市场需求不足"被领导干部与企业家认为是 2022 年温州经济发展最突出问题；此外，领导干部与企业家对 2023 年温州经济发展预测偏悲观。可见，增强市场信心，重振经济发展，显得十分迫切。第一，规范经济发展秩序。制定并出台规范措施，增强政策稳定性，改善市场预期；加强市场资源供给保障，减少重要商品价格波动；优化公平竞争环境、政务环境，改善法治环境，为经济发展提供良好的营商环境。第二，刺激市场需求。完善企业纾难解困政策体系，通过降低行政收费、减少税收、增加补贴等方式加大政府对企业的政策支持力度，提升企业的经济发展预期，恢复市场信心，促进民间投资，激发市场主体活力；完善社会保障体系，健全放心消费市场机制，构建消费者权益保护制度，降低未来消费不确定性，培育消费热点，大力促进潜在消费需求释放。

（二）支持传统产业发展，助力传统产业重塑新优势

在政府经济工作中，领导干部与企业家最不认同"传统产业支持发展"。特别是领导干部对该项工作的负面评价程度较上年大幅上升，而企业家已经连续两年认为该项工作是政府最薄弱的经济工作。可见，支持传统产业发展，助力传统产业重塑新优势，是政府经济工作的重要内容。第一，增强传统产业产业链韧性。"产业配套不完善"被企业家认为是2022年温州经济发展面临的突出问题之一，位居第三名。由此，完善产业链配套，提升产业链韧性，对于推动传统产业发展具有重要意义。聚焦优质企业培育，构建"龙头企业引领+'隐形冠军''专精特新'为支撑"的链主企业框架，扶持不同领域、不同环节优质链主企业的发展，促进传统产业产业链壮大。第二，优化传统产业发展环境。设立传统产业专项基金，加强对传统产业数字化、智能化改造的资金补贴，加强对传统产业各项技术创新的资金奖励，形成鼓励传统产业企业自主创新的政策机制；打造高水平科创平台，一方面招引国内外高端科创平台，另一方面鼓励温州大学、温州理工学院等高校打造传统产业创新中心，构建创新型项目与高层次人才孵化体系。

（三）稳定原有就业岗位与培育新的就业增长点并重，缓解就业难问题

"就业难"被领导干部认为是温州社会发展中首要突出问题，平均综合得分高达10.13分，就业难问题较大程度上影响着温州社会的良性发展。促进就业已然成为促进温州社会发展的重要内容。第一，稳定原有的就业岗位。优化经济发展环境，促进经济发展，逐渐找回原有损失的就业岗位；加大就业补贴力度，减税降费，特别是针对有较强就业容纳力的住宿餐饮、休闲娱乐等服务业制定专项就业补贴政策，促进原有就业岗位的恢复。第二，培育新的就业增长点。促进电商、直播、在线教育等新型经济的发展，发挥新型经济形态强大的就业吸纳作用，扩大就业新领域与就业新空间，形成新

的就业增长点。第三，优化就业服务。优化政府就业服务体系，加强就业信息服务，搭建线上线下就业信息服务平台，促进就业供需的有效对接；缓解劳资矛盾，改善劳资关系，保障劳动者与企业双方的合法权益。

（四）提升地方社会治理水平，优化地方社会治理效能

在疫情防控特殊时期，"地方社会治理不完善"被领导干部与企业家普遍认为是社会发展中的突出问题，平均综合得分分别为9.64分、9.87分。第一，提升地方社会治理的社会化水平。加大宣传力度，加强政策引导，鼓励多元主体参与社会治理，形成多元主体协同参与的社会治理体系。第二，提升地方社会治理的专业化水平。搭建高水平平台，引育高素质人才，打造专业化组织团队，以专业化的知识与技能提升社会治理能力。第三，提升地方社会治理的智能化水平。强化智能化社会治理的技术支持，加强信息化基础设施建设，推动物联网、大数据等技术的研发应用，打造智能化治理新格局；强化智能化社会治理的平台支撑，加强数据网络系统完善，优化数据平台建设，打通数据共享壁垒，促进数据流通共享。

（五）加快教育与医疗领域改革，健全公共服务体系

在政府的社会工作中，领导干部最不认同"教育领域改革"工作，而企业家最不认同"医疗卫生服务提质"工作。第一，推动教育领域改革。有效缩小区域基础教育资源差距，特别是要缩小基础教育资源城乡、校际差距；完善教育经费保障，通过激励机制优化将城区优质教育资源下沉至教育资源薄弱地区或学校，积极探索教育优质均衡发展新路子；逐步实现基础教育资源与房地产的脱钩，消除基础教育资源的商业化性质。第二，推动医疗领域改革。健全公共卫生体系应急管理体系，强化公共卫生应急管理能力，切实保障重点药品、医疗服务价格稳定；加快优质医疗资源扩容和区域均衡布局，有序推进三甲医院从中心城市向县市延伸；加强医疗机构管理，健全考评制度，提升医疗机构服务质量，畅通群众权益维护渠道，及时回应群众关切，减少医疗矛盾纠纷。

附录 1　领导干部问卷调查样本特征

（一）总体

此次领导干部问卷调查于 2022 年 9～10 月以 2022 年温州市党校系统参训的领导干部为调查对象，选用电子问卷形式（通过问卷星平台发放）开展。此次调查共回收领导干部问卷 372 份，有效问卷 372 份。

（二）性别

从性别特征来看，男性被调查者、女性被调查者分别为 301 人、71 人，占比分别为 80.9%、19.1%。

（三）年龄

从年龄特征来看，"30 岁以下""30～39 岁""40～49 岁""50 岁及以上"的被调查者分别有 38 人、104 人、167 人、63 人，占比分别为 10.2%、28.0%、44.9%、16.9%。可见，领导干部的调查样本年龄范围集中于"40～49 岁"。

（四）现任职级

从现任职级特征来看，县处级领导干部、乡科级领导干部有 40 人、332 人，占比分别为 10.8%、89.2%。

（五）单位类型

从单位类型特征来看，问卷调查者所在单位属于市级机关、县级机关、乡镇机关、事业单位、国企的分别有 129 人、108 人、50 人、57 人、28 人，占比分别为 34.7%、29.0%、13.4%、15.3%、7.5%。

附录2　企业家问卷调查样本特征

（一）总体

此次问卷于 2022 年 9~10 月以温州企业家（企业的董事长或总经理）为调查对象，选用电子问卷形式（通过问卷星平台发放）开展。此次调查共回收企业家问卷 236 份，有效问卷 236 份。

（二）性别

从性别特征来看，男性被调查者、女性被调查者分别为 217 人、19 人，占比分别为 91.9%、8.1%。相较于上年的调查，男性被调查者的比例有所上升。

（三）年龄

从年龄特征来看，"30 岁以下""30~39 岁""40~49 岁""50 岁及以上"的被调查人数分别为 5 人、84 人、96 人、51 人，占比分别为 2.1%、35.6%、40.7%、21.6%。可见，企业家调查样本年龄范围与领导干部相似，集中于"40~49 岁"。

（四）企业规模

从企业规模特征来看，被调查者所属企业为大型企业、中型企业、小微企业的分别有 43 人、90 人、103 人，占比分别为 18.2%、38.1%、43.6%。

（五）企业所在行业

从行业分布特征来看，被调查者的企业所在行业为传统制造业、商贸服务业、高新技术产业、其他行业的分别有 101 人、66 人、61 人、8 人，占比分别为 42.8%、28.0%、25.8%、3.4%。

B.24
中国眼谷发展报告

张泽洪*

摘　要： 健康产业是温州市重点培育发展的五大战略性新兴产业之一，以中国眼谷为代表的温州健康产业在产业空间、政策支持、产业招商、优化服务、科技驱动、人才引育、风险投资等方面得到了全要素支持并取得了显著成效，但也存在眼健康产业链不够长、规模不够大、科技不够强、人才不够全、服务不够足等问题。中国眼谷进一步发展需要双链并举做强做实眼健康产业，引大培强锚定招商眼健康产业，科技创新引领眼健康产业发展，包容式激励眼健康产业人才，管理服务匹配眼健康产业需求。

关键词： 眼健康产业　科技创新　产业集群　温州

　　健康产业是温州市重点培育发展的五大战略性新兴产业之一，温州提出在"十四五"时期打造"浙南闽东赣东生命健康产业高地"。健康产业是具有巨大发展潜力的新兴产业，当前，国家政策扶持、人口老龄化加剧、居民健康意识增强、科学技术进步、经济环境支持等各项因素，都在一定程度上推动着健康产业的发展[1]。中国眼谷形成了特色化发展优势，是温州健康产业发展的典型，中国眼谷是温州市以眼视光为核心的生命健康产业集聚地。中国眼谷是目前全国唯一的眼视光产业创新综合体，于 2018 年 9 月开建，

　＊　张泽洪，温州医科大学公共卫生与管理学院管理系教授，管理系主任，研究方向为医疗服务。
　①　张家彬、张亮、纪志敏：《大健康产业的发展桎梏与纾困路径》，《江淮论坛》2022 年第2 期。

2020 年 6 月正式开园，2021 年 11 月成功创建浙江省特色小镇。中国眼谷以"一中心四高地"为发展战略，推进眼健康产业全链条发展，全面打造科技研发、产业孵化和高端医疗集聚区。中国眼谷"小眼球推动大产业，小切口催化大场景"。

一 中国眼谷发展成效及举措

中国眼谷在推进眼健康产业发展中，积极寻求并利用产业空间、政策支持、产业项目、优良服务、科技创新、产业人才、风险投资等产业全要素支撑。

（一）集群空间：中国眼谷发展平台

中国眼谷的快速发展，得益于充足的发展空间，中国眼谷的眼健康产业集群空间雏形渐成。中国眼谷建立了全国首个聚焦眼健康的专业园区，由"一心五园"构成，其中"一心"指眼谷中央孵化园；"五园"分别为视光装备科创园、眼科设备科创园、眼科药物科创园、生物材料科创园、智慧医疗科创园。规划占地面积 1000 亩，其中，中国眼谷科创园 A 区约 128 亩。已投用中央孵化园、博览交易中心、眼视光装备智造加速园。中央孵化园建筑面积 8 万平方米，拥有医院临床平台、科研转化平台、众创孵化空间等，为入驻企业提供全方位支持。博览交易中心不仅是眼健康药械博览交易展示中心，还具备上市发布、价格形成等功能。眼视光装备智造加速园采用了"飞地"建设，建筑面积 4 万平方米。

（二）政策定制：扶持中国眼谷发展

生命健康产业属朝阳产业，具有良好的发展前景，中国眼谷的发展得到了定制型政策的支持。龙湾区为中国眼谷量身定制了"眼谷 6 条"，在眼科药械研发、注册认证等 6 个方面给予支持。2022 年 8 月"眼谷 6 条"升级为"眼谷新 10 条"（即《龙湾区（高新区）关于支持中国眼谷发展的若干政策》），政策包括新药及器械研发、海外推广、共性研发平台建设、项目投资、市场开拓、金融服务等方面，支持建立具有品牌竞争力的眼健康产业集群。与"眼谷 6 条"相比较，"眼谷新 10 条"支持力度更大，如在加强产业创新能力方面，政策支持企业创新药研发，单家企业最高奖励 1000 万元；支持共性研发平台建设，为中国眼谷提供各类平台服务，且符合条件的企业最高可获得 6000 万元补助。

（三）锚定招商：构建垂直产业链

中国眼谷是生命健康产业集聚地，而产业的发展需要形成产业链，形成产业链才能打造中国眼谷的眼健康产业生态，实现共生发展，才会具有更强的核心竞争力。中国眼谷对标眼健康全生命周期，锚定全链条招商引资。中国眼谷聚焦眼视光这一垂直细分领域，重点引入以光学仪器、医药制造、医疗器械、照明器具、光学眼镜等眼健康为主的健康产业，累计引进注册企业 177 家，建立世界 500 强、上市企业联合研究院 32 家。推动目立康、兴齐眼药、贝瑞基因、固生堂、珍视明、金域医学、明月镜片、欧康维视等国内外上市企业设立中国眼谷子公司和新上市孵化点并开展生产运营。

（四）平台释能：优化产业服务

中国眼谷共有六大平台为入驻企业提供集成式的优质服务，以解决中国眼谷发展中遇到的各类管理服务问题，助力中国眼谷的无忧式发展。其中，高效的临床试验服务和高效的注册评审服务是中国眼谷所具有的两大不可替代的优势服务。

高效的临床试验服务。高效的临床试验服务主要源自中国眼谷目前最核心的平台——温州医科大学附属眼视光医院。温州医科大学附属眼视光医院是全国眼科领域唯一拥有 3 个国家级研究平台的单位，并与海南博鳌超级医院眼视光中心互为"飞地""窗口"，而且，温州医科大学眼视光医院集团在全国拥有 14 家分院，能够为入驻中国眼谷的企业的药品、器械多中心临床研究和前期应用、验证、推广提供平台资源，利用真实世界数据助推创新医

疗器械产品加快上市、抢占市场先机。

高效的注册评审服务。中国眼谷打破时空局限，远程连接浙江省医疗器械审评中心、"浙里审"、药品检查"浙里帮"，为入驻企业精准提供注册评审相关服务。国家药监局眼科药械临床研究与评价重点实验室、浙江省药监局医疗器械创新和审批柔性工作站在中国眼谷建立前置服务平台，实现眼科药械注册审批关口前移，并开通注册检验绿色通道和注册申报直通车，缩短眼健康企业产品注册时间。中国眼谷还建立了国家知识产权直通车，使发明专利审批时长大幅缩短。

（五）科技驱动：促进转型升级

中国眼谷既是健康产业集聚地，也是高科技产业集聚地，科技属性浓厚，科技是中国眼谷发展的最强驱动力，中国眼谷强调科技驱动眼健康产业转型升级。中国眼谷目前在眼科生物治疗、智能导航机器人、眼脑核磁共振、人工视网膜、高精度成像、高端功能性镜片、眼科组织替代新材料等领域创造了许多有价值的成果，助推中国眼谷向高科技产业转型升级。中国眼谷推进大数据、人工智能等新兴技术与眼科服务深度融合，开展人工智能在眼病预防、诊断和随访等方面的应用，提高眼病早期筛查能力。中国眼谷还开展了近视防控前沿干预药物、先进光学器具、创新基因检测等关键技术攻关。另外，中国眼谷积极与眼视光行业企业巨头法国依视路集团、澳大利亚联邦科学与工业研究组织、全美眼科专科第一的 Bascom Palmer 眼科中心等国外机构建立合作关系，提升研发能力。

（六）人才引育：引领产业方向

中国眼谷是高科技产业集聚地，而高科技产业最重要的资源是人才，中国眼谷积极推动产业领域相关人才的培育与引进。中国眼谷协同推进高层次人才引进与本土人才优势发挥。一是引进高层次人才。打造"人才飞地""智慧飞地"新模式，引入院士团队、国家杰青、海外高层次人才创业项目 50 余个。二是发挥本土人才的"本土优势"。与温州医科大学、温州大学、温州理工学院等本地高校合作共建中国眼谷产教融合示范基地和大学生创新创业实践基地，推进人才培养全过程合作。为吸引人才，给予人才各类高额奖励。A 类人才至少奖励 2000 万元，B 类人才奖励 200 万 ~1000 万元，C 类人才奖励 100 万 ~ 600 万元。对于人才创业项目奖励 40 万 ~2000 万元，还给予场地支持，为各类人才创业项目提供办公室与研发场所，给予免租或减租的优惠政策。同时，提供人才购房补贴与租房补贴。

（七）风险投资：提高创富动力

中国眼谷的眼健康产业是科创产业，而资本是科创重要的支撑要素，风险投资是中国眼谷发展的创富动力。中国眼谷成立了眼视光科创基金、眼视光产业投资基金。科创基金优先支持区域内的高新技术企业，充分运用自有资金，通过参股、贷款、担保等方式支持眼视光初创型企业发展。中国眼谷与九瑞基金、长三角基金等签订战略合作和项目共引孵化协议，合作投资金融机构达到 66 家，直投基金池超过 300 亿元；中信医疗基金、泰越硅谷 2 只产业引导基金首期募资 7 亿元，半年尽调投资项目 8 个，投资额达到 2.5 亿元。其中，温州泰越健康科技基金连投暖芯迦、中科睿极、冠脉堂等 3 个项目，并推动项目落地中国眼谷。清大视光、谱希基因、浙江欧鹿等 3 家企业列入首批中国眼谷 IPO 加速扶持计划，半年融资均超过 5000 万元，产业引导基金投资和外部基金投资额度分别达到 0.9 亿元、2.7 亿元。

二　中国眼谷发展存在的主要问题

中国眼谷正以较高速度的向前发展，虽具备了一定的发展基础和特色优势，但仍存在一些亟待解决的问题。

（一）产业链不够长

眼健康产业链包括研发、生产、销售等环节，但中国眼谷的研发、生

产、销售各环节全在温州的不多。中国眼谷的眼健康产业链上下游企业、资源分布较为分散，缺乏协同和有效衔接机制，集聚发展程度不高，彼此间的相互支持、共同促进作用不强，导致中国眼谷发展的联动效应、规模效应尚未形成。

（二）规模不够大

中国眼谷缺乏引领型龙头企业。尽管中国眼谷推动华为、固生堂、珍视明等国内外上市企业设立中国眼谷子公司和新上市孵化点并开展生产运营，但只是战略合作或设立子公司，自身缺乏龙头企业。中国眼谷招大引强难度大。温州市针对以中国眼谷为代表的生命健康产业成立了招商专班，是温州市4个招商专班之一。招大引强也取得了较大成果，但与《温州市生命健康产业发展"十四五"规划》提出的目标尚有较大距离，规划提出到2025年，温州市生命健康产业累计拥有销售收入超亿元企业95家以上、规上工业企业700家以上。未来，中国眼谷需要大力发展本地企业，大力促进眼健康、生物医药及生长因子等产业化、品牌化、规模化发展。

（三）科技不够强

中国眼谷的眼健康产业具有科技含量高的属性，但受区位等客观因素的多重影响，温州对高端技术、科技项目等创新资源的集聚力与杭州、宁波等城市相比还存在较大差距，且创新公共服务平台较少，导致对中国眼谷创新发展的科技支撑力不强，中国眼谷整体还处于价值链中低端环节，具有竞争力的自主创新产品还不多。中国眼谷的眼健康产业仍需要在关键领域突破一批"卡脖子"核心技术，研究一批进口替代的自主技术和原创产品。

（四）人才不够全

中国眼谷的人才梯队不是很完整，高端人才比较缺乏，眼健康产业的技术人才更缺乏。温州要加强眼健康产业相关人才的培养，尤其需要加强温州医科大学等温州高校眼健康产业人才的培养，还可以尝试企业

与学校柔性双聘制，眼健康产业人才的岗位在学校，可以到企业去工作
或指导。

（五）服务不够足

眼健康产业覆盖领域广泛，涉及主管部门多，需要建立一套统筹协调机
制以提高对中国眼谷的眼健康产业的服务水平。《温州市生命健康产业发展
"十四五"规划》提出，为助力健康产业的发展，要素资源更加集聚、公共
服务更加多元、政策体系更加健全、行业标准更加完善、行业监管更加有
效、监测评价更加科学。但目前，对中国眼谷专项扶持政策虽已发布但尚未
全面落地，服务力度仍需加强。

三 中国眼谷发展对策

中国眼谷的发展需要双链并举做强做实，既需要做长中国眼谷的眼健康
产业链，还应该促进眼健康产业链向价值链转换；中国眼谷的发展需要构建
生态链，在眼健康产业全生态链中最重要的是引大培强、锚定招商；科技进
步是中国眼谷发展的最强驱动力，应推动科技创新以引领中国眼谷的发展；
中国眼谷人才的潜力挖掘需要包容式激励，创新柔性人才引进政策；管理服
务要与中国眼谷的眼健康产业需求相匹配。

（一）双链并举做强做实中国眼谷

双链指中国眼谷的眼健康产业链与价值链。中国眼谷的发展，一方面，
需要做长中国眼谷的眼健康产业链，通过强链与补链推进中国眼谷的发展，
以做强中国眼谷；另一方面，还应该促进眼健康产业链向价值链转换，进而
做实中国眼谷的发展。

一是做长中国眼谷的产业链。首先，构建垂直的眼健康产业链。美国硅
谷的产业体系都是由半导体产业裂变而来，而且产业内部分工合理，各个细
分产业内部大中小企业在业务上分工合理，提高了效率。美国硅谷产业发展

历程对中国眼谷的启示：中国眼谷应当延长产业链，提高中国眼谷集聚效应和辐射能力。中国眼谷应依托温州医科大学附属眼视光医院优势特色学科构建眼健康全周期、全链条、跨学科的产业体系，包括从青少年的近视、斜弱视，中青年的视疲劳、干眼，到中老年的老花、白内障、青光眼等，围绕眼视觉健康衍生视觉光学、眼科药物、眼科器械、眼用生物材料和眼科智慧医疗等核心产业，构建中国眼谷的眼健康产业集群。其次，坚持特色化发展眼健康产业链。特色化发展的本质是差异化打造具有竞争力的眼健康产业。中国眼谷在市场细分领域选择上应当立足地方优势特色深耕细作，优势特色是中国眼谷可持续发展具有生命力的生长点，尤其是中国眼谷地处非省会、非一线城市更应坚持特色化发展。当前的健康产业已走向高度专科化，中国眼谷应结合温州医科大学附属眼视光医院的特色优势，聚焦眼健康产业，坚持细分领域的特色化发展。

二是做实中国眼谷的价值链。首先，推动眼健康产业创造产值。产业要能够促进经济的发展，中国眼谷最终要实现对温州健康产业发展的促进作用，由此，产业链需要转化为价值链。对温州当地而言，不能使眼健康产业的发展成为另一种"空心化"。眼健康产业要承接中国眼谷的科研成果，关键是科研成果孵化后在"当地"产业化。其次，积极开拓眼健康产品市场。健康产业是具有公益属性的产业，需要依靠市场优化资源配置①。眼健康产业需要坚持市场驱动，中国眼谷要具有商业思维、用户思维，要把科研放在离市场最近的地方，真正实现"科研赋能市场—市场反哺科研"的正向循环和利益共享的价值链条。中国眼谷与彩瞳行业头部品牌 moody 联合发布国内首个专注于彩色隐形眼镜的《2022 中国彩瞳行业指南》，这就具有浓厚的商业思维。该指南依据天猫数据，分析百万彩瞳用户痛点，旨在为彩瞳配戴人群提供专业、科学、有效的选配、使用及护理指南。未来，中国眼谷还需要进一步坚持市场导向，优化眼健康产品的市场推广。

---

① 张车伟、赵文、程杰：《中国大健康产业：属性、范围与规模测算》，《中国人口科学》2018 年第 5 期。

（二）引大培强，锚定招商

中国眼谷的发展需要构建生态链，在全生态链中最重要的是大企业的引领带动作用。中国眼谷面临的重要问题是如何进一步引进大企业、行业中的龙头企业。美国硅谷拥有很多著名的公司，如苹果、微软、甲骨文、谷歌、英特尔、Facebook、惠普等，大公司引领了美国硅谷的高速发展。未来，中国眼谷也应该进一步培育与引进大公司，通过大公司引领中国眼谷的发展。

一是精准对接大企业的需求。围绕中国眼谷的重点领域，梳理眼健康产业的独角兽企业、500 强企业、上市企业、准 IPO 项目、高新技术成果创业孵化项目等，锚定招商方向，加强对目标企业的调研考察，主动联系并精准对接重点企业的需求从而提供匹配的资源、市场连接等服务，推动有技术、有潜力的眼健康产业大企业在中国眼谷设立区域性总部或分支机构。采取"一企一策"定制式办法帮助重点企业协调解决股改相关问题，支持龙头企业境内外上市。

二是集中资源共同攻关。聚焦中国眼谷重点领域，每年遴选潜在龙头企业进行重点培育和扶持。欧美也正是通过这种途径建立先发优势，温州需要把有限的资源集中起来，统一调度全市的优势资源，统筹土地、人才、技术、财税等资源并向中国眼谷的龙头企业倾斜，聚焦《温州市促进生物医药产业创新发展若干政策措施》，发挥政策相关责任主体的协同作用，大力推动政策刚性兑现，构建有力的政策支撑体系。

三是发挥龙头企业的引领作用。培育中国眼谷的龙头企业，并实现龙头企业"先强带后强"。龙头企业做大做强后，大企业要肩负大使命，发挥引领作用，主动帮助中小企业成长，协助培养一批专精特新的"隐形冠军"类眼健康企业。引导龙头企业通过投资、参股等方式拓展布局中国眼谷，形成上下游一体化、核心竞争力强的眼健康企业集团，提高中国眼谷眼健康产业链垂直整合与横向联合能力，支持龙头企业与中小微企业通过专业分工、服务外包、订单生产等方式开展合作，实现互利共赢。

四是创新金融支持。中国眼谷前景广阔，但相较于其他产业，中国眼谷

成果的转化周期更长。在进入市场前，临床试验和注册评审等关键环节时间长、标准高、审批严，需要给项目成长提供更为充足的资金支持，支持符合条件的中国眼谷的企业股权融资、同业并购和发行债务融资工具。美国硅谷高科技产业发展的实践证明了这一点，美国通过政府贷款、信用担保，以及IPO等方式对科创企业进行投资。中国眼谷应继续推动健康母基金建设，引入产业引导基金，建立一个以服务产业发展和服务企业孵化为主的投融资中心平台，为初创企业发展提供引导和资金支持。

（三）科技创新引领中国眼谷发展

科技进步是中国眼谷发展的第一驱动力，但当前阶段，科技创新还不够充分，因此，应提升科技创新对中国眼谷眼健康产业发展的驱动作用。

一是攻关"卡脖子"关键技术。眼健康产业是高科技产业，中国眼谷的眼健康产业发展需要最前沿的科技创新支撑。中国眼谷的眼健康产业也存在明显的"卡脖子"问题，功能性镜片、眼视光器械、眼用材料等进口依赖度超过90%，中国眼谷应围绕智慧眼科软硬件、高精度光学成像、眼科人工智能诊断、眼科生物治疗、功能性矫治镜片、近视防控等"卡脖子"前沿技术引入一批高能级产业项目，形成高端引领作用。攻关"卡脖子"关键技术，提升眼健康产业的核心竞争力，增强眼健康产业的韧性。

二是推动数字技术与中国眼谷融合发展。中国眼谷会迎来数字革命，新冠疫情的深度冲击，促使数字技术在医疗健康领域的应用更加广泛、影响更加深刻，数字健康产业将迎来井喷式发展，成为数字经济的宽赛道之一①。应该推动大数据、人工智能、物联网、云计算等新一代数字技术在眼健康产业领域的深度应用，以"数字+智能"重塑中国眼谷的眼健康产业，助力中国眼谷的眼健康产业高质量发展，尤其要加快人工智能技术在医学影像辅助判读、临床辅助诊断、多维医疗数据分析等方面的应用，推动符合条件的人工智能产品进入眼健康的临床试验。中国眼谷可以与阿里巴巴、华为、腾讯

---

① 李韬：《数字健康产业有望成为拉动内需的新动力》，《人民论坛》2020年第36期。

等高科技公司合作，推动中国眼谷数字化，提高数字化能力，从而提高竞争力。

三是建立开放共享的研究协作平台。紧密围绕中国眼谷的眼健康产业科技发展需要，建立全市乃至全国开放共享的研究协作平台。中国眼谷两大GMP实验室、眼部疾病国家临床医学研究中心等平台，应当与瓯江实验室系列公共服务平台、细胞生长因子药物和蛋白制剂国家工程研究中心等合作，探索"建管分离、企业化运作"的建设模式，通过政府与民间资本投资建设、专业运营机构管理的方式，构建集AI研发设计服务平台、动物实验公共服务平台、药械区域检验检测平台、医药中试服务平台、临床医学研究中心等于一体的中国眼谷公共服务平台体系。搭建临床试验公共信息平台，整合全市具备临床试验资质的医疗机构、高校院所等资源，为中国眼谷开展临床试验提供有效的支撑。还可以与金域、泰格医药等专业临床试验服务机构合作，为中国眼谷的眼健康产业提供临床实验、临床评价、临床试验方案设计等服务。

四是坚持眼健康产业协同创新。协同创新是推动中国眼谷的眼健康产业发展的有效途径。首先，加强国内合作。支持眼健康相关协会广泛吸纳企业、健康服务机构、公共服务平台、高校院所等主体打造协同创新联盟，并定期举办对接合作活动。建立健全"企业出题、协同攻关"的需求导向型产学研合作机制。中国眼谷应主动融入长三角一体化、粤闽浙沿海城市群发展战略，与上海、杭州、苏州、厦门、深圳等城市建立眼健康产业的互认互信合作机制与科研联动机制。其次，拓展国际合作。加强中国眼谷的国际交流合作，与全球眼健康产业优势国家或地区共建国际创新合作园、国际联合研究中心、国际技术转移中心、离岸孵化器等科技合作基地，支持中国眼谷开展高层次国际合作。

五是发挥不可替代的科技存量优势。应充分发挥中国眼谷所具有的不可替代的科技优势。中国眼谷具有高效的临床试验服务，未来需要将这一优势继续深度挖掘与开发，使其成为不可替代的科技优势。眼健康产品上市需要成熟的技术，而技术提升需要市场数据来支持，中国眼谷具有相关的大数据，

这是不可替代的优势，不可替代的优势就具有强大的吸引力。中国眼谷建立了全国最大规模的中国眼生物样本库，以及眼科病理中心、大数据分析中心、眼科影像阅片中心等，中国眼谷超级眼视光医院正建设国内规模最大的眼科临床研究病房，温州医科大学眼视光医院拥有3个国家级科研平台等，可以为药品、器械的临床研究和前期应用、验证、推广提供不可替代的平台。

六是推动科技成果转化。鼓励独建或联合共建科技成果转化基地，促进科技成果实现产业化。可以建立中国眼谷科技成果转化引导基金，重点支持有市场应用前景的中国眼谷重大科技成果转化。依托温州科技大市场搭建网上技术交易平台，建立眼健康科技成果资源数据库，连接全国重点网上技术市场，同时，也吸引全国有前景的眼健康产业的科技成果在中国眼谷转化落地。

（四）包容式激励中国眼谷人才

中国眼谷人才的潜力挖掘需要包容式激励，创新柔性人才引进政策。

一是加强科技人才的匹配激励。应该制定中国眼谷科技创新高层次人才目录，在相关科技人才计划中予以重点支持，引导中国眼谷企业建立以科技成果转化评价人才贡献度，强化知识产权收益分配的人事制度，通过知识产权、无形资产、技术要素入股等方式加大对骨干人才的激励力度。

二是创新柔性人才的引进。创建"智慧飞地""人才飞地"模式，实现科研人才在企业与大学的"双栖"，建立科技人员双向流动制度，打通科研机构和企业"旋转门"，支持高校院所专业技术人员在履行所聘岗位职责的前提下，到中国眼谷的企业从事科技成果转化、技术攻关等兼职工作，支持高校院所设置一定比例的流动岗位，聘用有创新实践经验的科技人才担任兼职导师、参与科研项目。

三是进一步优化人才引进环境。加强人才需求沟通，完善中国眼谷园区周边环境提升和基础设施建设，强化医疗教育配套，完善人才住房、公共交通。对紧缺急需的高层次人才配套提供生活和工作便利，解决高层次人才的生活、子女教育、文化等生活问题，营造适宜人才居住、发展的高品质环境。

四是积极培养高技能人才。除了需要引进高端人才，还要发展培养技能人才，建立完整的中国眼谷人才梯队。构建合理的技能人才培养与激励机制，鼓励本地高校加强健康领域技能人才培养，为中国眼谷持续发展提供技能人才支持。探索构建由高等教育、职业教育组成的多层次人才培养体系，支持中国眼谷园区、龙头企业加强与市内外高校院所的合作，建设一批人才培养基地、实习基地等，联合培养中国眼谷所需的高技能人才。

五是培育包容性文化。美国硅谷精神崇尚竞争、平等、开放、包容，形成了一种允许失败的文化，美国硅谷每天有十几家公司诞生，同时，也有许多小企业倒闭。美国硅谷强调文化包容，包括嬉皮士文化，嬉皮士文化往往代表着不正面的叛逆形象，但恰恰是这样一种文化引领着创新。中国眼谷需要放手让年轻人做，因为年轻人有更强的锐意创新精神，要包容开放、允许失败。

（五）管理服务匹配中国眼谷需求

中国眼谷的管理服务应该与眼健康产业的需求对接。中国眼谷的产品注册审批服务应该更高效，组建常态化的功能型与专业型科技服务团，并加强对中国眼谷的考核评估。

一是注册审批服务更高效。中国眼谷的眼健康产品从孵化到落地通常需要很长时间，如果能够缩短这个阶段的时间，就能够抢占市场先机。由此，需要为中国眼谷的眼健康产品最大限度优化临床试验流程，缩短检验注册时间。未来，中国眼谷需要继续加强与政府评审机构和医疗机构等单位的交流合作，提升浙江省药品监督管理局中国眼谷医药创新和审评柔性服务站能级，提速药械注册审评，并引导服务站服务半径向全市范围拓展，对创新及临床急需的药品医疗器械注册优先审评审批。

二是组建常态化科技服务团。根据中国眼谷眼健康产业发展需求，精准组建常态化功能型科技服务团，由相关领域知名专家领衔，组织跨学科专家，开展中国眼谷眼健康产业一体化服务；另外，按照中国眼谷的眼健康产业需求，分类组建专业化科技服务团，开展细分领域的针对性服务，并且与

国家级、省级科技服务团互联互通，联动服务。

三是强化考核评估。中国眼谷的眼健康产业既是民生产业，也是高科技产业，产业转型升级和科技创新需要耐心和定力，中国眼谷更需要耐心和定力，因为周期更长。因此，考核体系需要与中国眼谷的眼健康产业特征相吻合，既不能急功近利，又不能无视中国眼谷眼健康产业所能创造的红利，重点考核中国眼谷的产值创造力，建立中国眼谷的监测评价机制，完善中国眼谷眼健康产业统计分类标准，开展中国眼谷眼健康产业核算工作。

B.25
温州市规上工业企业生产经营
形势分析报告

温州市经济和信息化局课题组*

摘　要： 课题组通过对温州全市 7701 家规上工业企业生产经营情况进行调研分析，认为 2022 年温州工业经济呈现"形有波动、势仍平稳"的态势，工业压舱作用凸显，产业结构加快优化、企业培育成效显著、增资扩产快速推进、发展环境持续改善，但市场需求放缓、企业成本上涨较快、企业投资意愿下降、外部影响因素增多等问题较为突出。本报告对 2022 年全市规上工业企业生产经营的基本情况、主要问题进行了分析，并建议下一步要聚焦产业链链长制、数字经济创新提质"一号发展工程"、制造业投资"双百双千"活动、"专精特新之城"、"两改"融合、"两化改造"、"首台套"技术攻关、"两万"行动等八大抓手，突出打造两大万亿产业集群、培育发展新动能、做强做优项目支撑、培育企业梯队、拓展发展新空间、推动企业转型升级、推进技术创新体系建设、助力"两个健康"建设等八方面重点，全力推动工业经济高质量发展。

关键词： 规上工业企业　产业结构　数字经济　温州

---

* 温州市经济和信息化局课题组成员：许道火，温州市经济和信息化局党委副书记、副局长；丁建忠，温州市经济和信息化局党委委员、总工程师；谢伯寿，温州市经济和信息化局经济运行处副处长。

2022 年，新冠疫情影响仍在延续，国内外市场尚未完全恢复、原材料价格持续高位、企业投资意愿减弱等问题极大影响企业的生产经营，温州工业经济呈现"形有波动、势仍平稳"的态势。课题组深入温州有关县（市、区）开展调研，与行业协会、重点工业企业进行座谈交流，客观分析当前全市工业企业生产经营的主要特点，及时了解发现当前全市工业企业生产经营中的新问题、新趋势，准确把握现阶段经济运行态势，找出困扰企业发展的主要矛盾和问题，提出推动工业经济高质量发展的有效措施。

一　2022年温州市规上工业企业发展主要特点

（一）增速增量提升有力，工业压舱作用凸显

2022 年，面对复杂多变的外部环境，全市深入实施畅循环稳工业、稳企业强主体两大攻坚行动，创新实施产业链链长制"十个一"机制，强力推进工业企业增资扩产、产业链培育、助企纾困等重点工作，工业经济呈现"形有波动、势仍平稳"的态势。

从增速上看，全市规上工业增加值同比增长 4.7%，较全省高 0.5 个百分点，列全省第 5。其中一季度受"开门红"政策和小升规企业带动，全市规上工业增加值增速高达 9.4%；二季度受疫情影响，长三角地区产业链供应链遭遇较大冲击，全市当季规上工业增加值增速回落至 1.1%；三季度触底反弹，全市当季规上工业增加值增速回升至 7.1%；四季度因出口回落和疫情防控政策优化调整影响，全市当季规上工业增加值增速回落至 2.5%。

从增量上看，2022 年全市工业增加值 2705.5 亿元，总量居全省第 5 位，占全市 GDP 比重为 33.7%，工业压舱石作用明显。其中规上工业增加值达到 1467 亿元，较 2021 年提高 148 亿元，占全省比重为 6.7%，较 2021 年提升 0.18 个百分点。规上工业增加值总量排名全省第 6，较第 5 位的台州少 70.9 亿元，差距较 2021 年缩小 63.4 亿元；较第 7 位的湖州多 142.9 亿元，差距较 2021 年扩大 69.0 亿元。

从县（市、区）看，分化较为明显。龙湾、泰顺、海经区、平阳等四地规上工业增加值增长均超过15%；三地规上工业增加值负增长，其中瓯海规上工业增加值下降1.2%，主要受服装行业（规上工业增加值下降4.3%）影响；鹿城规上工业增加值下降2.8%，主要受鞋业（规上工业增加值下降1.6%）影响；瑞安下降1.2%，主要受化工行业（下降10.7%）不景气影响（见表1）。

表1 2022年温州全市及各县（市、区）和省级产业集聚区规上工业增加值情况

单位：亿元，%

项目	全市	鹿城	龙湾	瓯海	洞头	乐清	瑞安	永嘉	文成	平阳	泰顺	苍南	龙港	海经区	经开区
总量	1467.8	58.0	119.7	137.9	15.6	390.4	242.4	87.5	5.6	118.9	6.7	44.7	58.7	19.3	148.8
增速	4.7	-2.8	22.5	-1.2	8.3	2.2	-1.2	4.8	8.0	15.4	22.0	3.9	7.0	20.1	6.3

（二）产业结构加快优化，部分产业增势较好

2022年，全市高新技术产业、装备制造业、战略性新兴产业增加值占规上工业增加值比重分别为66.8%、57.7%和35.1%，较2021年底分别提升2.1个、2.2个和2.8个百分点。"5+5"产业中8个产业规上工业增加值实现正增长。具体来看，数字经济核心产业制造业、智能装备产业因瑞浦、正威、麦田等大企业带动增长较快，规上工业增加值分别增长18.5%和24.4%。汽车零部件产业总体形势较好，规上工业增加值同比增长12.1%，是五大传统支柱产业中增长最快的。泵阀产业受益于化工、石油以及新能源大项目的带动，规上工业增加值增长11.8%。新能源产业发展势头较好，规上工业增加值增长9.3%，较全市规上工业增速高4.6个百分点。电气产业受房地产市场不景气影响，保持低位增长，规上工业增加值增长4.1%，较全市规上工业增速低0.6个百分点。鞋业出口占34.4%，出口交货值同比增长22.4%，内销产值同比增长仅1.9%，导致规上工业增加值仅增长2.2%。生命健康产业规上工业增加值增长3.6%，较全市规上增速低1.1个

百分点。服装产业和新材料产业负增长，其中服装产业因消费市场低迷，规上工业增加值下降3.9%；新材料产业受聚氨酯、氨纶等化工产品价格快速下行影响，规上工业增加值下降0.3%（见表2）。

表2 2022年温州"5+5"产业规上工业增加值情况

单位：亿元，%

项目	总量	占全市比重	增速
电气	303.2	20.7	4.1
汽车零部件	117.6	8.0	12.1
泵阀	80.2	5.5	11.8
服装	64.7	4.4	-3.9
鞋业	96.5	6.6	2.2
数字经济	266.7	18.2	18.5
新能源	283.0	19.3	9.3
智能装备	270.0	18.4	24.4
新材料	111.5	7.6	-0.3
生命健康	108.1	7.4	3.6
全市规上	1467.8	—	4.7

注：五大战略性新兴产业和五大传统产业存在交叉。

（三）增资扩产推进有力，招大引强成效显著

大力推进企业增资扩产，制定实施《温州市支持工业企业"增资扩产"实施方案》，建立领导分级挂钩联系机制和项目问题"双周协调""即时协调"机制，探索边批边建、预先审查和分层推进的审批机制，以"拿地即开工+预验即试产""先租后建+量身定制""低效再用+适度开放"等方式，全年开工增资扩产项目552个，竣工261个，完成年度投资370亿元，均超额完成年度任务。大力推进招大引强，组建4个重大项目推进专班和500余人的驻外招商引智队伍，签约落地金风科技海上风电、瑞浦新能源制造、比亚迪动力电池、伟明盛青锂电池新材料、运达风电、远景风电等重大产业项目，全年开工入库单体制造业超10亿元项目30个、超百亿元项目4个。

（四）创新动能不断增强，转型升级持续推进

研发费用占比提升，2022 年有研发费用支出的企业占规上工业企业比重为 83.6%，较上年高 8.1 个百分点，研发费用占营业收入比重为 3.3%，较上年提高 0.2 个百分点，列全省第 3。"两化"改造加速推进，全市新实施智能化改造项目 1469 个、节能改造项目 444 个，新增 2 家"未来工厂"（瑞浦兰钧能源、天正电气）、3 家省级未来工厂试点，24 家企业成功入选 2022 年省级智能工厂（数字化车间），数量全省第 2。数字经济系统加快建设，新增纸包装产业大脑试点，全市共有智能电气等 5 个产业大脑，企业健康诊断等 6 个省级试点应用，科企通等 5 个省级地方特色应用。

（五）工业出口带动明显，企业效益逐步改善

2022 年全市规上工业出口值同比增长 15.9%，较工业销售产值增速高 7.5 个百分点；工业出口交货值占工业销售产值比重达到 12.7%，较上年高 0.8 个百分点。全市规上工业企业利润总额增速从 6 月的 -17.5% 逐步回升到 9 月的 -15.9%，全年增速为 -3.4%，列全省第 2，较全省增速高 11.5 个百分点。

（六）营商环境持续改善，企业培育再有突破

启动新一轮"万名干部进万企"助企精准服务行动，线下构建"一办十组+5 亿元以上企业市派县级干部结对+万名助企服务员"队伍，线上迭代升级"帮企云 2.0"应用，开通"96666 为企服务热线"，建立"两个健康直通车"政企对接机制，全年累计走访企业 5.93 万家次，化解各类问题 6442 个。扎实推进减负降本，开展惠企扶工政策"宣传月"活动，创新推出"助企纾困政策明白卡"，全年为企业减负 555.36 亿元。全年净增百亿元以上工业企业 2 家（累计 5 家），净增 10 亿元以上工业企业 7 家（累计 74 家），净增亿元以上工业企业 128 家（累计 1368 家）；新增专精特新重点"小巨人"企业 5 家（累计 25 家），新增国家级专精特新"小巨人"企业 55 家（累计 107 家），新增"小升规"企业 1273 家。

二 2022年温州市规上工业企业生产经营存在的问题

（一）市场需求有所放缓

从制造业 PMI 看，2022 年全市新订单指数均值为 44.7%，较 2021 年低 4.9 个百分点，新出口订单指数均值为 42.4%，较 2021 年低 4.9 个百分点，市场需求有所减弱。从企业销售看，销售产值增速持续回落。2022 年，规上工业销售产值比上年增长 8.3%，较一季度、上半年和前三季度分别回落 9.1 个、2.8 个和 2.3 个百分点。

（二）企业成本上涨较快

全市规上工业每百元营业收入成本 84.20 元，较 2021 年上涨 1 元，为全省第 3 低。分行业看，七成行业营业成本增速高于营业收入增速（或营业成本降幅小于营业收入降幅）。成本上升主要有两方面原因。一是原材料成本上涨。2022 年，全市工业生产者购进价格指数为 102%，其中燃料、动力类价格指数为 104%、纺织原料类价格指数为 102.2%、有色金属材料及电线类价格指数为 101.9%、化工原料类价格指数为 101.3%。二是用工成本上涨。2022 年，全市规上工业企业应付职工薪酬增长 8.0%，平均用工人数下降 1.1%，人均薪酬达到 8.26 万元/人年，同比增长 9.2%，增速比规上工业企业利润增速高 12.6 个百分点。

（三）企业投资意愿下降

市场需求不旺、观望心理较重导致企业投资意愿下降，部分项目投资进度减慢、投资金额不及预期。2022 年全市制造业投资同比增长 4.1%，列全省第 10，较全省低 12.9 个百分点，较 2021 年低 9.3 个百分点。特别是鹿城、龙湾、乐清、龙港、经开区等 5 地制造业投资负增长。

（四）外部因素影响增多

二季度受疫情影响，长三角地区产业链供应链遭遇较大冲击，造成温州市部分企业阶段性停产，4月当月全市规上工业增加值下降0.1%，较3月当月回落9.7个百分点，5月当月下降0.5%。8月持续晴热高温，用电负荷持续攀升，造成全市规上工业企业当月产值下降3.5%左右，部分企业担心后续用电受限而不敢接订单、不敢扩大生产。12月疫情防控政策优化调整，温州市12月当月规上工业增加值下降3.4%，较11月当月回落9.5个百分点（见图1）。

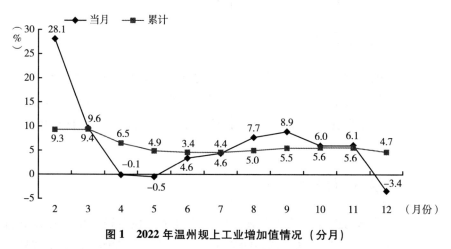

图1　2022年温州规上工业增加值情况（分月）

资料来源：温州市统计局，下同。

三　下阶段制造业高质量发展面临的形势

（一）国内市场需求回升

2022年，由于疫情的反复，线下消费严重受挫，我国消费需求连续三年增长均为负数，线下消费被严重抑制。制造业和非制造业PMI分项中，新订单与在手订单持续处于临界值以下，市场有效需求不足。2023年，随着疫情防控政策调整，居民对未来的预期趋于乐观和稳定，消费潜力将释

放，消费需求提升，消费动能增强，促使我国消费领域，特别是线下消费强劲反弹，这将有利于温州市鞋服等产业发展。

（二）企业投资信心回升

党的二十大报告指出，制造业是立国之本、强国之基，发展经济的着力点是实体经济。特别是 2022 年 11 月央行降准有助于降低企业融资成本、稳定市场主体的信心和预期，而此前央行为制造业企业设立了设备更新改造专项再贷款，监管部门鼓励银行进一步加大对制造业中长期贷款支持力度，这些政策都有望支撑制造业投资继续维持较高增长。

（三）出口市场萎缩压力

当前我国外贸领域主要矛盾由前两年的供应链受阻、履约能力不足，转变为外需不足、订单下降。特别是以美国为首的个别发达国家试图通过多边出口管制、立法设置障碍等手段干扰产业链供应链正常运行，引导国内及国际市场去中国化。

（四）疫情不确定性压力

目前，我国已进入"乙类乙管"常态化疫情防控阶段，疫情对经济活动的影响已大幅度降低。但新冠疫情流行尚未结束，一方面新冠病毒变异存在不确定性，另一方面"长新冠"对劳动力的长期影响存在不确定性，这些都会对制造业造成较大压力。

（五）土地供给不足压力

温州工业用地 22.9 万亩，仅占城市总面积的 1.37%，远低于杭州、宁波、绍兴等地，直接影响重大制造业项目招引落地和企业增资扩产。

四 对策建议

要以党的二十大精神为引领，进一步突出"工业强市"地位，大力推进制造业"腾笼换鸟、凤凰涅槃"攻坚行动、数字经济创新提质"一号发展工程",加速培育传统支柱产业、新兴主导产业两大万亿级产业集群,深入实施产业基础再造和产业链提升工程,推动制造业占比持续提升,加快打造全球有竞争力的先进制造业基地、全国新能源产能中心和应用示范城市。

(一)以产业链链长制为主抓手,加快打造两大万亿级产业集群

一是推动传统支柱产业重塑再造。贯彻落实省"415X"先进制造业集群培育要求,迭代升级产业链链长制"十个一"机制,全力推进制造业产业基础再造和产业链提升,突出"两新两联"加快打造世界级电气产业集群,以"时尚+科技"赋能鞋服产业升级,提升泵阀产业专业化成套化智能化水平,推动汽车零部件产业抢占新能源汽车和整车配套市场。二是推动新兴主导产业做大做强。聚焦"发电、储能、输送、应用"等关键环节,持续做大做强新能源产业链,提速金风科技海上风电、瑞浦新能源制造、运达风电等重大项目建设,着力打造"风光无限"的全国新能源产能中心和应用示范城市。抢占生命健康产业新蓝海,聚焦眼视光器械、健康光显、细胞生长因子药物等领域,推动优质项目向中国眼谷、中国基因药谷加速集聚,促进平台能级跃升。争取打造世界一流新材料基地,加快华峰高性能可降解新材料、正泰石墨烯新材料等项目建设。加速打造智能装备千亿级产业集群,规划建设温州新光谷,推动激光精密成型装备、轻工成套装备等细分领域实现新突破。三是推动生产性服务业加快发展。开展生产性服务业"强翼行动",深化国家级信息消费示范城市、国家级服务型制造示范城市建设,高质量举办"市长杯"工业设计大赛,优化提升国家中低压电气工业设计研究院、时尚智造设计中心、省级特色工业设计示范基地等平台,增强工业设计高端资源要素集聚能力,新增一批省级服务型制造示范企业、省级工业设计中心。

(二)以数字经济创新提质"一号发展工程"为主抓手,培育发展新动能

一是加快数字经济集聚区建设。加快数字经济集聚区"一核心多区块"

建设，聚焦智能光电、物联网、云计算与大数据、软件信息服务、集成电路、元宇宙等产业，引导领军企业向中国（温州）数安港、国际云软件谷、正泰物联网传感产业园等重大平台集聚，努力创建中国软件特色名城。加快数字经济重大项目招引建设，争取招引落地一批数字经济超亿元重大项目，推动比亚迪动力电池、伟明盛青锂电池新材料、钠离子电池等重大项目早日竣工投产。二是加快数字经济系统建设。推动"产业大脑+未来工厂"融合发展，加大智能电气、皮革制鞋等行业产业大脑和市级产业数据仓、帮企云2.0等应用场景推广应用力度，分类分级培育未来工厂等现代化新型组织，新增一批未来工厂、数字工厂。三是加快推进产业数字化"三个全覆盖"。加快推进乐清、瑞安、永嘉等省级中小企业数字化改造试点县（市、区）建设和鹿城、龙湾、瓯海、平阳、龙港等县（市、区）争创试点，加快构建"5+5+N"工业互联网平台体系。

（三）以制造业投资"双百双千"活动为主抓手，做强做优项目支撑

一是开展制造业"双百双千"活动。强化全生命周期管理和项目绩效评估，确保全年新开工亿元以上制造业项目200个，总投资1000亿元以上；推进300个亿元以上续建项目建设，总投资1000亿元以上。二是推动企业增资扩产。加强市县两级项目储备工作，完善"增资扩产"项目过堂会机制、双周调度会机制和挂钩联系机制，全年开工、竣工一批增资扩产项目。三是推动"高大上、链群配"项目招引落地。会同投促部门大力招引"高大上、链群配"项目，落地一批超十亿元、超百亿元单体制造业项目。四是加快推进重点企业供地。全力解决"年产值超亿元和5000万元产值以上高成长企业无自有生产用地"等工业企业的发展空间需求问题，让好项目不缺土地、好企业不缺空间。

（四）以"专精特新之城"为主抓手，培育龙头引领的企业梯队

一是实施专精特新企业"加快成长"行动。制定出台《2023年度温州

"专精特新之城"建设工作要点》，争取全年新增一批国家级专精特新"小巨人"、隐形冠军企业、省级专精特新中小企业和创新型中小企业。二是实施头部企业"揭榜挂帅"行动。开展头部企业做大做强"揭榜挂帅"活动，每条产业链重点选育 1~2 家头部企业，培育一批超 10 亿元企业、雄鹰企业和单项冠军企业。三是实施小升规企业"阳光雨露"行动。完善"小升规"培育体系，加快政策兑现，全年新增一批"小升规"企业。

（五）以"两改"融合为主抓手，拓展制造业发展新空间

一是加快老旧工业区改造。坚持因地制宜、分类施策，持续推进第一批 18 个试点区块改造提升进度，启动第二批 30 个重点区块改造提升，全面激发市场主体参与改造的积极性。同时，积极推进"双改融合"，联动资规部门，加大"村改工""商改工"力度。二是推进"工业上楼"。引导老旧改造后企业向上要"空间"，针对不同行业生产工艺，分行业细化层高承重、减振隔振、垂直交通、货梯吊井等指标参数，推行"大开间、高承重、可上楼、智慧化"，实现分行业的"设备上楼""生产上楼"。开发厂房出租管理数字化平台，加强供需对接，规范厂房二次市场租赁管理。三是推动产业平台提质提效，加强 12 个省级产业平台工业重点指标动态监测和分析，持续迭代平台比拼载体，营造"比学赶超"氛围。落实好"小微园十条刚性措施"，争取全年新开工一批小微企业园。

（六）以"两化改造"为主抓手，推动企业转型升级

一是深入推进"千企智能化改造"，加快推进企业智能化改造，全年实施智能化技术改造项目 1000 个以上。二是加快实施千企节能改造，落实好专项政策，推进"碳均论英雄"改革，全年实施一批节能改造项目。实施重点企业能效倍增行动，新增一批绿色低碳工厂、省级节水型企业、清洁生产审核企业。三是深化"亩均论英雄"改革。深化资源要素优化配置，争取全年规上亩均税收、亩均增加值居全省前列。强化高耗低效企业整治，加大亩税低和劳动生产率低企业的整治提升力度。

（七）以"首台套"技术攻关为主抓手，推进技术创新体系建设

一是全面推进首台（套）提升工程。支持企业实施引领性的首台（套）工程化攻关项目，大力开发首台（套）产品，全年新增一批省级首台（套）装备、首版次软件、首批次新材料。二是做好企业技术中心梯队培育。完善国家、省、市级企业技术中心培育库，新增一批省级企业技术中心。三是全力推进新产品开发。优化全市新产品鉴定管理体系，提升新产品（新技术）备案的质量和内涵，新增一批省级工业新产品、"浙江制造精品"。

（八）以"两万"行动为主抓手，助力"两个健康"建设

一是帮企业解难题。深化"两万"行动+"帮企云"平台+96666热线助企+政企直通车服务体系，确保企业问题得到有效化解，落实好各类惠企政策，争取全年为企业减负300亿元。二是帮企业拓市场。开展新一轮两大万亿级产业百场对接活动，落实好百家品牌促营销行动，举办各类专业展会、对接会、采购节等活动，帮助企业抢订单、拓市场。三是帮企业招人才。深化产教融合站点建设，推进校企合作协同育人；做细人才需求预测，健全完善人才密度考核机制，推动人才供给侧和企业需求侧精准对接。

B.26
2022年温州跨境电商发展研究报告

摘　要： 2022年，受新冠疫情多重因素叠加影响，国际贸易遭遇严重冲击，我国外贸面临较大下行压力。跨境电商等数字贸易新业态凭借线上订购、网络交付优势，为全球贸易恢复发展注入新动能，为我国外贸稳规模、优结构做出重要贡献。温州跨境电商全年继续保持高速发展态势，市场主体稳步扩大，产业集聚加快，业态融合不断深化，保障机制日趋完善。首届数字贸易博览会·丝路电商合作论坛的顺利举办，强有力推动温州跨境电商联通世界、走向全球，进一步巩固温州跨境电商综试区的良好形象。政策支持、监管优化、产业优势、数字化变革等红利因素持续释放。与此同时，温州跨境电商发展面临着主体培育不充分、生态建设不健全、支撑体系不完善等制约问题。下一步，温州将积极挖掘进出口新潜力、培育行业增长新动力、锻造物流仓储新韧力、激发公共服务新活力，全力打造主体云集、服务高效、生态完善、绩效显著的跨境电商强市。

关键词： 跨境电商　进出口　公共服务　温州

---

* 温州市商务局课题组成员：周怀中，温州市商务局副局长；钱俊，温州市商务局跨境电商综试区处处长；何首超，温州理工学院经管学院跨境电商专业系主任，副教授；赖艺文，温州市商务局跨境电商综试区处四级主任科员。

一　温州跨境电商发展现状

（一）温州跨境电商发展历程

温州市民营经济活跃，在轻工业和制造业领域出现了一批在国内具有较高知名度、较强市场竞争力、较高市场份额的企业，为跨境电商发展提供了良好的基础，这些企业也是温州跨境电商的起源力量。2014年，温州市委、市政府提出将网络经济作为"一号新产业"来抓，大力推动电子商务等网络经济业态发展，这一时期温州跨境电商萌芽起步。2016年，《温州市加快信息经济发展三年行动计划》印发出台，明确提出要结合"互联网+"培育新业态，鼓励发展电商新模式，同时抓好电子商务跨境贸易集中监管区和信息化公共平台等服务体系建设，促进跨境电商发展，这一时期温州跨境电商初步提速发展。2019年12月，温州获批第四批国家级跨境电商综试区。自此，温州跨境电商实现质的飞跃，进出口绩效实现裂变式增长，市场主体规模不断扩大，人才培育成效显著提升，产业发展氛围日益浓厚，全市跨境电商实现高质量集聚化发展。温州综试区能级指数列第四批24个综试区第3位，列全国105个综试区第25位；商务部公布的首次全国综试区评估结果显示，温州综试区排名第二档"成效较好"（共四档），跻身优势梯队行列，对全市开放型经济高质量发展发挥了强有力的支撑作用。

（二）推动温州跨境电商发展的驱动因素

1. 顶层设计加快完善，政策红利持续释放

为进一步提高温州对外开放水平，推动外贸保稳提质，温州市不断强化跨境电商发展顶层设计。2022年，《中共温州市委温州市人民政府关于大力发展数字贸易的实施意见》和《温州市跨境电商高质量发展三年行动计划（2022—2024年）》先后出台，提出将以"一年有变化，二年上台阶，三年大变样"为目标，全力打造主体云集、服务高效、生态完善、绩效显著

的跨境电商强市。同时，跨境电商扶持政策不断得到优化完善，各项政策措施落地落实，政策集成效应持续释放，为温州跨境电商高质量发展提供了强有力的政策支撑。

2. 监管环境不断优化，制度体系日趋健全

2022 年 9 月，商务部印发《支持外贸稳定发展若干政策措施》，明确提出要进一步发挥跨境电商稳外贸的作用，出台进一步支持跨境电商海外仓发展的政策措施。为助推全市跨境电商发展，市商务局和温州海关联合编印《温州市跨境电子商务业务操作指南》，以跟踪服务方式指导帮助外贸企业开展跨境电商进出口业务。市税务局、市外汇管理局等相关部门也都相继针对跨境电商发展的关键瓶颈问题出台了支持政策。当前，"关、税、汇"已基本形成完善的制度体系，以支持温州市跨境电商企业合法、合规、低成本开展跨境电商业务。

3. 产业特色优势明显，品牌效应日益凸显

温州产业特色鲜明、块状经济明显，全市拥有中国电器之都、中国鞋都等 46 个国字号生产基地，电气、鞋业、服装、汽车零部件、泵阀等传统制造业发达，10 个县（市、区）15 个优势产业集群先后获批省级产业集群跨境电商发展试点，为各地发展"小批量、多频次、数字化"的跨境电商订单业务提供了坚实支撑。搭乘跨境电商发展"快车"，借助"温州制造"品牌效应，温州真正实现"卖全球"和"买全球"，温州产品的品牌知名度和影响力不断提升，产品附加值显著增加，同时叠加跨境电商综试区政策红利，跨境电商企业利润空间更大，吸引更多企业在温开展跨境电商业务。

4. 市场潜力加快释放，跨境电商助推温州数字经济创新提质

受新冠疫情影响，消费者消费习惯发生转变，线上消费需求增加，跨境电商行业释放出巨大的市场潜力。吸引越来越多的贸易企业进行数字化转型，运用新技术创新业务模式，通过独立站、短视频平台等多元化销售渠道开拓跨境电商业务，融入跨境电商生态体系。

（三）温州跨境电商高质量发展成效

2022 年以来，温州市高规格谋划、高标准推动、高要求落实《温州市

跨境电商高质量发展三年行动计划（2022—2024年）》，立足全市跨境电商发展实际，深入实施"跨境电商进出口绩效再提升、主体培育再提升、仓储物流再提升、公共服务体系再提升"四大工程，加快推动供应链便捷化、贸易便利化、服务优质化，持续推进综试区高品质、高规格、高水平全面发展，加快打造温州"千年商港"建设中的跨境电商新格局、新业态、新优势。

1. 进出口裂变式增长

近三年，温州跨境电商综试区项下进出口额增长十余倍，呈现裂变式增长态势。2022年全市跨境电商交易额522.7亿元（出口428.7亿元，进口94.5亿元），同比增长35.9%，居全省第4位；其中海关监管平台跨境电商进出口额292.5亿元（出口247.9亿元，进口44.6亿元），同比增长80.5%。商务部公布的全国105个综试区评估结果显示，温州综试区排名第二档"成效较好"（共四档），居全国中上水平。

2. 市场主体稳步扩大

全市现有跨境电商企业4566家，其中海关备案企业1046家、规模以上企业115家，外贸转型基地、产业基地等加快应用跨境电商新业态。行云、海蛛、汇侨等知名跨境电商企业相继落户，与拼多多、淘分销等100余家电商平台建立合作关系。联合省商务厅、省委组织部、省委宣传部等单位承办"之江创客"粤港澳赛区决赛暨浙江（温州）招商推介会，受到全国30余家主流媒体宣传报道。2022年全市院校和各类社会培训机构多渠道完成跨境电商相关职业技能培训1.67万人次，人才培养评价得分在省内位居前列。

3. 产业集聚加快形成

经多年培育，温州已形成10大特色跨境电商园，其中瓯海眼镜跨境电商园、龙湾红连跨贸园、鹿城跨境电商园等3个园区获评省级跨境电商产业园，3个园区获评市级跨境电商产业园，入驻企业近400家。跨境电商与产业集群加快融合，温州现有10个县（市、区）15个产业集群获批省级产业集群跨境电子商务发展试点，其中5个试点县（市、区）绩效评价等级为A级，摘下省内产业集群跨境电商"双冠王"。建成浙南首个跨境货物公共集拼中心、综保区跨境全球直销体验中心及 1210 进口退货中心仓，跨境电商产业生态圈加速形成。

4. 业态融合不断深化

借助"温贸通"外综服平台，为轻工业产品量身打造跨境电商品牌化出口模式。创新"体验店+直播""保税仓+直播"带货模式，帮助企业"引流带货"，提高商品流转速度。依托温州口岸及海外仓资源，推出跨境电商+市场采购/中欧班列/货运包机/海运直航/海外仓等多场景组合服务，助力企业降本增效。充分挖掘本地丰富的华商华侨资源，首创性提出"公共海外华侨仓"概念，开展市级公共海外华侨仓评审，引导华商华侨积极参与全市海外仓建设。在同批次综试区中，率先实现 9610、9710、9810、1210 全业务覆盖、全模式运行。

5. 保障机制日趋完善

制定出台专项扶持政策，建立指标、工作、政策、评价"四大体系"和信息通报、评估推广、项目推进"三大机制"。与在温高校合建 7 所市级跨境电商学院分校区，创新开展"跨境专业+直播学院+实训基地"培养模式。建成跨境电商"一网通"线上服务系统，加快打造城市"跨境电商大脑"，在"2022 数字政府评估大会暨第二十一届政府网站绩效评估结果发布会"中荣获地市级政府网站"十佳"优秀创新案例。在杭州海关关区率先开展跨境电商数据统计和跨境电商企业动态管理试点，有力促进了跨境电商健康快速发展。

6. 品牌形象巩固建设

首届数字贸易博览会·丝路电商合作论坛于 2022 年 12 月 10 日在温举办，论坛由省政府和商务部主办、市政府和省商务厅承办，以"千年商港 数字丝路"为主题，商务部副部长盛秋平、省商务厅厅长韩杰线上出席并视频致辞；市长张振丰，中国—东盟商务理事会执行理事长许宁宁，省商务厅副厅长张钱江，副市长陈应许出席，全国政协常委、民建中央副主席、上海市政协副主席周汉民在线上作主题演讲。论坛受到央视网、新华网、《中国日报》、《浙江日报》、今日头条、新浪等 43 家权威媒体宣传报道，其中

《温州日报》、《温州都市报》头版刊发,多重积极效应持续显现。强化"跨客"品牌建设和生态构建,持续举办温州"跨客"跨境电商高质量发展论坛、引领型企业评选、仿真技能竞赛等系列生态培育活动,2022年全市共举办各类资源对接活动155场,持续巩固温州综试区良好形象。

二 温州跨境电商发展痛点

(一)主体培育不充分:中小企业竞争力不足,数字化运营能力欠缺

当前,跨境电商行业格局和细分领域均表现出向龙头集聚的趋势。跨境电商平台集中度相对较高,阿里系、京东国际、亚马逊等龙头厂商凭借渠道、供应链、营销组合等优势,稳固市场头部位置。强者恒强的局面将持续,虹吸效应显著。全市众多不具备品牌力、核心壁垒的中小企业需积极融入转型,在品牌营销、生态营造、供应链提升方面形成核心竞争力。近年来,大数据、云计算、人工智能、区块链等数字技术快速发展,全面渗透跨境电商产业各个环节,成为推动行业迭代创新的重要驱动力。全市跨境电商企业缺乏全链路的数字化运营能力,大多未实现对数据的深度分析与挖掘,独立站等渠道建设滞后,业务拓展渠道单一,数字化能力不足。

(二)生态建设不健全:产业生态缺乏协同性,服务生态缺乏系统性

全市跨境电商产业集群呈现"大分散、小聚集"格局,上下游尚未形成合力,产业间缺乏协同。全市跨境电商龙头企业相对缺乏,带动效应不明显,各类跨境电商活跃网店增长迅猛的同时,大部分企业仍处于初级摸索阶段。各细分领域的综合服务商不充足、不强劲,尤其是数字产业服务商尚未形成系统性服务网络。跨境支付、物流、海外仓、营销、人才培训等方面缺乏龙头企业,需引育头部平台,或以头部商家为引领,带动各服务商协同发展。当前中国第三方跨境支付行业格局较为分散,各业务流程较为独立,支

付服务商的产品兼容性、风控能力不足。目前全国已有 21 家支付机构和 12 家合格银行可凭交易电子信息为贸易新业态提供跨境结算，而全市尚缺乏资质机构，政企多方需合力推动支付行业服务商合规化进程。

（三）支撑体系不完善：人才缺口大、流失率高，制度保障体系待优化

全市具备基本跨境电商技能素质的人才数量仍然不足，相比跨境电商的快速发展，学历教育、培训标准、实训模式有待进一步完善。高质量人才欠缺，运营人才和小语种人才尤为缺乏，市场急需网络营销、跨境物流、报关、结汇、退税等跨境电商综合类高端人才。数量和质量两重问题叠加，已经成为制约温州市跨境电商发展的基础问题。近年来，各部门针对跨境电商出台了不少政策，但监管体系仍待健全。一是各国针对数字经济领域的监管愈加严格，跨境电商合规化运营迫在眉睫，知识产权保护体系亟待完善，合规性审查工作有待加强，以进一步推动跨境业务健康、持续发展。二是税务政策不明确致使企业存在顾虑，目前仅有 9610 模式税务总局已明确采取增值税"无票免税"和企业所得税核定征收模式，9710、9810、1210 模式均无明确的税务政策，因此企业在业务开展中存在一定税务风险。三是数据统计尚未形成体系，跨境电商因碎片化、小额化、高频次等特征相应数据较难统计，各地区、各部门、各主体之间的数据也尚未打通，不利于政策有效制定和行业长远发展。

三 温州跨境电商发展趋势和建议

（一）发展趋势

1.品牌建设：跨境电商"快车"助力温州品牌"出海"

近年来，温州市抢抓"互联网+"机遇，大力培育以跨境电商为代表的外贸新业态，全面打开温州品牌走向海外市场的线上通道，先后培育了 11

个省级跨境电商出口知名品牌、28家市级跨境电商引领型企业，温州品牌沿着"数字丝路"走向全球千家万户。同时，温州高起点打造全球商品贸易港，顺利开通1210跨境进口业务，加快建设浙南闽北赣东进口商品集散中心，深化构筑跨境电商品牌"一出一进"双轮驱动格局。

2. 协同发展：支撑型和衍生型服务商将发挥更重要作用

随着温州跨境电商卖家主体壮大，其对于覆盖跨境电商销售全链路多环节的服务商产品有较大需求。跨境电商卖家主体从零组建全新销售团队在成本和收益上具有较大不确定性，具有丰富服务矩阵的服务商将在温州跨境电商产业发展中进一步发挥重要的支撑性作用。同时，随着跨境电商卖家销售链路的进一步衍化，温州跨境电商产业对于为特定环节提供增值服务的衍生型服务商也将有更大需求，衍生型服务商将为卖家提供更贴合业务、更全案化的服务方案。

3. 未来可期：克服跨境电商模式发展中的"水土不服"

近年来外国政府监管愈加严格，欧盟自2021年7月起取消了原来低于22欧元商品免征进口增值税的规定，这对此前税务不合规的低货值直邮卖家产生较大影响。2022年以来亚马逊等第三方平台对卖家部分违规行为直接采取封店、封号等处罚措施。愈加严格的监管环境迫切要求温州跨境电商加快从粗放式铺货阶段迈向"自主品牌、自主渠道"的高质量发展阶段，通过提高品牌价值和商品附加值来对冲成本提升，通过海外仓出口、本土化服务来对冲跨境供应链波动。

（二）发展建议

1. 市场主体提质培优

一是壮大跨境电商主体规模。推动跨境电商与产业集群深度融合，通过政策引导、宣传发动、示范带动等方式，鼓励传统制造业企业转型升级开展跨境电商业务。全力招引优质企业和项目，壮大头部队伍，补强产业链供应链，为跨境电商注入源头活水，将跨境电商头部平台企业招引纳入"招商引智"重点任务，招引在外温籍跨境电商企业回归发展，增强与产业集群的深度对接。加大细分类目销售冠军的培育扶持力度。开展跨境电商引领型企业评选活动，带动跨境电商整体发展水平提升。

二是大力培育跨境电商服务商。推动跨境电商生态圈建设，培育引进跨境电商服务商，建立重点培育跨境电商服务商名录，大力招引提供专项或综合性服务的跨境电商服务商，加强运营、物流、仓储、通关、金融等服务供给，发展营销推广、数据分析、多语种翻译、软件开发等多样化、个性化服务，开发针对小微主体的创业创新孵化平台和服务产品。鼓励各地建设以孵化、运营等为主要内容的跨境电商公共服务中心，积极融入跨境电商"一网通"线上服务系统，加强服务资源整合，打造本地化跨境电商全链条服务。

三是加快提升品牌化发展水平。开展"品牌出海"行动，启动跨境电商品牌企业和海关"龙腾"企业"双创"行动，鼓励企业进行高新技术企业认证、注册境外商标，开展市级跨境电商出口品牌、跨境电商引领型企业评选，鼓励企业参评省级跨境电商示范企业、省级跨境电商出口知名名牌，遴选参评国家级跨境电商示范企业、海关高级认证企业，探索建设跨境电商品牌研究中心。鼓励各地因地制宜举办带有公共服务性质的跨境电商培训、宣讲、交流、展览、论坛等活动，支持企业、行业协会等举办跨境电商专题活动，打造"温州·跨客"特色品牌形象。

四是建设独立站拓宽经营渠道。在竞争日益激烈的市场环境下，依托独立站等平台实现多渠道经营，有利于企业分散经营风险，灵活应对市场波动，提升自主品牌竞争力。开展"独立站领航"行动，鼓励建设行业垂直性平台，加大细分领域平台型企业（独立站）培育，鼓励跨境电商企业自建独立站拓宽获取订单渠道，建立全市独立站目录库，培育评选独立站典型案例，整理一套可复制可推广的经验做法。

2.基础设施提质升级

一是做精做优线下跨境电商产业园。鼓励各县市区、功能区结合实际建设各具特色、错位发展的跨境电商园区，推进跨境电商公共服务中心建设，并建立动态评估机制和考评制度，为温州企业提供优质的跨境电商技术和政

策咨询等服务，探索以产业园区为单位指导精准制定跨境电商扶持政策。强化园区土地、资金、人才等要素保障，推动园区与海关监管、快递物流、产业集群、海外仓等高效整合衔接，优化园区空间布局，招引优质实体项目落地。制定市级跨境电商产业园区评定标准，开展市级园区评定，遴选参评省级、国家级示范跨境电商产业园和示范基地。

二是高水平推进海外仓建设。鼓励各县（市、区）、功能区充分挖掘公共海外仓存量，加大市级公共海外仓和市级公共海外华侨仓建设培育力度。招引优质海外仓主体企业，连接国内优质供应链企业与海外华商华侨资源。支持企业在"一带一路"国家、RCEP成员国等重要国家与地区建立物流仓储配送中心、售后公共服务中心，鼓励企业申报省级公共海外仓，鼓励跨境电商平台加快全球海外仓布局，培育壮大一批跨境电商公共海外仓，强化海外仓供应链管理服务属性，推进跨境电商公共海外仓体系建设。鼓励行业企业在扩大规模的同时，大力发展"线上接单+海外仓出货"模式，多渠道实现线上线下融合发展。

三是加快智慧物流网络建设。完善物流配套设施，提升口岸发展能级，深化政府、口岸、货代、企业、船公司五方合作机制，大力招引头部物流、货代企业，推动海港、陆港、空港、信息港"四港"高效联动，打造与跨境电商发展相适应的公海铁空立体式物流通道。提高集货拼箱能力，强化物流用地规划与顶层设计，支持物流企业在温州本地发展集货、拼箱仓库，打造浙南闽北赣东集拼平台，使本地及周边进出口货物，通过温州口岸能一步到位实现出口集拼、进口拆箱、买方集运和国际中转。加快开通对日韩及对台海直航航线，开辟飞往亲密贸易伙伴目的国的国际航空专线，利用航线优势，揽回本地流失业务；整合机场、中欧班列、港口等运输资源，实现海陆空铁立体物流。

3. 公共服务提质扩面

一是推进跨境电商领域数字化治理。夯实"大数据+跨境电商"发展基础，切实发挥跨境电商"一网通"线上服务系统建设实效，加强数据监测，根据"数据共享、流程共造、制度共塑、生态共建"理念，推动系统 e 库智治、e图智览、e链智环等场景建设向纵深发展。多渠道开展系统推广培训和资源引入，持续推进线上线下相结合、系统迭代与生态运营相结合，着力打造标志性成果和特色应用，构建温州综试区"数字大脑"。

二是打造多层次跨境电商人才队伍。加快跨境电商学院建设，推进设立产教融合基地，开展市级跨境电商学院优秀校区评选。通过开展线上线下人才培训、赴外招引优质毕业生、联合本地高校培养、建立人才飞地、支持校企合办"就业订单班"等方式，构建多层次人才培育体系。积极鼓励企业领军人与行业专家"引进来，走出去"，出台跨境电商专家库管理办法，打造跨境电商行业智库，开展座谈、论坛、峰会、研讨会等交流合作。鼓励应届毕业生、创业青年、个体户投身跨境电商创业创新，打造跨境电商产业共同富裕样板，建设跨境电商"青年创业高地"。扩大跨境电商技能仿真竞赛决赛影响和实效，探索跨境电商育训结合人才培养模式，以赛促教培育跨境电商生力军。

三是优化跨境电商监管服务。推进改革创新，进一步完善关、汇、税和统计等方面的配套政策，强化海关、税务、外汇等部门的监管政策联动，多渠道开展政策宣传，积极争取先行先试。引导企业用好跨境电商零售出口模式增值税免税政策和所得税核定征收等优惠政策。强化多部门信息共享，提升跨境电商通关便利化水平。推进跨境电商信用评价体系建设，增强跨境电商知识产权保护。支持跨境电商企业通过银行电子单证审核模式办理收结汇业务，探索拓宽收结汇通道，鼓励创新多元化电子商务领域支付服务。

B.27
2022年温州市商贸流通业发展报告

温州市商务局课题组*

摘　要： 2022年，温州统筹抓好疫情防控和经济发展，商贸流通业承压前行，住宿等部分行业和企业面临生产经营困难，在消费政策促进下，全市消费市场总体保持平稳，批发零售业保持较快增长，新业态、新模式发展态势良好，商文旅深度融合发展，品牌建设和网点建设成效明显，商贸流通业发展质量明显提升，发展动能逐步增强，区域消费中心城市创建取得显著成效。

关键词： 商贸流通　新业态　高质量　温州

2022年，温州市深入贯彻中央、省、市系列经济稳进提质攻坚行动的相关部署，高效统筹疫情防控和经济社会发展，聚焦"千年商港·幸福温州"城市新定位，以区域消费中心城市创建工作为抓手，聚焦首发首店经济、打造核心和重点商圈、创新消费模式和业态、强化政策激励引领，创建工作取得阶段性成果，有力助推消费经济整体上扬。

一　2022年温州商贸物流业发展现状

2022年，温州商贸流通业全年运行总体呈现高开、低走、趋稳、提质的态势。一方面，在疫情影响下，整体市场处于抑制状态，经济增长明显趋

---

* 温州市商务局课题组成员：张建东，温州市商务局党组成员、副局长；王泼策，温州市商务局消费促进处工作人员；陈雪凡，温州市商务局流通发展处主任科员。

缓，部分中小企业经营困难和效益下降。另一方面，政府加大企业纾困帮扶力度，积极打造优质商圈和街区，鼓励引进首发首店，打造消费新场景，加大消费刺激力度，部分商贸流通企业主动化危为机，大力发展新业态、新模式，培育新增长点，实现高质量发展。

（一）消费市场稳中承压

1~12月，温州全市社会消费品零售总额3944.1亿元，同比增长3.6%，低于全省平均0.7个百分点（见图1），居全省第7位，但比全国平均高3.8个百分点。其中市区社零总额1685.3亿元，占全市比重42.7%，与上年持平。① 12月，因疫情防控措施调整，新冠肺炎感染数量大幅上升，消费者活动明显减少，企业经营活动大幅萎缩，部分餐饮企业甚至停止经营，当月社会消费品零售额增速回落至0.9%，其中限上社会消费品零售总额同比下降0.7%，为全年仅有的当月负增长。基本生活类商品消费平稳增长，粮油食品类、中西药品类、服装纺织类商品零售额分别增长5.9%、11.0%、18.9%；交通出行类消费增势良好，限上石油及制品类、汽车类商品零售额分别增长10.4%、11.1%，其中新能源汽车零售额增长94.4%；升级类商品消费较快增长，化妆品类、体育娱乐用品类、可穿戴智能设备商品零售额分别增长19.4%、20.6%、88.7%。温州市狭义乘用车（家用车）上牌204440辆，比2021年同比增长6.54%，延续了2021年以来的增长趋势，但增速放缓。同时，总上牌量达到226974辆，同比增长2.96%，其中新能源车的整体渗透率持续增长，从2021年的23.6%增长到2022年的43.1%。② 市县联动开展"百场促消费"活动，全面提振消费市场潜力，截至目前已带动超1270万人次、30余万家企业参与，拉动消费额155亿元，为活跃消费市场做出积极贡献。先后开展四轮消费券投放活动，累计发放6.6亿元，直接撬动消费超百亿元，带动消费乘数达20倍，为稳住全市经济大盘做出积极贡献。

---

① 本文未注明数据均来源于温州市商务局。
② 资料来源：温州市公安局。

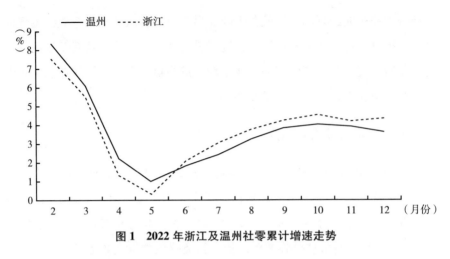

图1　2022年浙江及温州社零累计增速走势

（二）批零住餐分化明显

总体上看，限上批发业、零售业得益于大宗商品价格指数上扬、重点回归企业贡献和促消费政策刺激，增速均超过10%，限上住宿业受疫情影响明显，呈负增长态势。1~12月，全市限额以上批零住餐业销售（营业）额10693.7亿元，其中批发业销售额占比88.4%，零售业销售额占比10.55%，住宿和餐饮业营业额占比仅有0.095%，批发业呈现"一家独大"的现象。限上批发业方面，1~12月实现销售额9452.2亿元，同比增长15.6%，较全省高3.1个百分点，居全省第5位；平阳增长44.7%、苍南增长35.7%、永嘉增长29.8%，列全市前三，经开区增长−42.6%、洞头增长8.1%、泰顺增长10.4%，居全市后三；青山控股等重点企业贡献突出。限上零售业方面，1~12月实现销售额1128.2亿元，同比增长14.4%，较全省高1个百分点，居全省第4位；海经区增长376.4%、平阳增长28.8%、龙港增长26%，居全市前三，龙湾增长3.0%、文成增长5.0%、瑞安增长5.9%，居全市后三；唯品会跨境电子商务公司、石油销售企业、特斯拉汽车等新能源销售企业、腾立贸易等贡献明显，人本超市、银泰百货等传统零售企业业绩明显收缩。限上住宿业方面，1~12月实现营业额

34亿元，同比增长-2.3%，较全省高0.1个百分点，居全省第8位；苍南增长52.8%、海经区增长45.8%、龙港增长37.2%，居全市前三，龙湾增长-13.6%、瓯海增长-13.1%、鹿城增长-8.7%，居全市后三；阿外楼度假酒店、香格里拉大酒店、瑞安国际大酒店等多家重点企业营收均不同程度下降。限上餐饮业方面，1~12月营业额79.3亿元，同比增长8.3%，较全省高3.7个百分点，居全省第6位；龙港增长29.2%、瓯海增长25.8%、洞头21.0%，居全市前三，乐清增长-5.5%、鹿城增长1.1%、龙湾增长4.6%，居全市后三（见图2）。

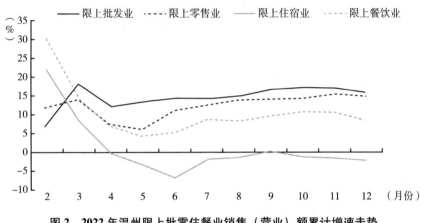

图2 2022年温州限上批零住餐业销售（营业）额累计增速走势

（三）对外贸易发展迅速

1~12月，全市实现货物贸易进出口总额2949.6亿元、出口2502亿元，同比分别增长22.4%和22.9%，增速均居全省第4位；出口占全国份额10.4‰。其中，机电产品出口1247.0亿元，占全市出口比重49.8%，同比增长18.1%；高新技术产品出口66.1亿元，占全市出口比重2.6%。对外贸易的快速发展主要得益于以下几方面措施。一是强化企业帮扶。精准出台外贸高质量发展12条举措和开放型经济补充意见、外贸新业态政策，深推外贸企业、货物、数据"三回流"行动。全年累计引育货代企业17

家，推动全市新增出口量约 100 亿元；实现贸易回流近 50 亿元，拉动全市出口增速约 2.5 个百分点。二是深推外贸新业态发展。成功获批市场采购出口预包装食品试点并开展首单业务，试点出口提前完成 45 亿美元年度目标，全年累计实现试点出口超 56.1 亿美元。全年累计实现跨境电商进出口 292.47 亿元，同比爆发式增长 80.47%；累计建成省级公共海外仓 3 家。成功获批国家进口贸易促进创新示范区和省 RCEP 高水平开放合作示范区。三是建好贸易便利化通道。累计发运中欧班列 131 列、货值 4.81 亿美元，中欧班列首列进口大麦回程班列顺利抵温；新增温州至越泰、俄罗斯、仁川近洋直航航线，累计拥有直航航线 11 条；新增温州至东京、大阪、首尔、马尼拉货机航线，目前已开通货机航线 6 条。2022 年 12 月温州口岸进口整体通关时长为 33.33 小时，较上年同期压缩 57.08%，温州口岸出口整体通关时长为 0.39 小时，较上年同期压缩 51.28%。四是大力开拓多元化市场。在国内外严峻形势下，对外贸易的韧性和活力得到充分发挥，欧盟、美国等传统市场进一步巩固，对 RCEP 等新兴市场出口增长迅猛，累计同比增长 43.35%，直接拉动全市出口增长 9.8 个百分点。

（四）新型业态发展迅速

一是月光经济深入拓展。提升解放街、梧田老街等一批具有温州标识度的月光经济标杆性项目，打造月光经济幸福生活周品牌，滨江大排档、五马后巷等夜间消费集聚区逐步形成，鹿城、瓯海创成省级夜间经济样板城市。二是文旅消费复苏提速。创新产业融合，大力发展"文旅活动+"等新型消费，通过青灯市集、乡村旅游文化节等特色化活动，拓展温州文旅消费新渠道，南塘景区、五马历史文化街区先后入选国家级夜间文化和旅游消费集聚区。三是数字消费持续升温。培育国家级电子商务示范企业 4 家、获评省级电子商务示范项目 54 家；全年温州市累计实现网络零售额 2321.8 亿元，总量稳居全省第 4 位；实现居民网络消费额 1590.3 亿元，居全省第 3 位；全市网络零售额前三名分别是服饰鞋包、3c 数码、家居家装，合计占全市网络零售总额的 63.7%。① 四是会展经济引擎再启。展会经济破局复苏，做强区域会展经济功能，举办进口博览会、时尚消费博览会、眼镜展、工博会等各类展会 24 场，但受疫情影响，展会数量、规模和效果明显不如预期。加快推进总用地 766 亩、总投资额 85.2 亿元的温州国际博览中心建设。2022年获评"中国最具竞争力会展城市"。

（五）品牌建设成效显著

出台发展首发首店促进品质消费若干政策意见和实施细则，以国际国内知名品牌为重点，加大首发首店的招引力度，提高高品质消费供给能力，发挥印象城、万象城等大型综合体的首店载体作用，成功招引落地兰博基尼、纪梵希等首店项目 196 个，其中鹿城 81 个、瓯海 44 个、龙湾 23 个。五马街古戏台、瓯江会客厅等核心秀场先后举办嘉旭游艇、华为问界等首发首秀活动 59 场。强化传承创新，中华老字号李大同首次开设新概念国潮风中式糕点旗舰店，掀起国潮新风尚。启动"千年商港老字号"评定活动，全市国家、省、市级老字号企业增至 75 家。建立省内首个首发首店经济品牌认定专家库，加速政策兑现。

（六）商业网点提档升级

据统计，中心城区范围内拥有商业类型设施点约 13 万个，现状商业建筑面积约 448 万平方米，中心城区人均商业面积约 0.78 米²/人，其中鹿城、龙湾、瓯海和洞头四区范围内人均商业面积约 1.1 米²/人。商业空间布局日趋合理，五马—大南商业主中心功能得到较好的提升，中央绿轴、南湖、瓯海新城、双屿等片区商业中心快速发展。重点商圈聚集人气，大力实施商业布局优化和业态更新升级行动，创建的核心五马商圈入选首批省级示范智慧商圈，瑞安玉海商圈、乐清正大—旭阳商圈创建第二批省级示范智慧商圈。特色街区焕发生机，瑞安忠义街获评省级高品质步行街，印象南塘风貌步行

---

① 资料来源：浙江省商务厅。

街获批省级高品质步行街建设试点，全市特色商业街增至 23 条，集聚效应明显。印象城、万象城等标志性综合体运行态势良好，如印象城已引进 300 余个品牌商店。提升县域商业体系建设水平，多层级完善县域商业体系基础设施、全链路打造农产品供应链体系、全方位提升农村消费新业态，乐清市、文成县两县被评为省级示范县，永嘉县和泰顺县被列入第二批示范县公示名单。

（七）商贸项目加速布局

推动商贸业有效投资，25 个重点商贸项目集中签约，温州鞋靴抖音产业直播基地项目、汇侨跨境贸易综合服务项目、物产中大进口合作项目、乐清宝龙广场等一批招引项目已开业运营，温州城中希尔顿酒店项目、永嘉汽车产业园、瓯融汽车产业园等一批项目开工建设；全年完成商贸业有效投资 104 亿元，平阳县新悦广场、龙港市新鸿未来城等新商业地标建成投用。高标准建设完善县城商贸综合体和服务中心，乐清引入宝龙集团，建设乐清宝龙广场和 CFS 中金汇；瑞安市建设巾子山时尚休闲创享聚业项目，由时代集团和宝龙集团合作运营，引入宝龙广场商业综合体、国际知名品牌五星级酒店等，打造城市商业新地标。

（八）企业结构逐步优化

出台《关于进一步激发消费潜力推动商贸业提质扩容的若干政策意见》，聚焦企业上限培育，鼓励企业做大做强，在首次纳统、增量贡献、增速领先等方面均给予企业一定奖励，进一步激发消费活力、促进消费稳增长，全年全市实现新增限上商贸业企业 872 家，限上商贸企业总数突破 4000 家。大型企业数量进一步增加，年销售（营业）额 10 亿元以上的批发企业、1 亿元以上的零售企业、1000 万元以上的住宿和餐饮企业分别达到 178 家、234 家、220 家。国药控股温州有限公司、华晨金属材料有限公司、五洲汽车商贸集团有限公司、华东医药温州有限公司、英特药业有限公司、银泰百货有限公司、华春经贸有限公司、瓯通汽车有限公司等企业入围温州市百强企业和服务业三十强。内外贸一体化发展取得初步成效，制订《温州市内外贸一体化试点工作方案》，在培育一体化经营市场主体、打造内外贸融合发展平台、优化内外贸发展环境等领域开展创新探索。截至目前，康奈集团、德赛集团等38家企业被认定为全省内外贸一体化"领跑者"培育企业，瓯海眼镜等9个产业基地被列为内外贸一体化改革试点培育产业基地。

（九）绿色体系加快建设

推进规范化的垃圾分拣中心建设，截至目前，全市已开业运营标准化分拣中心4座，完成主体建设4座，启动项目建设4座。推进再生资源回收网点建设，针对再生资源回收企业进小区难的问题，协同分类开展"碳慧小区"创建，推进两网融合。推广"互联网+绿色回收"的回收模式，深化试行"中回叮当猫"预约回收模式，解决资源回收"最后一公里"问题。

二 温州商贸物流业面临的主要问题

（一）疫情抑制消费市场繁荣

一是商超客流量锐减。据各大商超反映，因疫情影响客流量同比降幅在10%以上，龙湾吾悦广场表示因客流下降18个店铺暂停营业，营业面积减少5000平方米左右。二是外来人员受限。2022年以来，客商来温参加各类展会、商务活动意愿下降明显，也直接影响温州市展会的组展和招商工作，2022年温州市举办会展场次同比下降56%，从旅客入住情况来看，全年全市宾馆酒店客房入住数同比下降9.1%。三是宴席接待降幅明显。各类宴席是温州市大型餐饮酒店的重要收入来源，但受疫情影响相关业务无法正常开展，据温州市餐饮协会统计，2022年温州市餐饮酒店承接各类宴会场次下降32%，单场平均桌数同比下降12%。

（二）传统企业亟待转型升级

从酒店业看，温州市2017年以来仅市区新开温州阿外楼度假酒店、温

州君廷酒店等 10 余家 100 间以上的高档豪华饭店,增加客房 3575 间,高档豪华饭店越来越多,高星级酒店纷纷降低房价来调整营销策略,直接冲击三星级及以下饭店经营情况,据统计,2022 年二星级酒店平均房价降幅最大达到 40.47%。从老字号看,温州市老字号企业发展相对落后,创新人才缺乏,创新能力不足,创新投入偏少。因保护意识较弱,资金实力不足等,老字号企业对自身品牌保护不足,企业的竞争力越来越弱,市场占有率也越来越低。据统计,老字号企业每年用于知识产权保护的经费在 50 万元以下的占 89.2%,在 10 万元以下的占 63.2%。

(三)新业态新模式发展有待加快

电子商务发展步伐有所趋缓,限上零售业企业中,电商企业仅有 111 家,占比仅有 14.4%,与温州市网零与社零之比(51%)存在较大差距,侧面体现出可能存在对达限的电商企业纳统不足问题。商贸企业连锁化发展比较滞后,部分连锁企业门店数量有所收缩。

三 对策思路

新的一年,疫情防控政策已优化调整,消费市场将逐步繁荣,消费信心将逐步增强。市委、市政府明确要求,把恢复和扩大消费放在优先位置,克服疫情冲击,创新消费场景,转变消费方式。商贸流通业应抢抓先机,以区域消费中心城市为载体,在兴消费、拓市场、强主体、引项目、优网点、塑品牌、强动能等方面下功夫,推进温州商贸流通业向数字化、时尚化、国际化方向发展。

(一)建设"一核、四轴、多圈"的商业网点体系

一是优化商业网点布局。出台《温州市城市商业网点规划(2021—2035年)》,创新构建"一核、四轴、多圈"商业发展结构,包括重点塑造 1 个城市商业核心区(以五马—大南、滨江商务区、绿轴、老火车站、蒲州等

高品质商圈为引领），凸显 4 条商业新发展轴（沿瓯江、瓯海大道、S2 线、温瑞主塘河等商业新发展轴），打造 20 个高品质商圈，将温州培育成为具有区域影响力、竞争力和美誉度的"东南沿海重要商贸城市、区域消费中心城市"。二是建设高品质商业地标。推动瓯海区"景山"未来核心商务生活街区、洞头区东沙不夜城、瑞安市巾子山时尚休闲创享聚业项目、永嘉汽车产业园、温州嘉美湖千禧大酒店等标志性项目加速落地。提升品牌聚集的平台载体，开展商圈、商街评选活动，以评促建推动鹿城五马商圈、瓯海梧田老街、乐清正大商圈、瑞安忠义街等消费载体打造，推动南塘风貌步行街创成新一批省级高品质步行街。三是加强新商贸项目和企业招引。创新招引途径，指导外派招商干部赴北京、上海、广深、杭州等地进行上门招商，发挥在外温州商会、浙江商会、温州各县（市区）驻外招商组等的优势，采用集中宣介与面对面沟通等方式，开展招商政策宣介，一对一深入企业沟通交流，推进新商贸项目签约落地。排摸在外温商情况，完善招商企业库，绘制招商地图，提高招引的精准性。突出大好高企业招引，聚焦在外温商中的六类 500 强企业、上市企业，建立重点招引企业清单，扎实、精准组织开展招商活动。突出产业链上下游企业招商，聚焦制造业企业上下游采购、销售端，持续延链补链强链，提高产业集聚度和竞争力，实现"工贸一体化"招引。突出商贸新业态招引，聚焦跨境电商、市场采购、智慧超市等新模式、新业态，注重招引一批渠道类、供应链管理类和营销类贸易型温商项目落户温州。突出首店经济招引，聚焦高端零售、高端品牌、生活服务等领域，支持政府部门联合商业综合体和商业街区运营管理机构加大对温商品牌首店的招引力度。突出时尚产业招引，充分发挥温州市在鞋服、箱包、眼镜、美妆等时尚消费产业的良好基础和较强生产制造能力的优势，招揽国内、欧美等从事时尚消费产业的温商回乡投资。

（二）创新"内与外、上与下、总与分"相结合的企业发展模式

一是促进内外贸一体化发展。打造区域品牌，总结温州市内外贸一体化改革试点培育产业基地好经验、好做法，加大产业基地的宣传力度，提升内

外贸一体化企业品牌影响力。发挥互联网传播范围更广、速度更快、成效更明显的优势，通过网红直播、电商平台等销售渠道，促进外贸企业拓展国内消费市场。强化政策保障，制定出台财政资金支持政策，鼓励外贸企业出口转内销。二是促进线上线下融合发展。大力实施《温州市促进新电商经济高质量发展三年行动计划》，锚定"新电商新风口新赛道"，着力构建温州特色新电商经济发展体系。开展数字生活新服务，争创省级数字生活新服务先行市，加快推进抖音直播基地、元品淘宝直播基地、浙瓯直播基地等品牌基地建设，鼓励各大电商平台、商贸企业、品牌企业等市场主体，积极举办数字生活节、长三角美食文化周等线上线下融合特色主题促销活动，营造浓厚促销氛围，释放消费潜力。三是抓好总部经济培育和工贸分离试点工作。加大《关于温州市支持总部企业高质量发展的指导意见》宣贯力度，对现有总部项目库进行梳理筛选，规范、固化总部新招引项目入库标准，提高优质项目入库门槛，鼓励国际国内知名商贸企业、新零售业企业在温设立区域总部，促进总部经济健康发展。加快推广瑞安、乐清等地工贸分离试点工作，指导出台"工贸分离"企业的资金奖励、租金减免等相应扶持政策，按照"规划一批、培育一批、壮大一批"的方式，积极引导非贸易企业开展"工贸分离"。

（三）培育"品牌+、会展+、文旅+"赋能的消费新场景

一是助推高端品牌集聚。一手抓首店经济，聚焦高端零售、特色餐饮、新型娱乐、生活服务等业态，市区两级政府部门联合商业综合体和商业街区运营管理机构、知名品牌代理机构，加大首发首店引育力度；再引进一批品牌首店，开展一批新品首发活动，培育遴选一批潮店网红店。一手抓"老字号"发展，新建温州市老字号协会，开展系列老字号宣传和交流推广活动，编制《老字号新百科》宣传册；支持老字号品牌守正创新，开创老字号首店新模式，推进松台古街等一批老街和老字号融合发展，培育国货国潮新动能。二是大力发展会展经济。聚焦专业展会，提升展会品质，形成"一产业一品牌"会展业发展格局。利用国际时尚消费博览会和进口商品博

览会等展会，多渠道扩大优质特色商品和服务交流，多模式畅通消费品牌合作。加快推进新会展中心建设，改善会展业硬件设施条件。力争到2023年，展会面积突破80万平方米，会展业综合发展水平进入全国30强，把温州打造成区域性会展承载区和区域消费品集散地。持续打响"温享新消费"促消费品牌，市县联动全面梳理2023年"百场促消费"活动表，通过搭建全民消费季系列活动平台，为全年消费加速回补注入新动能。三是推动消费多跨融合。持续推进文化和旅游消费试点城市建设，积极组织创建国家级（省级）夜间文化和旅游消费集聚区，紧盯携程等文旅融合项目落地，加快推进文旅项目建设，释放产业融合动能，提升区域影响力和产业竞争力。创新产业融合，大力发展"文旅活动+夜间、+红色、+节庆"等新型消费，加密优化青灯市集、楠溪江音乐节、温州市乡村旅游文化节等特色化活动，进一步激发文旅消费市场潜力，以此拉动吃、住、行、游、购、娱等全面消费。

（四）建立以"常态化、制度化、精细化"为目标的市场运行体系

一是建立常态化的运行监测体系。巩固市县监测预警体系，指导企业及时、精确、完整地报送相关信息，视情况灵活调整报送周期，提高精准动态监测水平，确保市场平稳运行。做好市场统计分析，定期梳理监测数据，特别是对春节、国庆等黄金周，形成市场运行分析材料，为疫情防控、市场稳定、领导决策提供支撑。二是建立制度化的规范引导体系。完善制度建设，持续做好大型商超（商业综合体）、餐饮企业、加油站等商贸领域重点场所的安全生产、疫情防控和行业管理，规范行业秩序，推进企业文明诚信经营，督促企业落实主体责任。做好预付卡管理工作，夯实预付卡综合管理体系，会同市监、文旅、体育、教育等部门做好日常监管、执法检查、投诉处理、消费者维权等工作，规范温州市预付卡发卡市场。三是建立精细化的政策支撑体系。优化现有政策，提出鼓励商贸企业做大做强、鼓励争先创优树品牌、鼓励举办促销活动、支持会展业做专做强等促消费相关政策建议；强化政策保障，加大首发首店、提质扩容等相关促消费政策宣传力度，提高政策兑现速度，加速恢复市场活力。

附　录　1978~2022年温州经济社会发展主要指标

年份	地区生产总值（万元）	第一产业（万元）	第二产业（万元）	第三产业（万元）	人均GDP（元）	财政总收入（万元）	人民币储蓄余额（万元）	年末户籍人口（万人）		城镇居民人均可支配收入（元）	农村居民人均纯收入（元）	城镇居民恩格尔系数（%）	农村居民恩格尔系数（%）	城镇居民人均住房建筑面积（平方米）	农村居民人均住房建筑面积（平方米）	初中毕业生升学率（%）	医疗卫生机构床位数（个）
								城镇	农村								
1978	132150	55744	47361	29045	238	13477	4511	55.98	505.28	—	113	—	—	—	—	—	5826
1979	150186	62498	55400	32288	265	13781	7242	57.70	513.93	—	—	—	—	—	—	—	6449
1980	179689	68437	73121	38131	312	17089	10783	59.04	522.38	—	165	—	—	—	9.5	—	6951
1981	191755	69904	78928	42923	327	18076	14367	61.73	531.10	477	270	59.95	—	—	10.1	—	7186
1982	213686	88608	75839	49237	358	19100	18482	64.32	537.81	514	298	56.89	—	—	13.1	—	7372
1983	243432	93190	91797	58445	401	23067	24912	65.95	545.51	536	313	63.47	—	11.46	13.6	—	7737
1984	302064	112740	116447	104420	490	27352	31717	69.51	551.01	605	345	56.64	59.45	11.88	15.4	28.10	8289
1985	378045	128045	160970	89030	605	40579	36044	85.10	544.09	819	447	54.63	57.34	—	17.1	19.20	8428
1986	449140	140772	194156	114212	710	50329	59761	88.86	547.35	1020	508	53.24	54.13	11.56	18.0	26.71	8881
1987	549554	175792	233083	140679	859	60944	76291	91.99	552.00	1176	626	51.71	54.73	—	19.5	22.13	9207
1988	692077	205865	290740	195472	1067	75419	94946	95.42	557.55	1602	832	56.84	53.67	—	20.4	19.42	9841
1989	728378	207848	316565	203965	1110	87672	199361	97.11	562.63	1895	924	57.51	51.82	14.84	21.3	28.48	9935

续表

年份	地区生产总值（万元）	第一产业（万元）	第二产业（万元）	第三产业（万元）	人均GDP（元）	财政总收入（万元）	人民币储蓄余额（万元）	年末户籍人口（万人） 城镇	年末户籍人口（万人） 农村	城镇居民人均可支配收入（元）	农村居民人均纯收入（元）	城镇居民恩格尔系数（%）	农村居民恩格尔系数（%）	城镇居民人均住房建筑面积（平方米）	农村居民人均住房建筑面积（平方米）	初中毕业生升学率（%）	医疗卫生机构床位数（个）
1990	778977	213424	347959	217594	1174	88929	311059	98.28	568.70	2007	929	58.47	54.84	15.41	21.4	27.67	10135
1991	929184	243483	412663	273038	1387	99391	415505	99.66	572.89	2354	1044	59.16	54.60	—	22.3	26.19	10202
1992	1268594	237351	663989	367254	1877	118946	554207	102.08	576.91	3156	1200	51.88	57.22	13.82	22.3	24.70	10261
1993	1960634	261792	1144698	554144	2874	186767	680182	104.53	581.04	4369	1474	49.34	53.89	14.27	23.2	32.42	10661
1994	2958650	306284	1726585	925781	4294	216837	987766	107.53	584.87	5625	2000	53.95	57.77	16.37	25.3	68.66	11249
1995	4016636	414154	2311076	1291406	5778	264921	1420469	111.24	586.66	7507	2801	54.41	51.26	17.16	28.4	50.69	11303
1996	5070549	473725	2952381	1644443	7232	321986	1994759	114.31	590.06	8277	3371	51.89	56.28	17.06	29.4	52.81	11288
1997	6018516	516825	3444436	2057255	8520	387066	2556952	119.76	588.59	9034	3658	48.92	60.21	20.04	30.7	54.23	11655
1998	6720564	531329	3810420	2378815	9423	459864	3229434	123.90	594.14	8968	3833	47.44	54.08	20.68	28.6	54.40	11905
1999	7290748	523703	4048362	2718682	10128	551533	3795863	127.16	594.46	10339	4024	42.65	51.20	23.28	31.0	58.70	12381
2000	8220172	532070	4556311	3131791	11276	738727	4641487	130.93	605.39	12051	4298	43.45	49.43	25.63	33.70	66.90	12411
2001	9243037	561894	5022548	3658594	12532	961088	5829091	134.13	604.68	13200	4683	39.22	46.43	26.92	34.10	72.96	12946
2002	10523525	544913	5688237	4290376	14241	1262601	7459660	138.26	600.86	14591	5091	38.13	43.66	27.70	38.20	79.47	14131
2003	12124850	556719	6604186	4963946	16369	1517719	9203153	142.95	599.33	16035	5548	37.13	44.65	28.67	38.40	83.47	15481
2004	13889065	626205	7461479	5801381	18662	1824359	10040379	148.15	598.04	17727	6202	37.43	45.13	29.16	39.40	85.72	16309
2005	15963530	648867	8668845	6645818	21335	2049213	11613127	152.61	597.67	19805	6845	32.61	44.63	31.30	40.00	88.10	16839
2006	18375038	655084	10064859	7655095	24390	2410894	14763429	156.98	599.50	21716	7543	35.22	42.55	31.51	41.30	89.83	18223
2007	21589094	680862	11704211	9204020	28387	2932606	16380211	161.06	603.51	24002	8591	36.38	44.52	33.52	42.30	95.32	18612
2008	24242923	766843	12867606	10608473	31403	3397842	20850242	164.44	607.55	26172	9469	38.36	47.55	30.16	42.10	96.07	19304
2009	25273442	803100	13142400	11327942	32588	3607243	26172245	167.12	611.99	28021	10100	36.34	46.32	30.93	44.10	95.51	20380

续表

年份	地区生产总值（万元）	第一产业（万元）	第二产业（万元）	第三产业（万元）	人均GDP（元）	财政总收入（万元）	人民币储蓄余额（万元）	年末户籍人口（万人） 城镇	年末户籍人口（万人） 农村	城镇居民人均可支配收入（元）	农村居民人均纯收入（元）	城镇居民恩格尔系数（%）	农村居民恩格尔系数（%）	城镇居民人均住房建筑面积（平方米）	农村居民人均住房建筑面积（平方米）	初中毕业生升学率（%）	医疗卫生机构床位数（个）
2010	29250426	936932	15334626	12978868	37359	4114300	29161226	170.20	616.60	31201	11416	35.20	43.11	30.50	43.00	95.80	22617
2011	34185315	1078751	17607162	15499402	43132	4856156	33422645	171.34	627.02	31749	13243	36.20	44.90	32.30	43.80	96.10	22783
2012	36691832	1142171	18529900	17019761	45906	5178928	36169626	169.50	630.70	34820	14719	37.80	45.70	33.20	45.80	96.50	26159
2013	40038617	1153905	20154845	18729866	49817	5656347	38212517	169.73	637.51	37852	16194	38.80	46.00	41.70	42.20	97.30	29729
2014	43030500	1179400	20297000	21554100	53094	6124400	38831144	176.38	637.32	40510	19394	31.00	37.70	42.10	42.10	97.60	31464
2015	46198400	1232400	21015300	23950700	50809	6779200	95774600	404.40	406.81	44026	21235	31.90	39.40	42.62	42.97	97.60	35182
2016	50454000	1388100	21126800	27939100	55165	7239600	102133100	310.00	508.14	47785	22985	31.60	39.00	43.00	43.10	98.10	35688
2017	54531700	1440800	21492200	31598700	59177	7782600	108754900	381.55	442.98	51866	25154	31.70	37.20	43.30	45.40	98.10	39947
2018	60061600	1417500	23795300	34848800	72657	8952600	117366600	348.03	480.72	56097	27478	29.80	35.60	—	—	98.50	42432
2019	66061100	1517200	28124800	36419100	71225	9368700	131564400	378.27	454.09	60957	30211	29.00	35.40	48.20	58.88	98.54	44038
2020	68709000	1598000	28345000	38766000	71774	9625000	150320000	—	—	63481	32428	28.00	35.40	50.70	59.70	98.74	43790
2021	75850000	1643000	31913000	42294000	78642	10815000	162139000	—	—	69678	35844	27.60	34.90	51.40	59.90	—	45830
2022	80298000	1774800	33808200	44714700	83107	9188000	188511100	—	—	73326	38482	27.20	35.20	51.10	59.10	—	47527

注：2015年以前城镇人口为非农业人口，乡村人口为农业人口，受户籍制度改革影响，当年统计数值有较大变动；数据由王健整理与计算。

皮 书

智库成果出版与传播平台

❖ 皮书定义 ❖

皮书是对中国与世界发展状况和热点问题进行年度监测，以专业的角度、专家的视野和实证研究方法，针对某一领域或区域现状与发展态势展开分析和预测，具备前沿性、原创性、实证性、连续性、时效性等特点的公开出版物，由一系列权威研究报告组成。

❖ 皮书作者 ❖

皮书系列报告作者以国内外一流研究机构、知名高校等重点智库的研究人员为主，多为相关领域一流专家学者，他们的观点代表了当下学界对中国与世界的现实和未来最高水平的解读与分析。截至 2022 年底，皮书研创机构逾千家，报告作者累计超过 10 万人。

❖ 皮书荣誉 ❖

皮书作为中国社会科学院基础理论研究与应用对策研究融合发展的代表性成果，不仅是哲学社会科学工作者服务中国特色社会主义现代化建设的重要成果，更是助力中国特色新型智库建设、构建中国特色哲学社会科学"三大体系"的重要平台。皮书系列先后被列入"十二五""十三五""十四五"时期国家重点出版物出版专项规划项目；2013~2023 年，重点皮书列入中国社会科学院国家哲学社会科学创新工程项目。

皮书网

（网址：www.pishu.cn）

发布皮书研创资讯，传播皮书精彩内容
引领皮书出版潮流，打造皮书服务平台

栏目设置

◆ **关于皮书**

何谓皮书、皮书分类、皮书大事记、
皮书荣誉、皮书出版第一人、皮书编辑部

◆ **最新资讯**

通知公告、新闻动态、媒体聚焦、
网站专题、视频直播、下载专区

◆ **皮书研创**

皮书规范、皮书选题、皮书出版、
皮书研究、研创团队

◆ **皮书评奖评价**

指标体系、皮书评价、皮书评奖

◆ **皮书研究院理事会**

理事会章程、理事单位、个人理事、高级
研究员、理事会秘书处、入会指南

所获荣誉

◆ 2008 年、2011 年、2014 年，皮书网均
在全国新闻出版业网站荣誉评选中获得
"最具商业价值网站"称号；

◆ 2012 年,获得"出版业网站百强"称号。

网库合一

2014年，皮书网与皮书数据库端口合
一，实现资源共享，搭建智库成果融合创
新平台。

皮书网

"皮书说"
微信公众号

皮书微博

权威报告·连续出版·独家资源

皮书数据库
ANNUAL REPORT(YEARBOOK)
DATABASE

分析解读当下中国发展变迁的高端智库平台

所获荣誉

- 2020年，入选全国新闻出版深度融合发展创新案例
- 2019年，入选国家新闻出版署数字出版精品遴选推荐计划
- 2016年，入选"十三五"国家重点电子出版物出版规划骨干工程
- 2013年，荣获"中国出版政府奖·网络出版物奖"提名奖
- 连续多年荣获中国数字出版博览会"数字出版·优秀品牌"奖

皮书数据库　　　"社科数托邦"
微信公众号

成为用户

　　登录网址www.pishu.com.cn访问皮书数据库网站或下载皮书数据库APP，通过手机号码验证或邮箱验证即可成为皮书数据库用户。

用户福利

- 已注册用户购书后可免费获赠100元皮书数据库充值卡。刮开充值卡涂层获取充值密码，登录并进入"会员中心"—"在线充值"—"充值卡充值"，充值成功即可购买和查看数据库内容。
- 用户福利最终解释权归社会科学文献出版社所有。

数据库服务热线：400-008-6695
数据库服务QQ：2475522410
数据库服务邮箱：database@ssap.cn
图书销售热线：010-59367070/7028
图书服务QQ：1265056568
图书服务邮箱：duzhe@ssap.cn

社会科学文献出版社 皮书系列
SOCIAL SCIENCES ACADEMIC PRESS (CHINA)

卡号：175967131446
密码：

S 基本子库
UB DATABASE

中国社会发展数据库（下设 12 个专题子库）

紧扣人口、政治、外交、法律、教育、医疗卫生、资源环境等 12 个社会发展领域的前沿和热点，全面整合专业著作、智库报告、学术资讯、调研数据等类型资源，帮助用户追踪中国社会发展动态、研究社会发展战略与政策、了解社会热点问题、分析社会发展趋势。

中国经济发展数据库（下设 12 专题子库）

内容涵盖宏观经济、产业经济、工业经济、农业经济、财政金融、房地产经济、城市经济、商业贸易等 12 个重点经济领域，为把握经济运行态势、洞察经济发展规律、研判经济发展趋势、进行经济调控决策提供参考和依据。

中国行业发展数据库（下设 17 个专题子库）

以中国国民经济行业分类为依据，覆盖金融业、旅游业、交通运输业、能源矿产业、制造业等 100 多个行业，跟踪分析国民经济相关行业市场运行状况和政策导向，汇集行业发展前沿资讯，为投资、从业及各种经济决策提供理论支撑和实践指导。

中国区域发展数据库（下设 4 个专题子库）

对中国特定区域内的经济、社会、文化等领域现状与发展情况进行深度分析和预测，涉及省级行政区、城市群、城市、农村等不同维度，研究层级至县及县以下行政区，为学者研究地方经济社会宏观态势、经验模式、发展案例提供支撑，为地方政府决策提供参考。

中国文化传媒数据库（下设 18 个专题子库）

内容覆盖文化产业、新闻传播、电影娱乐、文学艺术、群众文化、图书情报等 18 个重点研究领域，聚焦文化传媒领域发展前沿、热点话题、行业实践，服务用户的教学科研、文化投资、企业规划等需要。

世界经济与国际关系数据库（下设 6 个专题子库）

整合世界经济、国际政治、世界文化与科技、全球性问题、国际组织与国际法、区域研究 6 大领域研究成果，对世界经济形势、国际形势进行连续性深度分析，对年度热点问题进行专题解读，为研判全球发展趋势提供事实和数据支持。

法律声明

"皮书系列"（含蓝皮书、绿皮书、黄皮书）之品牌由社会科学文献出版社最早使用并持续至今，现已被中国图书行业所熟知。"皮书系列"的相关商标已在国家商标管理部门商标局注册，包括但不限于 LOGO（）、皮书、Pishu、经济蓝皮书、社会蓝皮书等。"皮书系列"图书的注册商标专用权及封面设计、版式设计的著作权均为社会科学文献出版社所有。未经社会科学文献出版社书面授权许可，任何使用与"皮书系列"图书注册商标、封面设计、版式设计相同或者近似的文字、图形或其组合的行为均系侵权行为。

经作者授权，本书的专有出版权及信息网络传播权等为社会科学文献出版社享有。未经社会科学文献出版社书面授权许可，任何就本书内容的复制、发行或以数字形式进行网络传播的行为均系侵权行为。

社会科学文献出版社将通过法律途径追究上述侵权行为的法律责任，维护自身合法权益。

欢迎社会各界人士对侵犯社会科学文献出版社上述权利的侵权行为进行举报。电话：010-59367121，电子邮箱：fawubu@ssap.cn。

社会科学文献出版社